凯恩斯《通论》注评

ANNOTATION AND COMMENTARY ON
KEYNES' GENERAL THEORY

高伟 著

中国财经出版传媒集团
中国财政经济出版社
·北 京·

图书在版编目（CIP）数据

凯恩斯《通论》注评／高伟著．-- 北京：中国财政经济出版社，2024.10. -- ISBN 978-7-5223-3414-1

Ⅰ．F091．348

中国国家版本馆 CIP 数据核字第 2024WG6005 号

责任编辑：李肇晗　　责任校对：徐艳丽

封面设计：陈宇琰　　责任印制：史大鹏

凯恩斯《通论》注评

KAIENSI《TONGLUN》ZHUPING

中国财政经济出版社 出版

URL：http：//www.cfeph.cn

E-mail：cfeph@cfeph.cn

社址：北京市海淀区阜成路甲 28 号　邮政编码：100142

营销中心电话：010-88191522

天猫网店：中国财政经济出版社旗舰店

网址：https：//zgczjjcbs.tmall.com

中煤（北京）印务有限公司印刷　各地新华书店经销

成品尺寸：170mm×240mm　16 开　24.25 印张　372 000 字

2024 年 10 月第 1 版　2024 年 10 月北京第 1 次印刷

定价：68.00 元

ISBN 978-7-5223-3414-1

（图书出现印装问题，本社负责调换，电话：010-88190548）

本社图书质量投诉电话：010-88190744

打击盗版举报热线：010-88191661　QQ：2242791300

关于本书的撰写体例

一、本书首先介绍了凯恩斯经济学著作《就业、利息和货币通论》（本书简称《通论》）各编和各章的主要内容。

二、参照《通论》英文版，按其章节顺序，筛选出每一节的重点，并译成中文，正文中用【要点】标记，采用楷体排版。对原著翻译过程中有不同译法的词句和重要专业术语等，标出了英文原文。

三、对每一节的重点做了注释，用【注】标记。

四、对《通论》及相关的经济理论做了评论，共50篇。这是本书的特色，是为作者构建“富强经济学”做准备的。

五、本书目录的“编”“章”名以《通论》原著为准。

简言之，本书正文中主要包括三个部分的内容：除了楷体标记的【要点】之外，其他均为作者对《通论》相关内容的【注释】或【评论】。

作者

二〇二四年八月

序　言

孙庆聚

“板凳要坐十年冷，文章不写半句空。”高伟博士呕心沥血、殚精竭虑，历时二十余载撰写的新著——《凯恩斯〈通论〉注评》终于出版了。这是一件令人称道、可喜可贺的事情！

我不是研究经济学的，但我知道《通论》是一部公认的比较难懂的经济学著作。它不仅理论深奥、语言晦涩，写作也不连贯，且有诸多故弄玄虚之处。因而，系统、全面、通俗地注评《通论》，是一项极其劳心费力而又具有挑战性的艰巨任务，不仅需要深厚的理论素养和文字水平，还要了解实务。高伟博士迎难而上，敢啃硬骨头，长期研读《通论》，连续写下几十万字的读书笔记，并认真精心地对其进行整理打磨，最终串珠成链，集优成册，付梓出版。高伟博士的大作是他二十余年汗水心血的宝贵结晶，也是他二十年如一日，执着坚守、甘耐寂寞、日积月累、厚积薄发的生动见证。该书是一部开创性的著作，它的出版填补了我国经济学界的一块空白，是对学术界、理论界的一项重要贡献。

高伟博士新著的一大特色是：根据《通论》英文版，筛选出各章节的“要点”，再将“要点”译成中文，并做出详细注解。这不仅需要耗费相当大的精力，还要有坚韧不拔的毅力。高伟博士的身体状况一直不是太好，但他舍身向学、逆势而上，硬是凭着一股拼命三郎的精神和锲而不舍的韧劲，克服许多常人难以承受的困难，最终完成了这项艰巨的任务。其毅力令人惊叹，其精神使人感佩。

2016 年 5 月 17 日，习近平总书记在其亲自主持召开的哲学社会科学工作座谈会的重要讲话中特别强调："坚持以马克思主义为指导，是当代中国哲学社会科学区别于其他哲学社会科学的根本标志，必须旗帜鲜明加以坚持。"因此，为了避免马克思主义在经济学领域边缘化、空泛化、标签化，更好地坚持马克思主义的指导地位，需要我们客观全面地评判《通论》，冷静理性地看待《通论》，不盲从、不盲信。而高伟博士不辞劳苦、潜心撰写《凯恩斯〈通论〉注评》，干的就是这样一件很有价值的事。

《通论》虽然被西方经济学界称为"革命性著作"，但该书的根源仍是资本主义，旨在拯救资本主义。由于政治立场不同，凯恩斯戴着有色眼镜看马克思，称马克思是可怜的思考者，《资本论》是"一本陈腐的经济学教本"；共产主义是"对我们的智慧的侮辱"；撰写《通论》的宗旨就是要摧毁"马克思主义的李嘉图基础"；等等。上面这些评价既不客观又不公正。但问题是，由于凯恩斯对当代经济学的影响很深，他如此恶意污蔑、攻击和贬低马克思和《资本论》，在经济学领域造成了极其恶劣的影响，曾经一定程度上造成马克思主义在学科中"失语"、教材中"失踪"、论坛上"失声"。改变这种状况，是社会主义经济学必须高度重视的重要任务。而《凯恩斯〈通论〉注评》最主要的贡献，就是在坚持辩证唯物论的前提下，全面批驳了凯恩斯的主观唯心论，对《通论》及相关经济理论做了系统性评论和批判，让读者既能看到《通论》的价值和研究方法，又能看清《通论》的缺陷和糟粕，还能少走阅读弯路，这是件好事，既不为名，也不图利，值得褒奖和表扬。

高伟博士是一名党校子弟，从小接受正统的马克思主义教育，于 1998 年考入中央党校研究生院攻读经济学专业的硕士研究生。该院突出党校教育的特色，重视基础理论与国内外重大现实问题、理论问题的教学与研究，关注理论前沿问题，注重思想品德教育和党性锻炼，培养了一大批坚定的马克思主义理论工作者，高伟博士就是其中的优秀分子。在中央党校读书期间，高伟博士珍惜来之不易的学习机会，潜心学问，刻苦钻研，几乎每天都去图书馆和阅览室，如饥似渴地博览群书。围绕专业课学习，他借阅了大量图书和杂志，包括《通论》等众多经济学原著，认真系统地做读书笔记，打下了扎实的理论功底。党校研究生毕业后，他又到中国人民大学经济学院读博。学业结束，高伟博士先后到国务院多个有关部门工作。系统的理论学习和多部门工作的阅历，既为他奠定了深厚的学术理论根基，也为他积累了丰富的实际工作经验。

“业精于勤而荒于嬉”；“好记性不如烂笔头”。二十多年来，高伟博士执着学问，笔耕不辍，始终坚持写读书笔记，每天千字左右，日积月累，聚沙成丘，集腋成裘，终于取得了累累硕果。高伟博士严谨务实、孜孜以求的治学态度和废寝忘食、勤奋刻苦的学习精神，应予肯定，值得褒扬。作为高伟博士的党校校友，我为他能撰写出诸如《凯恩斯〈通论〉注评》等一系列具有相当学术和理论价值的著作，由衷感到高兴，并愿为他的新著作序。衷心希望高伟博士在其专业研究领域持续深耕，不断进取，再创佳绩，捷报频传！

（孙庆聚教授是中央党校原副校长、第十三届全国政协文史和学习委员会副主任。）

前言

《通论》① 是英国著名经济学家——约翰·梅纳德·凯恩斯②（以下简称凯恩斯）的代表作，是经济学经典著作之一。凯恩斯对当代宏观经济学的贡献和影响无人能及，但认真阅读《通论》原著的人很少，大多只看过经济学教材中有关《通论》的介绍，阅读相关的文献和评论等。甚至有人没读原著，就人云亦云，想当然地赞扬、反对或批评它。究其根源，主要是因为该书晦涩且深奥，要想读懂并不容易。

不仅普通人读不懂，一些经济学大师也有同感。比如新古典综合学派的创立人萨缪尔森③就承认开始读不懂《通论》，他说道："根据我个人记忆犹新的回忆，我敢断言，而我并不算泄露什么秘密，如果我宣称：在该书出版后的约一年到一年半期间，在麻省剑桥④没有任何其他人真正知道该书的内容是什么。"⑤

尽管《通论》是公认难读，但对于经济学研究生而言，如果说自己没读过该原著，那也羞于启齿。我第一遍读《通论》原著，是在中央党校经济学部读研期间，那本书是徐毓枬老师翻译的，属于

① The General Theory of Employment，Interest and Money，1936.

② John Maynard Keynes，1883－1946.

③ 保罗·萨缪尔森（Paul A. Samuelson，1915－2009）：美国经济学家，凯恩斯主义在美国的主要代表人物，创立了新古典综合派，获诺贝尔经济学奖。

④ 麻省剑桥是指哈佛、麻省理工等名牌大学汇聚的地方。

⑤ 萨缪尔森．论《就业、利息和通论》//哈里斯．新经济学［M］．纽约：诺夫出版社，1948：148.

半文言半白话，读起来很费劲，就像看“天书”。由于看不懂的内容太多，我也不好意思过多请教老师和同学，就去图书馆查阅相关资料和文献（包括英文的），硬着头皮“钻研”。在各种阐释和解读中，胡希宁老师的《当代西方经济学概论》对我帮助很大。遗憾的是，尽管我下了很大功夫，那时也只能了解《通论》的概貌。不过也有收获，那就是留下2万多字手写的读书笔记，至今保留着，算是对那段美好时光的记忆。

在中国人民大学经济学院读博期间，我第二遍读《通论》，那本书是高鸿业老师翻译的，语言流畅，还有导读和注解，读起来很轻松，但仍有许多不明白的内容，比如储蓄和投资的关系、利息论等。那时我已经有电脑，能上网，可以从网上搜索相关资料，做笔记就容易多了。另外，我还能与研究西方经济学的同学们交流学习认识，到这时我才明白：读《通论》不仅需要专业，还需要耐性，读不懂很正常，不丢人。《通论》晦涩难懂的主要原因有：

第一，凯恩斯撰写《通论》的时间较短，从1932年冬开始写，到1936年2月出版，也就写了三年多。其间，他还要处理各种繁杂的事务，比如在1933年出版了两本著作——《通往繁荣之路》[①] 和《传记文集》[②]。撰写时间有限，导致《通论》的结构比较混乱，里面夹杂着大量对传统经济学（尤其是古典学派各种理论）的评价和批判，很容易让人们在初读时分不清哪些是作者的观点，哪些是作者批驳的观点。凯恩斯不仅要推翻传统的劳动市场论、利息论和货币论，还要建立自己的理论体系；不仅批评英美等国的时政，还要提出自己的政策主张，从而导致《通论》的写作思路不连贯，有些问题被重复论述，比如货币等，让阅读者有种“墙外有两株树，一

① 《通往繁荣之路》（The Means to Prosperity，1933）是一本以政论为主的著作集，它反对自由放任，主张有管理的资本主义，比较通俗，是凯恩斯特意为各国财政部长撰写的。

② 《传记文集》（Essays in Biography，1933）把百余位杰出的经济学家、哲学家、科学家、政坛人物串联起来，勾画出二战前英国人物的沉浮和大英帝国的衰落。

株是枣树，还有一株也是枣树”[①] 的感觉。

如果我们略过一些章节，比如第四章、第六章第Ⅰ节、第十七章和第二十章第Ⅰ节等，能使阅读更流畅，也不影响《通论》的经济思想和理论价值。还有一些问题，比如利息论等，凯恩斯可能自己也没完全搞清楚，就仓促出版了。主要是因为凯恩斯当时的名气很大，著名货币学家，英国科学院院士；社会地位也很高，主持英国财政经济顾问委员会工作。他自己可能也明白：无论《通论》写成什么样子，都能出版，都有人看。真是店大欺客呀！

第二，《通论》的写作对象很特殊，用凯恩斯的话说，是写给他的“同行经济学家”看的，主体应是大学、研究机构和政策制定部门的职业经济学者，既要具备扎实的经济学功底，对传统经济学很熟悉，还要了解实务，也就是说，读懂悟透《通论》的专业门槛较高。另外，《通论》建立在主观心理学方法上，有一些故弄玄虚之处（比如各种商品的自己的利率等）和唯心之说，过分强调预期的作用，夸大心理因素对经济运行的影响，鼓吹企业家的作用，与我们从小接受的教育和世界观明显不同。

第三，凯恩斯本人的叙述经常含混不清，留下了许多未展开或未充分展开的分析线索，很容易引发争议[②]。而中外文化传统、语言表达和思维方式的差异，更增加了中国人阅读《通论》的难度，比如第十六章第Ⅳ节的“Pope′s father”是指什么？这就像“潮平两岸阔，风正一帆悬”译成外文后，往往很难完全体现中文的意境。另外，凯恩斯等西方经济学家喜欢用定语或状语从句，译成中文后，仍保留大量的从句，一句话很长，不符合我们的阅读习惯，读起来很费劲。那时我就有个心愿：将来写文章，力求通俗易懂，不能让读者痛苦。

---

① 出自鲁迅先生的散文《秋叶》。

② 埃克伦德·赫伯特．经济理论和方法史［M］．北京：中国人民大学出版社，2000：390.

第四，《通论》的研究对象主要是英美等发达国家及其企业家。这些国家陷入大萧条后久久不能复苏，失业问题严重，出现了所谓的“丰裕中的贫困”；而凯恩斯热爱的大英帝国正处于衰落中，其殖民体系岌岌可危。该境况与21世纪初中国“富起来”“强起来”的发展阶段和经济高速增长的态势明显不同，我们那时缺乏身临其境的感觉。

还要注意的是，《通论》通篇都是为企业家代言的。该书看似很深奥，但其表达的经济思想比较清晰。与古典经济学有所不同，凯恩斯将国民收入分为工资（工人）、利息（资本家）、地租（地主）和利润（企业家）四个部分，对企业家而言，工资、利息和地租都是他们的成本。为了维护企业家的利益，实现企业家利润的最大化，该书的整体构想是：扩大资本供给，让资本不再稀缺，压低利息，进而削弱资本家对整个社会的控制力；增加货币供给，让纸币贬值，从而在保持工人的名义工资缓慢上升的情况下，降低工人的实际工资，这既能增加就业量，又能维护资本主义制度稳定；地租和利息类似，应通过法律、习俗等手段，尽力降低土地的地租。我认为这是《通论》的核心思想，也是诱发我思考和探索“富强经济学”的重要动因。读者可以在阅读中慢慢品味。如果按照这个框架去研读，可能更有助于读者理解《通论》。

工作后，我又读过几遍《通论》，这时没有学习和考试的压力，完全出于兴趣，有时纯粹为了消磨时光，比如出差途中、机场候机等。在慢条斯理、从容的阅读中，我品味着读书的乐趣，也逐渐意识到：人是社会人，都有经济思维，虽然没有高低优劣之分，但由于家庭出身、知识结构和工作生活环境等的差异，人们的经济思维和价值观明显不同。

凯恩斯出身书香门第，父母都是剑桥大学毕业的杰出知识分子，他在伊顿公学和剑桥大学等接受高素质的教育后，担任过很多政府性职务，比如去英国印度事务部和财政部等任职，在剑桥大学任教，担任《经济学杂志》[①] 主编、“全国互助人寿保险公司”董事长和几家公司的董事，不仅对经济理论、政策制定和金融实务的涉猎极其宽泛，还进行投资，积累了大量财富，极尽享乐和奢华。凯恩斯虽然遭受过挫折，比如用杠杆做多美元期货亏尽本钱等，但总体上是时代的幸运儿，是功成名就的爵士。他能认识到资本主义的缺陷和弊端，但骨子里拥护资本主义制度，留恋大英帝国的余晖，对政府管理的偏好已融入生命和血液。他提出的政策建议都是改良性的，有些看起来比较激进，比如投资社会化、食利者阶级消亡等，但总体而言不是革命性的，是为统治阶级服务的，致力于拯救资本主义，属于典型的“小骂大帮忙”，政治性很强。

我们可以借鉴凯恩斯观察经济金融问题的视角和方法，尤其是宏观经济分析方法等，但不能盲从其世界观，不能陷入其设定的逻辑框架和“陷阱”，更不能在该框架下自我积累和强化，陷入作茧自缚的路径依赖。

① 《经济学杂志》是由英国皇家经济学会主办的季刊。

目　录

第一编　引　论

第二编　定义和观念

第三编　消费倾向

//第四编　投资诱导//

//第五编　货币工资与价格//

//第六编　《通论》引起的几篇短论//

序

主要介绍《通论》的写作对象，指出古典学派的主要缺陷是其前提很难成立，还介绍了本书和《货币论》的关系等。“序”是在 1935 年 12 月 13 日完成的；1936 年 2 月，《通论》由英国麦克米兰公司出版。

《通论》里提到很多经济学家，并评判了他们的观点。像李嘉图、库兹涅茨这样的经济学家，读者可能了解，而对于洛克和格塞尔等人，绝大多数读者不了解，主要是因为不熟悉西方经济思想史，就像很多外国人不了解中国古诗词里的庄子和韩愈一样。这是《通论》难懂的原因之一。因此，我简要介绍了与《通论》相关的经济学家及其代表作、核心观点等，放在脚注中，供读者参考。

【要点】

本书主要是为我的同行经济学家撰写的，我希望别人也能看懂它。

【注】

高鸿业将“fellow economists”译为“同行经济学者”；徐毓枬译为“同行经济学家”；我倾向于后者。因为《通论》的阅读门槛较高，在 20 世纪 30 年代，能看懂该书的人不多。

《通论》的写作对象很特殊，是职业经济学者，主体应是大学的经济学老师、经济研究机构和政策制定部门的从业人员等，大体应具备当代经济学研究生的专业水平。在那个经济学尚未成为显学的年代，这个阅读群体较小，购买力有限。因此，凯恩斯在世时，《通论》不是畅销书，他曾劝出版商降低书价以扩大销售。

在我的认知中，英国人比较冷漠、保守、重利益，但他们也有优点，比如重视教育和礼仪，政治参与度高，尤其是在政策问题上，喜欢听从专业人士的意见。凯恩斯希望《通论》能首先说服经济学同行们，得到同行们的认可，减少理论分歧，进而提升该书的政策价值和现实作用。因为在西方国家，只有那些被政府了解并接受的经济学说，才有可能在权力部门制定的政策中体现出来，并成为主流（或正统）经济学，进而不断修订、完善和发扬光大。这也是许多经济学家孜孜以求的目标。

【要点】

本书的主旨是探讨若干理论上的难题，至于该理论的实际运用倒是其次。如果说正统经济学有错误，那么，其错不在于精心构建的、逻辑一致的上层建筑，而在于其前提缺乏明确性和普遍性。

【注】

作者对古典学派的批判是从攻击其假设前提开始的，认为古典学派的前提（premiss）太苛刻，脱离现实，不具有普适性，很难成立。这是经济学论战中常用的方法，也是比较有效的方法，因为在辩论中，如果能否定对手的假设前提，就相当于动摇甚至毁坏了对手的理论根基。比如，《通论》用“动物精神”否定古典学派的“理性经济人”假设，就很致命！

【要点】

当我开始撰写《货币论》时，仍然沿袭传统思路，把货币的影响看成是独立于供给和需求的一般理论之外的东西。当完成该书后，我取得一些进步，倾向于把货币理论变成一个总产量理论。

【注】

《货币论》（Treatise on Money，1930）是凯恩斯的另一部代表作，分为两卷，上卷是货币的纯理论，下卷是货币的应用理论。该书以稳定物价为出发点和轴心，对影响物价波动的各种因素进行理论和政策上的探索和分析，目的是考察如何维持物价水平稳定和经济均衡，维持投资与储蓄之间的均衡，进而促使市场利率与自然利率的一致。具体建议是实行银行体系的货币金融管理，由国家执行利率和信用政策，操纵并调节利率去影响投资率，使投资与储蓄相等。

《货币论》第一章开宗明义地说："记账货币[①]是表示债务、物价和一般购买力的货币，这种货币是货币理论中的原始概念。"[②]"货币本身是交割后可清付债务契约和价目契约的东西，而且也是储存一般购买力的形式。它的性质是从它与记账货币的关系中得来的，因为债务和价格首先必须用记账货币来表示。"[③]凯恩斯将货币定义为记账货币，在学界曾引起争议，但在当今的银行体系中，记账货币已占货币存在形式的90%以上；货币变成信用卡内的数字，变成一段一段的信息。

《货币论》承袭了维克塞尔[④]的"自然利率"[⑤]概念，提出货币内生说，认为央行能控制准备金基金的总量，商业银行则在资产抵押和信贷关系基础上，能进行某种程度的"货币创造"[⑥]。到《通论》时，凯恩斯则认为货币供给是外生的，抛弃了维克塞尔的"自然利率"，创立"资本边际效率"这个新概念，并以资本边际效率与利率的关系为基础，构建出分析投资和经济周期波动的理论框架。

《货币论》是个论文集，前后不太连贯，思想也不断变化，创立了"储蓄投资论"，并初步建立了总量分析的想法，但没有论述产量水平的改变，是一部过渡性著作，在《通论》的形成中发挥独特地位，所以"序"首先提及该书。

【要点】

我的所谓"基本公式"，不过是在既定产量假设下的瞬时图像。它们试图说明：在产量既定假设下，为什么会有各种力量造成利润失衡，从而使产量改

---

① 有的将"money of account"译为"计算货币""账目货币"，我译为"记账货币"。

②③ 参考：凯恩斯．货币论（上卷）（何瑞英译）[M]．北京：商务印书馆，1986：7.

④ 维克塞尔（Knut Wicksell，1851－1926）：瑞典学派的创始人，提出累积过程理论，首先突破了"货币面纱论"，试图将货币与实际经济结合起来；其著作《利息与价格》包含早期宏观经济学的思想。

⑤ 自然利率是指资本供给与需求相等即储蓄与投资相等时的利率，与之对应的是货币利率，即现实市场的利率。

⑥ 韦森．重读凯恩斯：萧条经济学的演化生成与理论挑战[J]．学术月刊，2022（3）：72－100。

变。但不同于瞬时图像的分析，［《货币论》］对动态发展的论述，既不完整又很混乱。

【注】

徐毓枬将“instantaneous picture”译为“刹那图”，高鸿业译为“瞬息间的图像”，我认为译为“瞬时图像”更妥帖。

至于“瞬时图像”到底是指什么，人们的认识有差异。我所理解的“瞬时图像”，就像老电影胶卷上一帧帧静止的胶片，当这些胶片在放映机上，以合适的速度（比如每秒 24 帧）转动起来，并投射到屏幕上，才能成为生动的电影。意思是说，产量连续变动后，才能构成一个动态的、鲜活的经济。

《货币论》未能较好地分析动态发展的经济，是它的不足。另外，此书以稳定物价为主题，出版时恰逢大萧条，英美等国失业问题极其严重，可谓生不逢时。

【要点】

《通论》主要研究何种力量决定总产量和总就业量的改变。货币在经济中占有重要和特殊地位……货币经济本质上是一种制度，在其中，对将来看法的改变不仅影响就业方向，还影响就业数量。

分析当前经济行为的方法仍是供给和需求的相互作用；从而，分析法和价值论就衔接起来了。这样，我们就得到一个通论，而我们熟悉的古典理论则成为通论中的一个特殊事例。

【注】

凯恩斯早年因研究货币而成名，重视货币的作用，他曾在 1933 年指出：“照我看来，经济危机的问题之所以没有得到解决，或者从任何程度上说，危机理论之所以令人不满意，就在于缺乏一种生产的货币理论。”①

凯恩斯沿用传统的经济分析方法，把货币纳入《通论》的分析框架，并将其作为重要变量，还通过货币把过去、现在和将来联系起来，构成了一个动

---

① Keynes, The Collective Writings of John Maynard Keynes, Cambridge University Press, 1983, Vol. 11. pp. 400－430.

态发展的宏观经济。在该经济中，对将来看法（即预期）的改变能影响就业量，在就业量（或国民收入）的变化中能探寻就业的规律，从而归纳出一般性理论。

凯恩斯自视甚高，认为《通论》是一部革命性、一般性经济理论，而古典学派属于特殊条件下的经济理论，适用范围有限。1935 年 1 月 1 日，他在给乔治・萧伯纳的信中写道："我相信自己正在撰写一本颇具革命性的经济理论的书，我不敢说这本书立即——但在未来 10 年中，将会在很大程度上改变全世界思考经济问题的方式。"

【要点】

撰写一部自辟蹊径的著作，如果作者想避免过多错误，必须严重依赖批评和交流……在经济学（以及其他伦理学）中尤其如此，因为无法对人们的构思进行决定性的检验或试验。

【注】

在经济学研究方法上，凯恩斯重视与同行们的交流和批评，马克思[①]更重视抽象，他们都认为经济学思想无法进行决定性试验，有相近之处。马克思在《资本论》第一卷的序言里写道："分析经济形式，既不能用显微镜，也不能用化学试剂。二者都必须使用抽象力来代替。"[②] 意思是说，经济事物纷繁复杂，经济学的认识不能只停留在表面，需要透过表象看本质，进行科学抽象。

【要点】

本书的写作，要依靠卡恩先生经常性的意见和建设性批评……提供帮助的还有琼・罗宾逊夫人、霍特里、哈罗德等。

【注】

1931 年 11 月到 1932 年秋，凯恩斯写了《生产的货币理论》，该稿试图将货币理论和短期生产理论结合起来，打破古典二分法，但与《通论》的区别

---

① 马克思（Karl Heinrich Marx，1818 – 1883）是马克思主义的创始人之一，第一国际的组织者和领导者，马克思主义政党的缔造者之一，全世界无产阶级和劳动人民的革命导师，无产阶级的精神领袖，国际共产主义运动的开创者。

② 马克思．资本论（第一卷）［M］．北京：人民出版社，2018：8.

很大。之后，他写了续作《就业的货币理论》，该稿先后更名为《就业通论》和《失业通论》；1934 年，他将《失业通论》更名为《就业、利息与货币通论》。

1934 年底，凯恩斯完成《通论》初稿后，广泛征求经济学同行的意见和建议，尤其是得意门生卡恩①的意见，并借鉴了他的就业乘数模型。熊彼特认为，卡恩对《通论》的贡献很大，差不多达到了合著者的地步②。

20 世纪 30 年代初，由琼·罗宾逊③和卡恩等人组成的“凯恩斯学术圈”对凯恩斯经济思想的形成发挥了重要的促进作用。《通论》问世后，琼·罗宾逊给予了高度评价，并撰写了许多阐述著作和文章。至于霍特里④，凯恩斯借鉴了他的预期理论。哈罗德⑤校阅了《通论》的清样。

在致谢这部分，有个人没有被凯恩斯提及，那就是与他相处三十多年的学生——丹尼斯·罗伯逊⑥。罗伯逊研究《通论》的时间很长，在与老师的通信中，他详细评论了《通论》出版前草稿的每一章（收录在《凯恩斯全集》第 13 卷中），提出很多修改和批评意见，但不认同该书的货币与经济周期理论，他在给老师信中写道：“你的理论结构对我来说，大部分都是胡言乱语。”这极大地冒犯了老师。从 1935 年 3 月，他们的交流停止了。由于两人之间的巨大理论分歧，导致凯恩斯发怒。凯恩斯的剑桥弟子们也对罗伯逊产生敌意，迫使他离开剑桥大学，去伦敦大学任教。

在《通论》的写作和理论框架形成中，虽然罗伯逊提的修改意见比任何人都要多，也更加具体，但凯恩斯在致谢名单中未提及他。因此，萨缪尔森认为凯恩斯表现得不够大度。唉！毕竟都是人，不是神。

---

① 理查德·卡恩（Richard F. Kahn，1905 – 1989）：1927 年以物理学专业毕业于剑桥大学，后师从凯恩斯学习经济学，并执教于剑桥；1931 年发表《国内投资和失业之间的关系》。

② 约瑟夫·熊彼特．经济分析史第三卷（朱泱等译）[M]．北京：商务印书馆，1994：602.

③ 琼·罗宾逊（Joan Robinson，1903 – 1983）：著名女经济学家，英国“新剑桥学派”的代表人物，著作有《不完全竞争经济学》等。

④ 霍特里（Ralph George Hawtrey，1879 – 1975）：英国经济学家、货币银行理论家，著作有《商业的盛衰》。

⑤ 哈罗德（Roy Forbes Harrod，1900 – 1978）：英国经济学家，对不完全竞争理论、经济周期理论等有深入探索；1948 年与 E. D. 多马同时提出“哈罗德 – 多马增长模型”。

⑥ 丹尼斯·罗伯逊（Dennis Holme Robertson，1890 – 1963）：英国经济学家，早年在庇古和凯恩斯的指导下钻研马歇尔经济学，著作有《货币》等。

【要点】

本书以如此复杂的方式表达的思想，是极其简单和清晰的。困难不在于新思想，而在于摆脱旧思想。这些旧思想，对于我们这些大多受其哺育成长的人而言，已深入人心[①]。

【注】

无论哪个领域，要想改变和清除先入为主的思想和观念，都是很困难的，尤其是那些社会主流思想。对于任何一个社会，舆论引导、理论宣传和青年教育等历来很重要，有助于统一人们的认识和价值取向，促进社会稳定、制度连续和文化传承。

【评论1】

《通论》的价值和不足

《通论》作为一部经济学名著，其价值在于思想性和创新性，目的是创立一种总量分析的理论框架，改变人们的传统观念和经济思维，进而摆脱旧学术的束缚，为现代经济学提供新的观察视角和分析方法。陈岱孙[②]教授对《通论》的评价是：基本上属于实证经济学，但开辟了很多（经济学分析的）蹊径。也有人将《通论》归纳为“现实解析”理论，因为它是现实方法与解析方法之间的一种折中[③]。

传统经济学基本不涉及货币，而传统货币学则主要论述货币的起源、职能、本位制、货币数量论等，货币和经济总体上是二分的。作为著名的货币学家[④]，凯恩斯自然对货币和金融的利弊拥有更清晰、更清醒的认识，他从传统的货币学说起家，致力于将货币和经济整合，把货币与利率、储蓄、投资、就业、国民收入等总量问题结合在一起分析，从而建立了有关就业和产量的一般理论框架，并创立了自己的货币经济理论，也就把传统的纯粹的“货币学”发展为“货币经济学”。这也是凯恩斯的理论贡献之一。

① 原文：Into every corner of our minds.

② 陈岱孙（1900－1997）：清华大学和北京大学教授，经济学家，著作有《从古典经济学派到马克思》。

③ 哈里·兰德雷斯．经济思想史（第四版）［M］．北京：人民邮电出版社，2014：431.

④ 《货币改革论》《货币论》和《通论》并称为凯恩斯的“货币三论”。

《通论》出版后不久，哈罗德就提出：在经济学说史中，以亚当·斯密（以下简称斯密）和李嘉图[①]为代表的古典学派所作的经济分析是动态分析，到了马歇尔[②]，动态分析不复存在。我认为《通论》借鉴了马歇尔的分析方法，主要是一种“总量—静态经济学”，从供给和需求两个方面分析短期内国民收入的决定因素，寻找相关的自变量和因变量等，是以未来的不确定性和人们心理预期的非理性为依据，来论证经济运行的不稳定，而不是动态地分析经济的长期增长问题。

除了哈罗德提到的问题，《通论》还有很多缺陷，比如：过于宏观，缺乏微观基础；没有讨论资源分配问题，不适合长期分析；比较粗糙，重复论述；有些观点不正确，有些理论已过时；有些论述模棱两可，甚至故弄玄虚；篇章结构安排得不好；等等。

评头论足易，原始创新难。《通论》能自成一体，成为众多经济学家研究、评判、借鉴甚至是攻击的靶子，就足以彰显其非凡的学术成就。客观讲，《通论》虽然写得不好，却是一部新颖的天才作品，是大师的手笔。歌舞升平时，人们忘记凯恩斯；经济危机时，人们又会想起他。

在继承或批判《通论》的基础上，又衍生出很多经济学流派，比如新剑桥学派、新古典综合派[③]、芝加哥学派、理性预期学派等。可以说，凯恩斯主义已经渗透到当代西方经济学的方方面面。斯密的信徒、以批判凯恩斯著称的弗里德曼[④]（1965 年）也不得不声称：“我们现在都是凯恩斯主义者了。”在 1998 年美国经济学会年会上，由 150 名经济学家投票，凯恩斯被评为 20 世纪“最有影响力的经济学家”。2008 年国际金融危机爆发后，理性预期学派的代表——罗伯特·卢卡斯[⑤]也承认：“我猜，枪林弹雨之下，人人都是凯恩斯主

---

① 李嘉图（David Ricardo，1772－1823）：英国古典政治经济学的主要代表之一，研究领域主要包括货币、价格和税收等。

② 马歇尔（Alfred Marshall，1842－1924）：英国经济学家，新古典学派创始人，剑桥大学经济学教授，建立了以均衡价格论为核心的西方微观经济学体系。

③ 新古典综合派（Neo－classical Synthesis）又称“美国剑桥学派”，20 世纪 60 年代以后，萨缪尔森等人对凯恩斯的学说重新解释、补充、修改和发展，使其与当代资本主义经济现实相适应。

④ 弗里德曼（Milton Friedman，1912－2006）：美国经济学家，货币学派的代表人物，获诺贝尔经济学奖。

⑤ 罗伯特·卢卡斯（Robert E. Lucas，1937－2023）：美国经济学家，芝加哥学派代表人物之一，获诺贝尔经济学奖。

义者了。”《通论》改变了经济学的分析范式，创立了宏观经济学，仅凭这一点，就足以载入经济学史册。因此，对于《通论》中诸多细节性的错误，我们应客观地分析、评判和借鉴，但一定要清楚它的缺陷，尊重而不盲信，学习而不盲从。这也是我撰写《凯恩斯〈通论〉注评》的动因之一。

经济学发展到今天，也尚未形成完美无缺的理论和著作。我们这些经济学人，哪怕能留下一条专业术语、一套研究思路或一个观察视角等，都会沾沾自喜，有的终其一生都未能取得突破性成就。另外，经济学是一门社会科学，成为一个独立学科也不过一百多年，缺少可验证的假设和公认的定理，仍处在发展完善中，可开拓的空间很广阔。唯有众多经济学人甘于坚持、不懈扬弃和艰辛付出，才能共同构建一座金碧辉煌的经济学大厦。

【评论 2】

著名经济学家及其代表作

经济学殿堂里的大师云集，人才辈出，其中理论贡献大、能自成一体、具有公认的代表性的经济学家有：

1. 威廉·配第，代表作《赋税论》（1662 年）等，是英国古典政治经济学之父，统计学创始人，最先提出劳动决定价值的基本原理。

2. 亚当·斯密，代表作《道德情操论》（1759 年）和《国富论》（1776 年），经济自由主义的倡导者，强调自由市场、自由贸易以及劳动分工[①]。

3. 李嘉图，代表作《政治经济学及赋税原理》（1817 年），提出决定价值的劳动是社会必要劳动；支持自由贸易，主张限制政府的活动范围，减轻税收负担。

4. 马克思，代表作《资本论》（1867 年）等，深刻分析资本主义生产方式，揭示了资本主义社会发展的规律，指出对劳动的剥削是资本主义的基础；资本主义播下了自我毁灭的种子；社会主义、共产主义将取代资本主义。

5. 马歇尔，代表作《经济学原理》（1890 年）等，提出均衡价格理论，解释了微观经济学的基本原理和概念，是新古典学派的创始人。

---

① 斯密认为：“劳动生产力上最大的增进，以及运用劳动时所表现的更大的熟练、技巧和判断力，似乎都是分工的结果。”（斯密．国富论（郭大力/王亚南译）［M］．北京：商务印书馆，2015：3.）

6. 熊彼特，代表作《经济发展理论》（1912 年）等，提出创新及其在经济发展中的作用。

7. 凯恩斯，代表作《通论》（1936 年）等①，构建了现代宏观经济学的基本框架，提出以就业为中心的有效需求管理政策，主张政府干预。

8. 罗纳德·科斯，代表作《企业的性质》（1937 年），用交易成本解释企业规模，奠定了现代企业理论的基础；提出科斯定理②。

9. 萨缪尔森，代表作《经济学》（1948 年）等，提倡将凯恩斯经济学与新古典经济学相结合，创立了新古典综合派。

10. 弗里德曼，代表作《资本主义与自由》（1962 年）等，提出现代货币数量论，创立消费函数理论，提出"自然失业率"等。

……

上面这些大师都是非凡的，他们的成就各有千秋，很难拿来做比较，但中西方公认的、具有里程碑意义的经济学大师有三个——斯密、马克思和凯恩斯。在现代西方经济学中，凯恩斯是承前启后的枢纽级人物，是现代宏观经济学的奠基者。

古希腊有句谚语："狐狸知道很多事，而刺猬只知道最重要的事。"当代著名经济思想史学家马克·布劳格用这句谚语来区分"复杂多面的思想家"和"单独专一的思想家"，他认为：斯密、穆勒、马歇尔是狐狸；李嘉图、杰文斯、庞巴维克③、维克塞尔是刺猬；凯恩斯是长成刺猬的狐狸；唯独马克思是举世无双的，有时是狐狸，有时是刺猬。

凯恩斯上大学时开始主修数学，后师从马歇尔攻读经济学，对自然科学和社会科学都有深入研究，对二者的区别也有切身体会和通透认识。1924 年，他在给马歇尔写的传记中认为："从事经济学研究似乎不需要什么不同寻常的高层次的特殊天赋。知识界不是认为，较之于哲学和纯科学的高深分支学科，经济学要来得容易些吗？然而，优秀甚或称职的经济学家却是凤毛麟角。"

---

① 凯恩斯的著作有《印度的货币与金融》《合约的经济后果》《概率论》《货币改革论》《货币论》《劝说集》《传记文集》和《通论》等。

② 科斯定理是指在某些条件下，经济的外部性或者说非效率可通过当事人的谈判而得到纠正，从而达到社会效益最大化。

③ 庞巴维克（Eugen von Böhm－Bawerk，1851－1914）：奥地利经济学家，曾三次出任奥匈帝国财政大臣；著作有《资本和利息》等。

（李井奎译）凯恩斯的评价自负且刺耳，遭到众多经济学家的驳斥。

我认为凯恩斯的评价并非一无是处。经济学是研究人类社会在各个发展阶段上的各种经济活动和各种相应的经济关系及其运行、发展的规律的学科，重点研究一个社会如何利用稀缺的资源生产出有价值的商品，并将它们在不同的人中进行分配。经济学成为一个独立学科的时间虽然不长，但其历史十分悠久，研究的内容包罗万象，小则与人们的日常生活紧密关联，大则关系到国家命运和发展方向。与数学、物理等自然科学相比，经济学的进入门槛确实不高，不需要极高的天赋，但要想真正做好、做精、上层次，却很困难，因为它不仅需要扎实的专业功底，更需要对经济现象的长期观察和思考，需要社会历练、经验积累和归纳提炼等。

要想在经济学领域有所建树，留下痕迹，其实并不容易，起码要做到勤奋、独立思考、有特色、有思想、成体系；而要想达到上述经济学大师的境界并取得辉煌的成就，则必须聪慧且坚定，既需要艺术家的超然而不脱俗，又需要政治家的脚踏实地和直面问题的勇气。

第一编　引　论

本编主要提出一些新概念，比如总需求、总供给、有效需求等；重点分析古典学派的假设不成立；阐释有效需求原理，认为与充分就业相对应的有效需求只是特例，有效需求不足才是常态。

第一章
通论正名

本章强调“通”字，是为了突出《通论》要建立一个新理论，同时攻击古典学派的假定只适用于特殊情况，不适用于一般情况。

【要点】

本书取名《就业、利息和货币通论》，着重在“通”字，目的是对照古典学派关于同类问题的论点和结论……说明古典学派的假设只适用于特殊情形，而非普遍情形，是各种可能的均衡位置的极限点。古典理论所假设的特殊情形的属性，恰恰不能代表我们实际生活其中的经济社会的属性。如果我们试图把古典理论应用于经验事实，它的教义会把我们引入歧途，招致灾难。

【注】

作者强调“通”字，是想说明其理论不仅适用充分就业的情况，还适用非充分就业的情况。凯恩斯崇拜爱因斯坦，1926 年他们曾在柏林会见。庇古如此评价：“凯恩斯先生认为他对经济学所做的，正像爱因斯坦对物理学所做的那样，提出了具有深远意义的一般性理论。”① 庇古还讽刺说：“我们看到一位神射手瞄准月亮射箭，不论对此人击中目标的能力持有何种态度，我们都欣赏他的射箭艺术。”②

凯恩斯在该章定义的“古典学派”，和我们现在常说的“古典经济学”不同。古典经济学又称古典政治经济学，其杰出代表和理论体系的创立者是斯

---

① 庇古．书评［J］．经济学杂志，1936（5）：115.
② 庇古．书评［J］．经济学杂志，1936（5）：132.

密。在《国富论》中，斯密批判了重商主义把对外贸易作为财富唯一源泉的片面观点，认为劳动是创造财富的源泉，还阐述了劳动分工对提高劳动生产率和增进国民财富的巨大作用，从而把经济研究的重点从流通领域拓展到生产领域。古典经济学在英国是从威廉·配第①（以下简称配第）开始，中经斯密的发展，到李嘉图结束；在法国则是从布阿吉尔贝尔②开始，到西斯蒙第③结束。

马克思定义的“古典学派”终止于李嘉图，李嘉图是集大成者。马克思继承了斯密和李嘉图经济理论中的合理成分，在劳动价值论的基础上创立了剩余价值理论和平均利润理论④等，并认为资本主义企业追求的是剩余价值（剩余劳动），而不是使用价值。

凯恩斯定义的古典学派（The Classical School），是在马克思定义的“古典学派”基础上，再纳入李嘉图的追随者，包括穆勒、马歇尔、埃奇沃思和庇古等，从而把《通论》出版以前的经济学理论，统称为“古典学派”。

对于这种把剑桥老师和同事都纳入古典学派的划分，凯恩斯自己也意识到：“我这样做，也许犯了用语不当的错误。”现在，西方学者大多将古典学派终止于穆勒，而把 1870 年以后，包括马歇尔、庇古等人称为“新古典学派”。

【评论 3】

马克思和凯恩斯

1883 年 3 月 14 日马克思逝世，同年 6 月 5 日⑤凯恩斯出生，他们是不同时代的人，但在经济学领域，时常有人将两位大师放在一起比较，对比他们理论的异同和优缺点等。比如，张培刚教授在《从〈新经济学〉谈到凯因（恩）斯和马克思》（1948 年）中写道：“就反抗死硬的正统学派而言，马克思和凯

① 威廉·配第（William Petty，1623 - 1687）：生于英国手工业者家庭，从事过许多职业，最先提出了劳动决定价值的基本原理。

② 布阿吉尔贝尔（P Pierre Le Pesant，1646 - 1714）：法国古典政治经济学创始人，重农学派先驱。

③ 西斯蒙第（Sismondi，1773 - 1842）：法国古典政治经济学家，著作有《政治经济学研究》等。

④ 资本主义社会中，各个生产部门的不同利润率通过部门间的竞争形成平均利润率的客观必然性，也称一般利润率规律。

⑤ 斯密生于 1723 年 6 月 5 日，凯恩斯与其生日相同。熊彼特和凯恩斯都是 1883 年出生的，都被誉为经济学天才。

恩斯是站在同一条线上；但是对于资本主义的前途和归宿，则两人的看法，根本异趣。”劳伦斯·克莱因[①]则认为，凯恩斯和马克思都采用总体分析方法，“大体上我们可以说，马克思分析了资本主义没有也不能适当地发挥它的功能的理由，而凯恩斯则分析了为什么资本主义没有但能够适当地发挥它的功能的理由”[②]，等等。

“道不同，不相为谋。”[③] 马克思和凯恩斯虽然都是经济学大师，但不是同类人，立场和追求迥异，尤其是对资本主义的认识完全矛盾，无法调和。

凯恩斯生活优渥，以社会精英自居，没经受什么磨难，此生可乐，也很少接触普通劳动者，从容愉快地撰写《通论》，是为企业家代言的，旨在拯救资本主义，维护资产阶级统治。他确实“痛恨失业，因为失业让人愚蠢麻木，贫困让人丑陋不堪”，《通论》也是从研究失业问题出发的，但其目的不是维护劳动者的利益，而是为了缓解社会矛盾，维护资本主义制度。《通论》的根源和哲学基础仍是资本主义[④]。

1932 年，当凯恩斯开始撰写《通论》时，西方国家经济正处在最严峻的大萧条中期。英国的工业生产指数比 1929 年下降了 23%，其中生铁、钢的生产减少了一半，造船业减少 88%，机器制造减产 1/3，外贸额缩减了一半以上，失业者占工人总数的 22%。这一年，美国有 3400 万成年男女和儿童无法维持生计，流浪人口达 200 万，在纽约，仅 1931 年一年中记录在案的饿毙街头的案件就有 2 万余起。女孩为了生计，上街卖淫一次的价格仅为 10 美分。

作为对比，同年代的社会主义苏联正冉冉升起，工业迅猛发展并创造了很多奇迹。1932 年，苏联在纽约设有一家“苏美贸易公司”，该机构平均每天收到移居苏联的申请书多达 350 份。在那个年代，苏联计划经济的优越性太过瞩目，让很多人怀疑市场经济的前途，资本主义制度岌岌可危。当时，美国评论家和作家埃德蒙·威尔逊就说过：“苏联是世界上道德的巅峰，那里的光芒永不熄灭。”这让凯恩斯产生了强烈的危机感，他在 1932 年出版的《劝说集》

---

① 劳伦斯·克莱因（Lawrence Klein，1920－2013）：美国宾夕法尼亚大学教授，计量经济模型的创建人；著作有《经济计量学教科书》等；获诺贝尔经济学奖。

② 劳伦斯·克莱因．凯恩斯的革命（薛蕃康译）［M］．北京：商务印书馆，1962：30.

③ 出自《论语·卫灵公》。

④ 伊顿．马克思反对凯恩斯［M］．伦敦：劳伦斯与维希哈特公司，1951：10.

中称："对前途要有信心，我们现在如同一个青年，由于发育过速而患了神经痛，并不是处于精力衰退的年迈时期，患了无可救药的风湿病。"① 他撰写《通论》虽然不是为资本主义歌功颂德，却是为了给资本主义治病，维系人们对资本主义的信仰。

与凯恩斯不同，马克思一生颠沛流离，历经疾病、极度贫困和被多次驱逐等现实苦难的折磨，五年内三个孩子夭折。1855 年，当八岁的大儿子病死在怀中时，马克思极其悲痛，他在给恩格斯的信中写道："我已经遭受过各种不幸，但是只有现在我才懂得什么是真正的不幸。我感到自己完全支持不住了。"马克思晚年靠恩格斯等人的资助生活②，与生活在社会底层的工人阶级建立了友谊，是无产阶级的革命导师和精神领袖。马克思常年在大英博物馆的阅览室里钻研政治经济学，身体状况越来越差，时常疼痛难忍，有时写上几个钟头，就要休息好几天。他在艰苦条件下撰写的《资本论》，是为受剥削的劳苦大众代言，为无产阶级运动指明了方向，旨在推翻资本主义，最终建立共产主义。

这是马克思与凯恩斯、《资本论》与《通论》之间的本质区别。

【评论 4】

马歇尔和凯恩斯

马歇尔把古典经济学的生产理论与边际主义的需求理论结合在一起，强调供需关系的作用，提出边际效用理论，形成"马歇尔十字交叉"，创立了新古典经济学。1902 年，马歇尔发表《创建经济学和有关政治学分支课程的请求》③，次年 6 月，经济学（和政治学）终于成为独立的学科，在其影响下，剑桥大学设立了世界上第一个经济系。琼·罗宾逊曾回忆到："当我在 1921 年

① 凯恩斯．劝说集（蔡受百译）[M]．北京：商务印书馆，2018：133.

② 1840—1859 年，马克思累计收入 4562 英镑，其中 2170 英镑来自继承亲友的遗产，2002 英镑来自恩格斯的资助。另有统计显示，1851—1869 年，马克思共收到恩格斯的资助汇款 3121 英镑，折合每月 13 英镑。那时一英镑相当于 7.32238 克纯金，一个男工人的月工资约 0.9 英镑。1867 年 8 月 16 日，在《资本论》第一卷出版前夕，马克思写信给恩格斯说："这本书能够完成，完全要归功于你！没有你为我作的牺牲，我是不可能完成这三卷书的繁重工作的。"

③ 有人将其译为《呼吁设立经济学课程和相关的政治科学分支》。

10月进入剑桥学习经济学时，马歇尔的《经济学原理》是圣经。”这些都是马歇尔的伟大成就。

凯恩斯师从马歇尔，是马歇尔的忠实信徒和得意门生，受其影响很深。1908年6月，凯恩斯从印度事务部辞职，回到剑桥任教，长达12年，主要讲授马歇尔的经济学原理和货币金融学方面的课程。1920年5月至1930年，凯恩斯虽不在剑桥任职，仍是皇家学院的评议员，每年定期在剑桥开学术讲座，以马歇尔、庇古所代表的剑桥学派经济学为基础，讲授货币理论等专题，用的都是老师的理论。凯恩斯曾感慨说：马歇尔通过他的学生，再通过学生的学生，使之在这个领域的影响达到了主宰一切的程度。

马歇尔退休后，凯恩斯经常和老师交流，这种亲密关系一直保持到老师去世。在马歇尔现存的800多封信中，有95封是写给凯恩斯的。马歇尔逝世后，凯恩斯在师母的帮助下，撰写了《艾尔弗雷德·马歇尔传》。

马歇尔和凯恩斯很相似，他们都热爱资本主义和大英帝国，对其病症深感忧虑。他们都承认资本主义有缺陷，比如收入分配不均、经济形势严重等，但他们都不承认经济危机是资本主义的必然产物，并希望自己的药方能医治这些病症。1949年，庇古在纪念凯恩斯时写道："两人（指凯恩斯和马歇尔）在某些方面非常相像，都坚定不移地寻求真理，都坚信经济学研究不只是智力训练，而应该直接、至少是间接地为增进人类福利服务。"[①]

在学术上，凯恩斯基本上继承了马歇尔的均衡理论、生产论、价值论和分配论等，并有所发展。比如，在供求理论方面，马歇尔在供给和需求两个方面都加以心理化，使整个理论具有浓厚的心理色彩，凯恩斯明显继承了这种主观心理格调，强调企业家预期的作用，提出导致有效需求不足的三个基本心理规律；在分配论方面，凯恩斯把收入分为利润、利息、工资和地租，但把利润换成预期的利润率，还创造出一个术语——资本的预期收益；在分析方法上，凯恩斯也继承了马歇尔的供求分析的衣钵，不同之处在于"他们对导致需求和供给平衡的关键变量以及对需求变动或供给变动进行的调整过程，有着不同的看法"[②]，凯恩斯侧重总需求分析。

---

① 杜益民等．马歇尔和凯恩斯父子的故事（下）［J］．中国投资，2016（6）：82.

② 弗里德曼．弗里德曼文萃［M］．北京：首都经济贸易大学出版社，2001：679.

但在就业问题上，凯恩斯背离了马歇尔的就业理论，认为古典学派就业理论的假设过于苛刻，是一种极端情况，脱离现实，不适用一般情况，他从有效需求原理出发，建立了国民收入和就业的总量分析框架。马歇尔坚持以“萨伊定律”① 为核心的流通论，认为通过市场机制的调节可以实现供给和需求的平衡，否认生产过剩的经济危机；而凯恩斯反对“萨伊定律”，认为资本主义自由竞争不能保证供求均衡，有效需求不足是常态，无法实现充分就业，从而创立了“需求决定供给”的“凯恩斯定律”。

另外，马歇尔认为利率是等待的报酬，由资本供求决定；凯恩斯则认为利率是纯粹的货币现象，是放弃流动性的报酬，由货币供求决定，并发展了马歇尔的货币论，认为货币是非中性的，很重要，不应将货币和经济分开，需要建立新的货币经济理论。

① 萨伊定律（Say's Law）是指：商品买卖实质上是商品交换，货币只在刹那间发挥媒介作用；商品的供给会为自己创造出需求，总供给与总需求必定相等；局部供求不一致会因价格机制的调节而达到均衡。萨伊认为：“单单一种产品的生产，就给其他的产品开辟了销路。”

第二章
古典经济学的假设

作者认为古典学派就业理论的两个基本假设是：（1）工资等于劳动的边际产出；（2）就业量不变时，工资效用等于该就业量的边际负效用。他反驳了这两个假设：首先，要区分货币工资和实际工资，劳动者只抵制货币工资的下降，而不能及时注意到实际工资的下降；其次，由于工资议价是在企业或行业层面产生的，因此实际工资的一般水平不受此类议价左右。还批驳了萨伊定律。

【要点】

大多数价值论和生产论的著作主要关注：（1）定量资源如何在各种不同用途之间的配置；（2）使用定量资源的前提下，各种资源的相对报酬和产品的相对价值如何决定。

【注】

价值论也称价值哲学，是关于价值的性质、构成、标准和评价的学说，涉及的内容很广泛，著名的价值论有马克思劳动价值论、新古典主义价值论和斯拉法[1]价格理论等。

对于古典学派的价值论和生产论，凯恩斯只是小心提及，没有攻击[2]。与古典学派相比，《通论》的一个明显不足是缺乏价值和分配理论，也没有用其

---

① 皮罗·斯拉法（Sraffa，1898－1983）：英籍意大利经济学家，凯恩斯的助手；著作有《用商品生产商品》。

② 汉森．凯恩斯学说指南［M］．北京：商务印书馆，1963：25.

理论去分析经济学中普遍关注的问题，比如价值、分配和资源配置等。其实，《通论》没有深入分析价值问题，只讨论了价格（比如第二十一章）。我的感觉是：凯恩斯不太关心纯粹的经济理论，而更关心现实问题和经济政策，可能与其政府官员出身有关系。

当然，由于缺乏价值理论，凯恩斯无法深入研究资本主义的生产和分配，也无法阐明资本主义制度本质和生产关系等诸多深层次问题。

【要点】

［作者对上述要点的注解是：］李嘉图表示对国民收入的数量不感兴趣，对国民收入的分配则完全不同……他在 1820 年 10 月 9 日致马尔萨斯①的信中写道："足下认为政治经济学是对财富的性质和来源的探究——我认为它应该研究各个阶级如何分配他们共同生产的社会产品的法则。……每一天我都更确信：前者的研究是徒劳的，只有后者才是科学研究的真正对象。"［见英文版第二章的尾注 1］

【注】

李嘉图重视收入分配，他认为收入分配是影响财富增长的关键因素，国家总收入分为工资、利润和地租三部分，资本积累来自利润；可供分配的社会财富是有限的，其总量相对固定；地租是第一项扣除，地租的量具有上涨趋势，导致留给工人和资本家分配的数量不断减少，因此，李嘉图认为土地所有者是多余的，主张限制地主收取地租的权利，必要时实行土地国有化，反映了当时新兴工业资产阶级的愿望和要求。后来，马克思借鉴并发展了李嘉图的地租理论，认为土地国有化既是对生产力的解放，也是对人的解放，并指出："联合一旦应用于土地，就享有大地产在经济上的好处……土地不再是牟利的对象，而是通过自由的劳动和自由的享受，重新成为人的真正的个人财产。"②"一旦土地的耕作由国家控制，为国家谋利益，农产品自然就不可能因个别人滥用地力而减少。"③

---

① 马尔萨斯（Thomas Robert Malthus，1766 – 1834）：生于英格兰土地贵族家庭，剑桥大学学习，英国教会僧籍，牧师；黑利伯里学院教授，皇家学会会员；著作有《人口原理》等。

② 马克思．1844 年经济学哲学手稿［M］．北京：人民出版社，2000：46 – 47.

③ 马克思恩格斯选集［M］．北京：人民出版社，1995：128.

与李嘉图不同，马尔萨斯重视财富增长，认为生产和需求平衡才能促进财富增长，“资本的积累、土地的肥力和节约劳动的新发明”① 是财富增长的三大有利要素。而这三大有利因素在需求的刺激下，才能真正促进生产发展。

【要点】

对于可用资源量（适合就业人口的多寡、自然财富的规模、资本设备的数量）、实际使用量、就业量波动等……我认为简单且明显，只稍微提及。

【注】

以上都是古典学派关注的概念，不是《通论》研究的重点。作者认为，古典学派对这些因素都做了有用且广泛的研究，关于就业量波动的论述也很多，但缺少关于决定可供利用资源的实际就业的诸因素的纯理论②。

【要点】

［作者对上述要点的注解是：］庇古的《福利经济学》写道：“在整个讨论中，除了明确指出的例外情况，我们略去某些资源愿意但未得到充分利用的事实。这非但不影响论证的实质③，反而使问题简单化。”……庇古在研究国民收入的专著中主张：不管有无非自愿失业，同一理论都能适用。［见英文版第二章的尾注 2］

【注】

庇古“这非但不影响论证的实质”的判断，被凯恩斯抓住了，成为被攻击的靶子，因为英国的现实并不像庇古描述的那样，而是存在严重的非自愿失业，不能忽视，更不能无视。

20 世纪初，随着美国和德国经济的崛起，英国的霸主地位受到严峻挑战。为了与美德对抗，英国掀起了一场技术革命。技术革命虽然给英国带来了繁荣，但也造成大量失业，工人运动此起彼伏，社会矛盾加剧。庇古希望能给内外交困的英国带来光明，其“火种”就是 1920 年出版的《福利经济学》。该

---

① 马尔萨斯．政治经济学原理［M］．北京：商务印书馆，1962：29.

② 汉森．凯恩斯学说指南［M］．北京：商务印书馆，1963：25.

③ 原文：This does not affect the substance of the argument.

书研究的重点是如何增加社会福利。庇古根据边际效用论提出有关福利的两个基本命题：国民收入水平越高，社会福利就越大；国民收入分配越均等化，社会经济福利就越大。庇古认为，经济福利取决于国民收入的数量和国民收入在社会成员间的分配情况；要增加经济福利，在生产方面必须增加国民收入总量，在分配方面必须消除收入分配的不均等。庇古以上结论看起来比较合理，没什么问题，但《通论》批评的不是这些内容，而是《福利经济学》中有关就业问题的论述和《失业论》①。

《通论》对庇古作出了非难，还专列一章批判庇古的《失业论》，有些“擒贼先擒王”的意思。因为要想建立自己的新就业理论，就必须彻底击破以庇古为代表的旧失业理论。与庇古不同，凯恩斯分析的是一个既存在货币又存在非自愿失业的社会，更符合现实情况。

凯恩斯能批评庇古的失业理论，说明他下了一番功夫，深入研究了庇古的学说，这是对庇古研究成果的尊重。“青，取之于蓝，而青于蓝”②，能够成为自己的师弟和学生重点批驳的对象，从学术角度看，我认为这是庇古的荣耀。

I　古典学派就业理论的两个假设

【要点】

古典学派就业理论基于两个基本假设，即：

Ⅰ. 工资等于劳动的边际产品。

换言之，一个就业的人得到的工资，等于就业量减少一人所损失的产值。

【注】

假设Ⅰ提供就业的需求曲线 D。这里假设市场完全和竞争充分。而当市场和竞争不完全时，比如出现垄断或者本来就是自然垄断的情形下，假设Ⅰ会遭到破坏。对于假设Ⅰ，凯恩斯是认同的，并维持了该假设。

至于不完全竞争问题，琼·罗宾逊的研究很早，在 1933 年出版的《不完全竞争经济学》一书中，她就已经抛弃了马歇尔以自由竞争为普遍现象的传

① 也译为《论失业问题》。在书中，庇古把失业现象的产生归结为工人要求高工资。

② 出自荀子《劝学》。

统，把完全竞争当成特殊事例，并用大量篇幅考察了垄断问题。凯恩斯和琼·罗宾逊类似，只是他把充分就业当成了特殊事例，把失业尤其是非自愿失业当成了通常事例，两人惺惺相惜。

【要点】

Ⅱ. 当就业量既定时，工资的效用等于该就业量的边际负效用。

换言之，每一个就业者的实际工资，正好足以诱使实际就业的人继续维持原有就业量……第二个假定中所说的相等，会由于劳动者结成工会而遭到破坏。

【注】

假设Ⅱ提供劳动的供给曲线 S。该假设可能会遭到工会组织的破坏。在西方经济学中，工会被视为破坏完全竞争的“垄断组织”，是加重失业的重要原因，被看作负面因素，凯恩斯继承了这个传统。

【要点】

“负效用”必须被理解为：由于种种原因，一个人或一群人宁愿失业，而不愿接受比某种最低效用更低的工资。

【注】

负效用（disutility）通常是指：某种商品或劳务给人们带来的不适或痛苦的感受。比如，一个饥饿的人吃馒头，最初的一两个馒头能给他带来很大效用，能消除饥饿感。但随着他不停地吃，当吃下的馒头达到一定数量后，即使再多吃一个，给他带来的也不再是欲望的满足，而是不适，比如腹胀等。此后吃下的馒头，对该消费者不再具有正效用，而是负效用。劳动的负效用是由劳动带来的不适，比如疲劳、精神紧张等；一些学者认为，在计算生产效用时，有必要减去耗费劳动所产生的痛苦。

西方经济学通常把负效用和正效用结合起来，阐释消费者的行为或者社会的总体福利，《通论》延续了这个传统，多次使用劳动的负效用和边际负效用分析问题。

【要点】

古典学派认为："摩擦"失业和"自愿"失业构成失业的全部。古典学派的假设不容许存在第三类失业，就是我将定义的"非自愿"失业。

【注】

在失业问题上，凯恩斯与古典学派的分歧在于是否存在非自愿失业；古典学派不承认非自愿失业的存在，而凯恩斯承认非自愿失业，将非自愿失业纳入失业的范畴，并把如何消除非自愿失业，作为《通论》研究的出发点和重点。

也就是说，凯恩斯并没有把所有的失业都归咎于有效需求不足。

【要点】

就业量决定于：边际产品所带来的效用等于边际就业所带来的负效用之点。

【注】

根据古典学派的两个假设，我们可以画出劳动的供需曲线，如图 1，纵轴 W 代表实际工资，横轴 L 代表就业量。当供给既定时，如果需求不同，会形成不同的就业量 E_0、E_1、E_2……

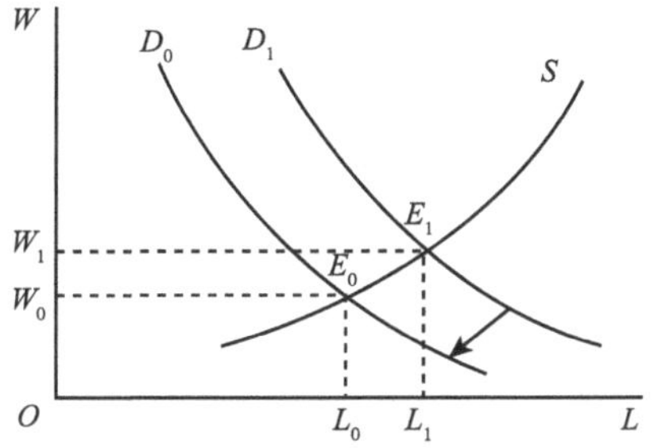

图 1　工资决定的供需曲线

凯恩斯认为，纵轴应该是货币工资，不是实际工资，古典学派的论点不成立。他反对假设Ⅱ，并在后面做了大量分析。

【要点】

［古典学派认为：］可能增加就业的方法只有四种：

(a) 改善组织结构，增强预见力，以减少“摩擦”失业。

(b) 减少以实际工资表示的劳动的边际负效用，从而在每一实际工资下，会有更多的人愿意工作，以减少“自愿”失业。

(c) 工资品行业中的边际实物劳动生产率的增加（用庇古教授的简便术语来说明，工资品是其价格可以决定货币工资效用的物品）。[注：工资品是指劳动者在生活中需要购买的物品。生产工资品行业的劳动生产率提高，意味着这些物品的价格降低，从而工资所代表的效用量会增加。]

(d) 使非工资品的价格上涨程度，超过工资品的价格上涨程度，与此同时，非工资收入者把开支从工资品转移到非工资品。

【注】

上述四条增加就业的措施中，前三条比较好理解，而措施（d）从价格规律看好像是矛盾的，但也有可能，比如，激发非工资收入者（non-wage-earners）对奢侈品和艺术品的喜好、更多地进入股票市场等，让更多资金追逐资产而不是工资品，有利于压低工资品的价格。

总体来看，凯恩斯对于古典学派的上述失业理论没有完全排斥，对降低失业率的措施也赞同。但对于非自愿失业，情况就完全不同了，他认为古典学派的理论和措施都失效了。《通论》研究的重点是如何消除非自愿失业，进而提高就业量，不是针对自愿失业和摩擦性失业的。我们可以这样理解：如果非自愿失业消失了，那么古典学派的就业理论还是成立的。另外，与降低摩擦性失业和结构性失业的投入相比，降低非自愿失业的投入的边际效用要高很多。

【评论 5】

失业的分类

失业是指在一定年龄范围内，一个人愿意并有能力为获取报酬而工作，但仍找不到工作的状态。古典学派认为只存在摩擦失业和自愿失业，而凯恩斯则认为除了上述两类失业，还存在非自愿失业。

摩擦失业（frictional unemployment）是指由技术性原因而引起的失业，即由于经济在调整过程中，或者由于资源配置比例失调等原因，一些人需要在不同的工作中转移，从而使一些人等待转业而产生的失业现象，比如因不满当前境况而跳槽改行、刚毕业的大学生找工作、产妇休假结束后重新步入社会、劳动力在新老交替中产生的失业等。摩擦失业不分行业，很难避免，通常是短期的、局部的，可以存在于任何社会。

自愿失业（voluntary unemployment）由庇古提出，它和非自愿失业相对应，是指工人由于不接受现行的工资或比现行工资稍低的工资而出现的自我意愿失业现象，即人们嫌工资太低而宁肯失业。形成自愿失业的原因有很多，比如立法原因、社会风俗习惯、集体议价未达成一致、社会失业救助金过高、人们过分挑剔或安于享乐等。在一些国家，自愿失业人群不是个别现象，普遍集中在二三十岁的年轻人。这类人大多“眼高手低”，认为自己能力很强，现在提供的工作机会不能满足自己的预期，选择来选择去，最终赋闲在家，出现了“啃老族”“幻想型青年”等。

非自愿失业（involuntary unemployment）又称“需求不足的失业”，是《通论》的重点研究对象，是指工人愿意接受现行工资水平与工作条件，但仍找不到工作而形成的失业。一些心理学家发现，非自愿失业带来的打击不亚于亲友去世的痛苦，久而久之会给个人造成自卑和恐惧。如果非自愿失业人数过快增长，有可能危及家庭和社会的稳定。要想消除非自愿失业，从宏观层面看，关键是提高有效需求，把国民收入的“蛋糕”做大。

上面三类失业构成失业的全部。“非自愿失业”是凯恩斯提出的，是对当时西方国家大量失业存在这一客观现实的描述，他认为解决非自愿失业的关键是刺激消费，增加新投资，扩大总需求。

在失业问题极其严重的大萧条中期，凯恩斯研究如何减少非自愿失业，眼光敏锐，切入点极佳，既顺应了时代的需要，又另辟分析路径，在当时具有很强的现实意义和理论价值。因此，《通论》在出版前，就已经引起关注，这本书即便是对那些反对凯恩斯分析逻辑的经济学家而言，都具有很强的吸引力。

在专业研究领域，发现问题（尤其是真问题）就等于成功了一半，相当于找到了病根。对于经济学入门者，不仅需要下功夫熟读经典原著，夯实专业功底，还要努力培养能够发现问题的、独特的眼光。我认为后者更珍贵，需要一定的天赋和历练，是更难跨越的门槛。

1968 年，弗里德曼提出“自然失业率”假说，并引起争论。现在一般认为，自然失业率是指没有货币因素的影响，此时失业率和通胀率不存在替代关系，劳动力市场和商品市场自发供求力量发挥作用时，处于均衡状态的失业率，是充分就业状态下的失业率①，其大小由社会技术水平、劳动力结构、资源数量、政府政策和文化传统等因素决定。美国经济学家阿瑟·奥肯②曾近似地描述了失业率和实际 GDP 之间的交替关系，即失业率每高于自然失业率 1%，实际 GDP 便低于潜在 GDP 约 2%。

我认为自然失业率就是摩擦失业率与结构性失业率加总之和，是失业率的硬核，无论采取什么措施都很难根除的失业率。在分析系统性金融风险时，我借鉴了弗里德曼自然率的理念，提出"一般性风险"这个概念，并认为一般性风险是系统性金融风险的硬核，无论我们采取何种措施都无法完全消除掉的风险③。

Ⅱ 实际工资、货币工资与就业

【要点】

总有一些人愿意接受现行工资，仍无工可做。在现行货币工资水平下，只要存在需求，一定有更多的劳动者前来就业。[注：其实就是非自愿失业。]

古典学派认为：只要劳动者整体同意降低货币工资，就业量自然会扩大。[注：这是从劳动者一方找失业原因。]

我认为：在一定范围内，劳动者要求的是最低限度的货币工资，而不是最低限度的实际工资。……如果劳动的供给函数不把实际工资作为它唯一的自变量，那么，古典学派的论点就会完全崩溃，从而使实际就业量极难确定④。

【注】

作者将工资分为实际工资和货币工资，并把研究重点转向货币工资，这与古典学派关注实际工资有所不同，是对工资理论的贡献。这里提到的"劳动的供给函数"，就是前面分析的假设Ⅱ。

---

① 杰弗里·萨克斯．全球视角下的宏观经济学［M］．上海：上海人民出版社，2004：431.

② 阿瑟·奥肯（Arthur Okun，1928－1980）：美国经济学家，耶鲁大学教授，曾担任美国总统经济顾问委员会主席，著作有《平等和效率》等。

③ 高伟．国际金融危机40年解析［M］．北京：中国发展出版社，2018：233.

④ 在《通论》第十九章附录中详细论述这一点。

【要点】

劳动者（在一定限度内）要求得到的是货币工资，而非实际工资，这种情形远非一种可能性，而是通例。虽然劳动者通常会抵抗货币工资的削减，但并不是每当工资品价格上升时，他们就不肯工作［注：退出劳动力市场］。

把经济萧条下的失业现象说成是因为劳动者拒绝货币工资的削减，显然与事实不符。……经验事实表明，在劳动力的最低需求或劳动生产率并未产生明显改变时，就业量却产生巨大波动。在萧条时期，劳动者决不比高涨阶段更不讲理，劳动者的物质生产力也不会减小①。以上事实构成初步理由，来怀疑古典学派分析的恰当性。

【注】

劳动者更加关注货币工资的变化，会奋力抵抗货币工资降低，而对工资品价格缓慢上涨导致的“温水煮青蛙”式的实际工资下跌，劳动者的关注相对较小。与古典学派相比，凯恩斯对货币工资的描述更接近现实。这就为作者批判古典学派的就业理论做了铺垫。

【要点】

对特定行业的变化情况，我们期望实际工资和货币工资按同一方向变动。但对整体工资水平的变动情形，我们大概会发现：货币工资变动和其相对应的实际工资变动，通常不呈相同方向，而几乎总是相反的。当货币工资上升时，实际工资下降；当货币工资下降时，实际工资上升。

【注】

这是作者的判断，其逻辑是：在短期内，劳动者在就业量减少时容易接受工资的削减；就业量减少时，实际工资将上升，因为产量（或就业量）减少时，劳动者在规模既定的资本设备下的边际生产率会有所提高。

凯恩斯为了攻击古典学派的假设前提，夸大了货币工资（money-wages）和实际工资（real wages）的差异，初心可能是为了引起同行们关注，却为统治者提供了一条剥削劳动者的“巧妙”路径，即通过增加货币供给、让货币

① 原文：Nor is its physical productivity less.

贬值等措施，实现“稳定货币工资、压低实际工资”的政策目标。这对企业家有利，却严重损害了工薪阶层的利益，不值得提倡。

这也告诫我们，经济学研究要务实慎重，不能过分猎奇，因为我们的建议一旦被采纳并付诸实践，将触及（甚至伤害）很多人的切身利益。

【要点】

传统理论坚持：劳资双方的工资协议决定实际工资；……如果货币工资有所变动，价格会做出几乎相同比例的变动，从而使实际工资和就业水平基本上与变动前一样；……劳动者可以决定自己的实际工资，价格取决于货币数量。

【注】

按照上述逻辑，如果劳动者能决定自己的实际工资，实际工资对于供求变化具有足够的弹性，很灵活，那么实现充分就业就不是问题，也不会出现严重的失业。这显然与事实不符，传统理论不成立。

【要点】

反对古典学派的第二个假设的理由有二。第一个反对意见涉及劳动者行为。在货币工资不变的情况下，由于价格上升而导致的实际工资下降，一般不会使在现行工资下的劳动供给量低于价格上升前的实际就业量。构成庇古《失业论》基础的一个古怪假定是：现在的失业者虽然愿意在现行的工资下就业，却会在生活费用稍微上涨时，就拒绝为现行工资工作。

【注】

事实上，即便实际工资下降，劳动的供给量在短期内也不会减少。因此，庇古的这个假设不成立。

【要点】

第二个更基本的反对意见是：古典学派“工资协议可以直接决定实际工资的一般水平”的假设，是不当假设。因为对劳动者整体而言，也许无法使货币工资的一般水平所能获取的工资品，等于现行就业量的边际负效用；也可能不存在途径，能够使全体劳动者通过与企业家们的货币工资谈判，将实际工资削减至某一既定水平。这是我们的论点。我们将尽力证明：决定实际工资一般水平的，主要是某些其他因素。

【注】

上面是反对假设Ⅱ的理由。该分析有道理，因为工资协议签的是货币工资，不是实际工资。

工资的本质是劳动力价值的转化形式，只是工人劳动所创造的价值的一部分。在资本主义社会，“工人的工资表现为劳动的价格，表现为对一定量劳动支付的一定量货币”[①]，决定因素很复杂。从外部看，有人力资源市场的供需关系、地区及行业的特点与惯例、当地生活水平、国家的相关法令和法规等；从内部看，有企业的业务性质与内容、经营状况与实际支付能力、管理哲学与企业文化等。从员工自身看，有员工的知识结构、资历、经验、潜力、技能等，员工的业绩也是影响工资水平的重要因素；从宏观看，还有总需求、总供给和就业总量等因素。

因此，人们很难按实际工资来签订工资协议。另外，在工资议价中，劳工一方是比较被动的，因为他们很难确定自己的货币工资，更不要说实际工资了。这就导致古典学派的就业理论无法成立。

Ⅲ　货币工资、工会和失业

【要点】

由于劳动者的流动性（mobility）不够完善，从而工资不能准确地反映不同职业的净优势，所以，任何个人或由个人构成的团体，如果同意其货币工资相对于其他人有所降低，那么其实际工资也会相对下降。而这已构成充分的理由使他们抵抗货币工资的削减。另一方面，要想抵抗对所有劳动者影响相同的、由于货币购买力改变而造成的实际工资的每一次下降，是不现实的。事实上，来自这种方式的实际工资下降一般不会遭受抵抗，除非下降幅度达到极端程度。另外，特定行业对货币工资下降的抵制，不像全部行业都抵制实际工资下降那样，对总就业量的增加造成不可逾越的障碍。

---

① 马克思．资本论（第一卷）［M］．北京：人民出版社，2018：613.

【注】

意思是，某些特定行业（比如局部的、一两个行业）对货币工资下降的抵制力度较小，不像全部行业都抵制实际工资下降那样严重；而后者会严重阻碍总就业量的增加，应尽力避免。

从上面的论述，我们可以清楚地看出：凯恩斯和古典学派都是维护企业家和统治者利益的，他们之间的分歧仅仅是剥削工人的方法不同而已。当然，凯恩斯的方法——在货币工资不变时，通过降低货币购买力来压低实际工资——更加精明且隐秘，在实施中受到的阻力更小，因而被很多政府和企业采纳，时至今日仍乐此不疲。

【要点】

对货币工资的斗争，主要影响实际工资总量在不同劳动者集体之间的分配，而不是每一个就业者的平均实际工资……一部分工人通过联合结成团体［注：工会］，是为了保护他们的相对实际工资。

相反，劳动者并不抵抗货币工资不变时的实际工资降低，因为这种降低和总就业量增加联系在一起。除非削减到如此程度，以致实际工资有可能降低到现行就业量的边际负效用之下。每一个工会都会采取一些手段去抵抗货币工资的削减，不论削减的幅度多么小。但没有一个工会梦想着对生活费用的每次上涨都要举行罢工，因此，工会并不像古典学派指责的那样，对总就业量的任何增加都设置障碍。

【注】

作者反复强调一个问题，工人或工会不大可能为了实际工资一般水平的降低（通常是因为物价水平上涨）而起来抵抗，而有可能抵抗货币工资的降低，那也只是因为不同劳动群体之间工资水平的不平衡，从而导致相对经济地位的一种攀比心理。工会的抵抗，通常不是影响总就业量的主要因素，因为没有哪个工会反对增加就业。

这里分析的应该是资本主义成熟期的就业情况，工人的基本生活得到较好保障，有了一定积蓄，劳动的负效用有所增强；此时经济增速开始下降，生产相对过剩，整个社会面临的主要问题是需求不足。而在资本主义初期，工人为维持温饱而斗争，为了生存需要努力寻找工作，工作欲望强烈，那时经济增速高，需求旺盛，整个社会面临的主要问题是供给不足和资源约束。而到 20 世纪 30 年代，凯恩斯分析的资本主义与古典学派分析的早期资本主义已经明显不同了，古典学派的失业理论过时了，需要建立适应新形势的就业理论。给我们的启示是：当经济运行态势发生变化时，就业理论也要适应形势的变化，做出相应的调整和完善，不能故步自封。

Ⅳ　非自愿性失业

【要点】

古典学派不承认严格意义上的“非自愿”失业的存在。

我对非自愿失业的定义是：当工资品价格相对于货币工资做出稍微上涨时，为了现行货币工资而愿意工作的劳动总供给量和在同一货币工资之下对劳动的总需求量，都大于现有就业量，那么人们便处于非自愿失业状态。

我将“摩擦”失业排除在“非自愿”失业之外，认为没有“非自愿”失业的情况可称为“充分”就业。

古典理论最好称为充分就业条件下的分配理论。只要现实符合古典学派的假设，上述意义的非自愿失业不能发生。

【注】

现实只有符合古典学派的假设，古典学派的就业理论才能成立。这是对古典学派“削足适履”做派的莫大讽刺！当我第一次读这段话时，禁不住笑出声来。作者不愧是逻辑学家内维尔的儿子，把“逻辑性终将让位于现实性”传承下来了。类似的评判在《通论》中还有许多，刁钻且辛辣，经常让人回味无穷。这也是《通论》的特色和魅力。

当然，凯恩斯的就业理论也有不足，他重点研究“充分就业”，却没有涉及“平等就业”等问题。由此可见，经济学是在继承或批判前人研究成果的基础上逐渐发展和完善起来的，没有一步到位的。因为现实是发展变化的，每个时代面临的突出经济问题明显不同，经济理论需要适应现实的需要，不断创新和丰富。

【要点】

［古典学派认为，］明显的失业缘自：(1) 在更换职业的过程中，暂时没有工作；(2) 专业化程度极深，因此需求时断时续；(3) 工会的限雇原则（closed shop）不让工会以外的工人就业。……结论是：明显的失业（除了上述例外情况）是由于未被利用的生产要素（unemployed factors）拒绝接受相当于它们的边际生产率的报酬。

【注】

古典学派认为：即便出现明显的失业，也要从劳动者自身找原因；除了上述几种情况，明显的失业是由于劳动者拒绝接受工资的削减。

来自工会的不让非工会人员就业的限雇原则，也称“排外性雇佣制企业”，是指被雇佣的劳动者必须属于工会，并要求雇主只雇佣工会成员。古典学派把工会看作是形成失业的原因之一。

在西方经济学中，劳动、资本和土地被称为“生产要素”，这里所说的未被利用的“生产要素”是指劳动。

【要点】

如果古典理论仅适用于充分就业的事例，那么把它应用于非自愿失业，就是错误的。古典学派的理论家好像是欧氏几何学家，生活在非欧氏世界里。

我们需要推翻古典理论的第二个假设，建立一个行为（behaviour）体系，在该体系中，严格意义的非自愿失业是可能的。

【注】

作者明确指出，他建立的体系是以非自愿失业作为研究对象。

数学思维自幼深入凯恩斯的脑海，撰写《通论》时他虽已年过半百、享誉世界，仍无法改变。这也印证了中国的那句老话“三岁看大，七岁看老”，早期教育投资的边际效用大，影响久远，历来很重要；教育要从娃娃抓起。

凯恩斯对古典学派欧式几何式的戏谑调侃，是说古典学派过时了，不能解释也不能解决非自愿失业这个明显存在的问题，因此需要建立一套新的就业理论和体系。庇古曾如此评价《通论》：对别人的讽刺评论的一个发源地①。这也许是经济学者的通病，思维活跃，语言犀利，批驳对方不留情面，专怼别人的弱点和不足，容易招人恨。

V 对古典学派就业理论第二个假设的批判

【要点】

我们将维持第一条假定，仅对它施加和在古典理论中同样的约束条件。

它意味着：在既定的组织结构、设备和技术条件下，实际工资和产出数量（从而和就业量）是唯一相关的，因此，只有实际工资下降时，就业量才会伴随着实际工资的下降而增加；……每一个劳动者所争取的实际工资，与就业量具有唯一（负）相关的关系。这样，如果就业量增加，在短期内，每一个劳动者所得到的以工资品表示的报酬一般必然下降，而利润则增加。

【注】

按照古典学派的假设Ⅰ，实际工资不但等于劳动的边际产品，而且，当劳动量增加时，劳动的边际产品还会由于收益递减规律而下降。

“在既定的组织结构、设备和技术条件下”可理解为“在短期内”。

按照古典学派的就业理论，在短期内要想增加就业量，就得降低实际工资。除此之外，好像没有更可行的办法。

【要点】

在我们推翻第二个假设后，则当就业量减少时，固然会使劳动者得到较高的工资率（以工资品计算），然而，就业量的减少不一定是由于劳动者要求提高工资（以工资品计算）引起的；从而，劳动者愿意接受较低的货币工资，也未必是解决失业的良方。

【注】

就业量减少的原因不一定是劳动者要求的货币工资上升，不是劳动力的供

① A. P. 瑟尔沃，张进铭.《就业、利息和货币通论》（第二版）导读［J］. 经济学动态 . 2003 (6)：84－89.

给端出了问题。从宏观角度看，普遍、大量的非自愿失业的出现，主要是因为需求端出了问题，是有效需求（或总需求）不足造成的。此时，劳动者即便接受较低的货币工资，也不一定能解决失业问题。

这一节论述得很绕，其重点是：古典学派就业理论的假设（尤其是假设Ⅱ）不成立，脱离现实，运用它的理论不能解决失业问题，因此，要创立符合现实的就业理论。

Ⅵ　古典学派对总供给和总需求的讨论

［注：在下文，对于凯恩斯引用的文献，用下划线标识。］

【要点】

从萨伊①和李嘉图时期，古典经济学者们已经讲授“供给创造自己的需求”②，大意是：全部生产成本必须直接或间接地被用来购买产品。

约翰·斯图亚特·穆勒③《政治经济学原理》如此表述：“构成偿付商品手段的，只是商品……所有的卖者不可避免地成为买者。如果我们能突然使一国的生产能力加倍，我们也使各个市场上商品的供给加倍，但与此同时，我们也应该使购买力加倍。”

作为推论：任何具有购买力的个人的节制消费的行为，必然使由于抑制消费而节约下来的劳动和商品，被用于投资，生产资本品。

【注】

古典学派认为供给决定需求，每一次购买都是一次卖出，市场经济的总定理是“商品－货币－商品”（即“C－M－C”），储蓄和投资对等，因此不存在普遍的生产过剩和大量失业。但现实情况是，储蓄不一定能形成等量的投资，我们需要把储蓄和投资分开讨论。

在凯恩斯之前，马克思在《资本论》中曾批判过萨伊定律，他认为萨伊定律的错误是：（1）把资本主义商品生产偷换成简单商品生产；（2）把商品

---

① 萨伊（Jean Say，1767－1832）：法国经济学家，古典自由主义者，著作有《政治经济学概论》等。

② 原文：Supply creates its own demand.

③ 约翰·斯图亚特·穆勒（John Stuart Mill，1806－1873）：英国著名哲学家、心理学家和经济学家，著作有《政治经济学原理》等。

货币交换关系偷换成物物交换关系。马克思认为“C－M－C”是不能成立的，因为市场上一旦有风吹草动，就会产生大量的持币观望者，造成货币短缺，导致M不能顺利转换为C。在马克思看来，市场经济的总定理是“M－C－M”，在这里，占据舞台中心的是货币的提供者和掌握者，而不是商品交换者。

【要点】

马歇尔《国内价值的纯理论》：“当一人企图从购买的劳动和商品获得现在的享受，被说成是消费。当他把购买的劳动和商品用于生产他在将来可从中得到享用物的财富，被说成是储蓄。”

【注】

这句话可简单归纳为：消费是现在的享受，储蓄是为了将来的享用。

《通论》把储蓄看成是负面的东西，认为储蓄对投资和就业都不利，很多人不认同，比如我现在对储蓄的认识就是正面的。通常情况下，人们看好未来才会储蓄，储蓄也能增加人们对未来的底气。在不同环境条件下，人们对储蓄的认知是有差异的，不能一概而论，更不能把一时的认知简单递推为一世的结论。

【要点】

庇古相信：除了增加摩擦，有无货币并不会造成实质性后果；生产论和就业论可以（像穆勒说得那样）根据“实物”交换而建立起来，与此同时，货币以无关紧要的方式被引进来。这就是古典学派的现代说法。

【注】

古典经济学坚持“货币中性论”，认为货币的作用不大，不过是交换的润滑剂，或是一层面纱，或是一层脂肪，其作用就是交换媒介；合乎理性的人不会把货币闲置起来，不让它增值。马歇尔认为：“人们需要货币主要并不是为了货币本身，而是为了使他们能以便利的方式持有随时能使用的一般购买力。”①

凯恩斯则坚持“货币非中性”，他认为货币不仅仅是物物交换的媒介，更

---

① 马歇尔．货币、信用和商业［M］．伦敦：麦克米兰出版社，1924：38.

是人们的“贮藏价值”，是抵抗未来不确定性的工具，还能影响利率水平。他还认识到：货币政策的作用是有限的，它对经济的作用不是决定性的，因为货币政策须通过利率这一中间变量，才能影响实体经济运行；政府作为货币的管理者和供给方，应该在货币管理方面发挥更大作用。

【要点】

《鲁滨逊漂流记》① 的故事：不存在交易的经济，个人收入全部来自他的生产活动。古典学派把故事里的经济当成了现实世界，把由前者得到的结论应用于后者。这是古典学派的错误。

【注】

斯密和李嘉图把鲁滨逊当作孤立的猎人和渔夫，并以此为出发点阐述经济问题。马克思予以批判，认为孤岛上的鲁滨逊不是天然孤立的个人，他的劳动，比如做工具、制家具、打猎、记账等，呈现出社会的结构并植根于他的经验，仍然是一定社会和历史的存在，并形象地指出：“而我们这位从破船上抢救出表、账簿、墨水和笔的鲁滨逊，马上就作为一个地道的英国人开始记起账来。”②

【要点】

类似地，人们自然会设想：如果一人能增加自己的财富，而又显然没有从其他人那里取走任何东西，那么，他必然使整个社会变富；因此（如同引用马歇尔的话），一个人的储蓄行动必然导致与之相对应的投资行动；个人财富净增量的总和，必然等于社会财富净增量的总量；节制现在的消费和准备将来的消费之间存在自行协调的关系［注：作者认为这些都是错误的设想］。

总产量的需求价格等于其供给价格的假设，被认为是古典理论的“平行公理”。

【注】

作者反对古典学派的上述看法，并指出：在决定储蓄的动机和决定投资的

---

① 《鲁滨逊漂流记》是英国作家丹尼尔·笛福的一部长篇小说，主要讲述了主人公鲁滨逊在去非洲航海的途中遇到风暴，只身漂流到无人荒岛，开始了一段与世隔绝的生活。他凭着强韧意志与不懈努力顽强生存，终于在 28 年后得以离开荒岛，返回故乡。

② 马克思．资本论（第一卷）［M］．北京：人民出版社，2018：94.

动机之间，并不存在简单的联结方式；储蓄和投资在本质上是完全不同的事情，不能混为一谈；现在的储蓄不一定能导致未来的投资；总供给和总需求不等才是常态。

我认同凯恩斯的看法，因为在现在的消费和准备将来的消费（投资）之间，即便存在联系，那也必然存在很多中间环节和中间变量，储蓄和投资不一定能对应，需要将二者分开讨论。为了将储蓄更高效地转化为投资，需要发挥银行、证券等一揽子金融机构的中介功能，这是金融服务存在的基础，也是成立职能不同的各类金融机构的前提。直接将现在的消费和准备将来的消费联系在一起，好像能把问题简单化，更容易建立模型，但肯定与金融服务和金融功能普遍存在的现实相脱离。因此，古典学派的假设不成立。

【评论 6】

货币中性论

传统的货币数量论认为，货币量的增减只会导致一般物价水平同方向、同比例的变化，不会带动实际收入水平的变化，货币是中性的，即货币中性论。总体看，古典学派和新古典学派认为货币供给量的变化只影响一般价格水平，不影响实际产出水平。

古典学派将统一的经济整体分为实物经济和货币经济，一般把货币看作是与实物经济没有内在联系的“外生变量”，强调货币的中性，即货币的供给变化不影响就业、产出等实际变量，从而形成了传统的二分法和“货币面纱论”。比如，斯密就认为货币既不是劳动的资料，也不是劳动的工具，并指出：“货币只是货物借以流通的辅助，而与通过它实现流通的货物大不相同。构成社会收入的只有货物，而不是流通货物的辅助物。计算社会总收入或纯收入时，必须从每年流通的全部货币与全部货物中，减去货币的全部价值。”[①] 古典学派认为货币供应的变动，除了对价格产生影响外，并不会引起储蓄、投资、经济增长等实际经济部门的变动。这种观点的实质就是货币中性论，认为货币供给对经济增长没有什么影响。总之，在古典学派看来，经济的长期发展

① 斯密．国富论（唐日松等译）［M］．北京：商务印书馆，2012：158－159.

完全是由实物部门决定的，因而政府任何积极的货币政策都是多余的，甚至是有害的。货币政策的任务只是控制货币数量，稳定物价水平，维持货币的购买力。

古典学派货币中性论的典型代表是货币数量论。货币数量论最基本的观点是货币供应量变化将最终体现于一般价格水平的变化上。我们可以通过剑桥方程式和费雪方程式说明这一问题。

剑桥方程式为：

$$M = kPY$$

费雪方程式为：

$$MV = PY$$

以上两个方程式虽然形式不同，但都表现了实质内容相同的关系：即国民收入水平（Y）与价格水平（P）、货币供应量（M）之间的数量关系。假定 k（货币余额与名义国民收入或实际国民收入的比例系数）或 V（一单位名义货币余额的流通速度）不变，Y 也不变，则货币供给量 M 的变化将完全体现在价格水平 P 的变化上，因此货币是中性的。

维克塞尔首先对货币中性的问题提出质疑，认为货币只有在银行利率和自然利率相等时才是中性的，否则经济就会发生累积性扩张或者收缩，货币不是中性的。维克塞尔的利率理论被凯恩斯的《货币论》借鉴和发展了，但在《通论》中又否定了这些看法。之后，关于货币性质的争论一度成为经济学关注的热点，新古典宏观学派（前理性预期学派）① 认为：货币中性完全是基于新古典主义经济学的两个基本假设，即理性预期和市场出清；货币从长期看是中性的。

货币到底是中性还是非中性，这要看货币供给量的变化对一般价格水平和实际利率及产出水平的影响。如果货币供给变化只影响一般价格水平，即一定量的货币供应增加（减少）只引起一般价格水平的上升（下降），那么货币就是中性的；如果货币供应量的变化能引起实际利率和产出水平等实际经济变量的调整和改变，那么货币就是非中性的。

我认为，货币的一个重要功能是降低交易费用，引入货币后，不管是微观还是宏观，都能降低经济运行成本，促进经济发展，增加实际产出，仅从这个

① 该学派的代表人物有弗里德曼和罗伯特·卢卡斯等。

角度看，货币就不是中性的。因此，我坚持“货币非中性”。当然，任何事物都有两面性，引入货币后将“买”和“卖”分开，尤其是“商品价值从商品体跳到金体上，像我别处所说过的，是商品的惊险的跳跃。这个跳跃如果不成功，摔碎的不是商品，而一定是商品占有者。”① 这无疑增加了交易的不确定性，加重了经济运行的风险。风险可分为非系统性风险和系统性风险，对于非系统性风险，单个企业是可以应对的；而对于系统性风险，单个企业是无能为力的，需要公共部门出手，从宏观层面采取措施，才能降低整个经济运行的系统性风险。因此，即便我们单纯从风险的角度入手，也能得出“需要引入政府干预”的结论，真是“条条大路通罗马”。

Ⅶ　古典学派就业理论相互依存的三个假设

【要点】

古典学派的理论取决于下列假设：

（1）实际工资等于现行就业量的边际负效用；

（2）严格意义的非自愿失业并不存在；

（3）供给创造自己的需求，意思是，无论产量和就业处在任何水平，总需求价格都等于总供给价格。

上述三个假设其实是一回事，共存亡。

【注】

上面三个假设，现在看有点可笑。但在19世纪末20世纪初，经济学家大部分是社会精英，衣食无忧，有可能为了所谓的“边际负效用”，放弃一上午的授课去听音乐会。他们体会不到老百姓的艰辛与困苦，也无法领悟到失业的真正原因。

当然，也有一些经济学者不认同凯恩斯的看法，因为萨伊定律即“供给创造自己的需求”从长期看是成立的，它本身和失业问题并没有直接的逻辑关联。萨伊认为：“仅仅鼓励消费并无益于商业，因为困难并不在于刺激消费

① 马克思．资本论（第一卷）［M］．北京：人民出版社，2018：127.

的欲望，而在于供给消费的手段，我们已经看到，只有生产能供给这些手段。”① 他从供给创造需求得出的四条结论是：1. 生产者越多，产品越多样化，产品销售越快，生产者所得利润越多；2. 每一个人都和全体的繁荣有利害关系；3. 购买和输入国外货物不会损害国内的产业和生产；4. 激励生产是贤明的政策，鼓励消费是拙劣的政策②。从上面四条结论出发，一国为了经济繁荣，应激励生产，倡导自由贸易，不应鼓励消费。

可见，萨伊的四条结论和失业没有直接的关系，因此有人怀疑：凯恩斯可能没认真阅读萨伊的原著。

【评论7】

经济学是时代的产物

“此一时，彼一时也。”③ 经济学作为一门社会科学，从来都是时代的产物。如果我们脱离时代背景，孤立地分析某具体经济理论，是没有意义的。因为时代不同，科技水平、人口结构、生产能力、资源约束和社会制度等不同，面临的经济问题和环境也不同。在不同环境下，人们对经济问题的感受、认识和理解等会有所不同，经济学家在特定环境下观察经济问题的视角差异比较大，自然会形成不同的认识，进而归纳和抽象出不同的理论。正如加尔布雷思所言：“思想本身都是保守的。它们不会屈服于其他思想的攻击，却会屈从于它们难以应付的环境的巨大冲击。”④

古典学派产生于资本主义经济繁荣期，那时需求旺盛，但受土地、资本等资源相对不足的约束，面对的主要问题是供给相对不足，彼时的产出主要由供给决定，需求增加通常不会拉动产出增加，只会引起通货膨胀，萨伊顺应那个时代的需要，归纳出“供给创造自己的需求”的定律，被当时的经济社会认可。而凯恩斯撰写《通论》时，正处于资本主义经济萧条期，收入分配两极分化严重，社会矛盾激化，众多商品和服务的供给严重过剩，总需求相对不

① 萨伊．政治经济学概论（陈福生等译）[M]．北京：商务印书馆，1963：142.

② 萨伊．政治经济学概论（陈福生等译）[M]．北京：商务印书馆，1963：147－149.

③ 出自《孟子·公孙丑下·第十三节》。

④ John Kenneth Galbraith, The Affluent Society [M]. Boston: Houghton Mifflin, 1958: 20.

足，那时最紧迫的问题是就业。通过扩大投资等需求管理措施，可以增加总需求和国民收入，增加就业量，而工资、价格等则因为“粘性”等问题相对稳定，不会引发严重的通货膨胀，此时用“凯恩斯定律”取代“萨伊定律”，也顺理成章。凯恩斯和萨伊是适应不同时代需要的经济学家，他们都推动了西方经济学的发展。另外，凯恩斯虽然反对萨伊定律，但没有彻底推翻它，而是认为萨伊定律只适用于资本主义经济运行的特殊情况。

理论来源于实践，也必须在实践中检验和发展。古典学派的就业理论不是屈从于《通论》的逻辑体系，而是屈从于20世纪30年代的经济大萧条和大量非自愿失业存在的严峻现实。时代变了，经济理论也需要创新。从古典经济学发展到凯恩斯经济学，是为了适应西方经济社会现实发展的需要。经济学就是在这种“继承和扬弃”“否定之否定”中螺旋上升和发展的。

当然，《通论》也是时代的产物，其建立的理论框架和提出的政策主张主要是针对萧条时期的，是针对经济危机和萧条这一特殊时期的理论分析，也被称为“萧条经济学”，并不是凯恩斯自我标榜的“通”论，因此，他的很多看法和主张并不适用经济常态。我们研究和借鉴《通论》须分清场景，切忌生搬硬套。

近年来，一些学者用需求侧短期分析取代供给侧生产函数分析，竭力主张扩大投资、消费和净出口，过分追求GDP规模和增速，却忽视了供给侧约束和经济增长的长期内生动力。由于对凯恩斯理论的误用，加上用强刺激政策应对2020年爆发的新冠疫情危机，一些经济体频繁使用扩张性的财政和货币政策。然而，该政策组合不仅刺激经济增长的效果越来越差，还招致严重的债务负担，系统性风险日益严重，甚至爆发债务危机，加剧社会矛盾和冲突。我们要引以为戒。

第三章
有效需求原理

有效需求原理是凯恩斯就业理论的逻辑起点，也是他整个理论体系的基础。有效需求是指商品的总供给价格和总需求价格达到均衡时的社会总需求。社会总就业量取决于社会总需求量，失业主要是有效需求不足造成的。社会总需求包括消费需求和投资需求；消费需求取决于收入的大小，当收入增加时，消费也会增加，但两者之间存在差额。要想有足够的需求来支持就业增长，就必须增加投资，以弥补收入增量和消费增量之间的差额，否则就会出现失业。

I　与有效需求有关的重要术语

【要点】

假设技术、资源和成本不变，当企业家雇用一定数量的劳动者，他要承担两类支出：首先，因生产要素提供的现行服务而支付给他们的支出（不包括支付给其他企业家的支出），称之为该就业量的要素成本；其次，支付给其他企业家以购买其产品的支出，以及支付给企业家本人的支出，弥补他不让机器设备闲置而遭受的损失，称之为该就业量的使用者成本。[产品的价值]超出要素成本与使用者成本的那部分最终产出值，称为利润，即企业家的收入。

【注】

企业家在组织生产时，必须分别向劳动者、资本家和地主支付工资、利息和地租，以上三者顺次为生产要素所有者（劳动者、资本家和地主）的收入，但在企业家看来，这三者都是他的生产成本。企业家获取的是利润。

凯恩斯对要素成本、使用者成本（user cost）、利润和收入的划分，看似很新颖，其实是受古典学派的影响，是一脉相承的。

我们知道，斯密将商品价格分为工资、利润和地租三个部分，并从历史发展脉络做了分析：在没有资本积累和土地私有化之前，劳动的全部生成物归劳动者自己所有；有了资本积累，劳动生成物的一部分须作为利润交给雇主；一旦土地私有，便会形成一个不劳而获的阶层即地主，劳动生成物须分出第三个部分，即地租。李嘉图继承并发展了斯密的理论，他认为："土地产品——即将劳动、机器和资本联合运用在地面上所取得的一切产品——要在土地所有者、耕种所需的资本的所有者以及以进行耕种工作的劳动者这三个社会阶级之间进行分配。"①

关于收入来源与收入分配，萨伊于 19 世纪初提出"三位一体公式"，即：资本创造利润，土地产生地租，劳动获得工资。萨伊还把利润分为两部分：一是资本的利息；二是使用资本的企业家的报酬，即企业家本人的工资。

马克思在《资本论》第三卷第 48 章批判了"三位一体公式"，认为它混淆了收入来源与收入分配，混淆了利润和剩余价值，"资本—利润（企业主收入加上利息），土地—地租，劳动—工资，这就是把社会生产过程的一切秘密都包括在内的三位一体的形式"②，把资本主义生产的实质歪曲和掩盖起来了。在马克思看来，不是资本创造了利润，也不是土地创造了地租，资本与土地都不过是创造收入的条件；价值和剩余价值都是劳动创造的；剩余价值是资本家对工人剥削的结果，利息、利润、地租都是剩余价值的具体形态。

【要点】

从企业家的立场看是要素成本的东西，在生产要素看来则是它们的收入。因此，要素成本和企业家利润的总和，就构成该企业家所提供的就业量的总收入。企业家利润是企业家决定提供多少就业量时、努力使之最大化的数量。从企业家的立场看，有时为了方便，将源于既定就业量的总收入（即要素成本加利润）称为该就业量的产品的收益。

① 李嘉图．政治经济学及赋税原理［M］．北京：商务印书馆，2021：5.

② 马克思．资本论（第三卷）［M］．北京：人民出版社，2018：921.

【注】

为了与西方现在使用的国民收入核算方法保持一致，高鸿业将“proceeds”译为“卖价”，徐毓枬译为“收益”，我认为译为“收益”更合适。

凯恩斯认为，总收入是企业家雇用一定数量的劳动者（就业量）所带来的整个社会的收入，包括整个社会支付的工资、利息、地租和利润。企业家必须获得利润才会生产和出售商品。

【要点】

在技术、资源和每一单位就业量的要素成本都既定时，每一单个厂商、行业和社会总就业量，取决于企业家对该就业量的产品预期收益。因为企业家致力于：把就业量维持在能使预期收益超过要素成本的部分［注：即利润］达到最大水平。

【注】

在凯恩斯看来，社会的就业量是由企业家决定的。而企业家会把就业量维持在利润最大时的水平，如果企业家预期利润减少，就会缩小就业量。

通过《货币改革论》[①] 和《货币论》等著作，凯恩斯逐渐形成了自己的预期理论，把预期引入经济研究领域；他所说的预期类似于预测，强调未来的不确定性，认为预期对人类的经济行为具有决定性影响。

【要点】

令 Z 为雇用 N 人所生产产品的总供给价格，则：

总供给函数：$Z=\phi(N)$

总需求函数：$D=f(N)$

总需求函数与总供给函数相交时 D 的数值，称为有效需求［E］。

【注】

在图 2 中，与有效需求 E 相对应的就业量 N，不一定是实现充分就业时的就业量 M，而且 N 往往小于 M。因为有效需求不是一个唯一的均衡值，而是

① 1923 年，凯恩斯出版《货币改革论》，提出“货币当局应当致力于稳定对货币的需求，而非货币供应”，主张放弃金本位。

一系列的均衡值，所以，就业量的大小不是确定的，而是可以改变的。这是凯恩斯就业理论的实质内容，并不复杂。

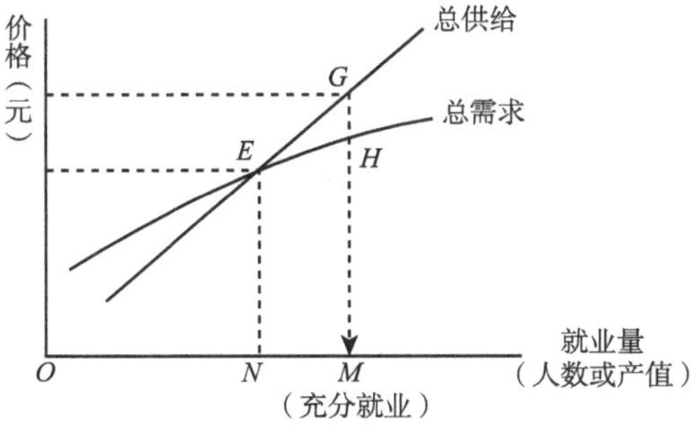

图2　有效需求决定曲线

【要点】

古典学说的“供给创造自己的需求”，必然指$f(N)$和$\phi(N)$在所有的N值都相等，即在产量和就业的任何水平上都相等。古典理论假设：总需求价格（或收益）永远使自己同总供给价格相等；因此，不论N取何值，收益D总等于相对于N的总供给价格Z。

【注】

这就意味着：总供给曲线和总需求曲线重叠在一起，有效需求N不是唯一值，而是有无穷个值。如果是这样，我们就没法确定N和就业量，即：古典学派的就业函数无解，没有什么实际意义。

【要点】

假设这是对的，企业家之间的竞争总会导致就业量扩大，一直到总产量的供给不再具有弹性，即：有效需求的数值再增加时，产量不再增加。显然，这就是充分就业。

［另一个判断的准则是：］充分就业是这样一种状态：在该状态下，总就业量的产量对有效需求增加的反应，是无弹性的。

【注】

总供给曲线不再具有弹性①，意味着总供给曲线变成了一条垂直线。从上

① 弹性（elasticity）是指一个变量相对于另一个变量发生一定比例的改变的属性。

面这段话推测：总供给曲线可分为三个部分，如图 3 所示。

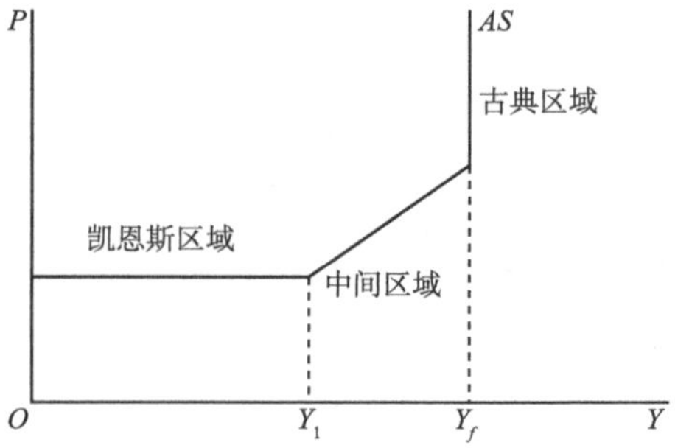

图 3　总供给曲线

第一部分为水平直线，即图 3 中的水平区域，称为凯恩斯区域。此时整个社会资源出现大量闲置，生产能力利用不足，产量增加时，成本保持不变，价格也不发生变化，这是凯恩斯有效需求理论研究的关键区域，在短期内暂不考虑总供给对产出的限制。这里描述的是经济萧条时期的典型特征，各种资源尤其是劳动力资源大量闲置的状态。

第二部分为垂直线，即图 3 中的垂直部分，称为古典区域。此时整个社会资源已被充分利用，没有闲置，达到了充分就业。在该状态下，不管价格水平多高，产量都不会增加。在该区域，古典学派的假设才能成立，即价格能够自由灵活地调整资源配置和使用，经济始终处于充分就业状态。因此，垂直的总供给曲线称为古典区域。

第三部分界于上述二者之间，即图 3 中的斜线，称为中间的、向右上方倾斜的区域。此时，随着经济资源接近充分利用，产量水平提高会带来生产成本上升，进而造成价格水平提高，产量和价格呈现同方向变动的关系。

【要点】

萨伊定律意味着：整个产量的总需求价格在一切产量上都和总供给相等，这等于说，达到充分就业不存在障碍。

【注】

现实并非如此，需求不足，供给过剩，失业普遍存在，尤其是在经济萧条期。因此，萨伊定律不正确，需要重新认识总供给和总需求之间的联系，探讨总就业量的决定因素，这就为创立“需求决定供给定律”（即“凯恩斯定律”）和提出国家干预经济的政策主张埋下了伏笔。

【评论8】

《通论》是为企业家代言的

《通论》通篇都是为企业家（entrepreneurs）代言的，它分析的经济活动的主体是企业家，并认为企业家的预期和投资决定着总产量和就业量，是企业家在给定的资本设备上做出投资等各种决策。比如，当《通论》说一种增加需求的预期即总需求函数的上升导致总产量的增加时，实际上是说：企业家被诱导着去增加投资，进而扩大劳动雇佣量。

“企业家”这个词是从法语中借来的，原意是指“冒险事业的经营者或组织者”。熊彼特认为资本主义的本质特征有二：一是企业家的作用；二是信用货币的创造[①]。企业家是经济中的关键角色，他们通过重组生产要素进行创新，或生产新产品，或提高劳动生产率，进而提高利润率。熊彼特的观点被《通论》吸收了。在凯恩斯心目中，企业家等社会精英应该在社会中占据主导地位，至于广大劳动者，他们作为企业家的雇用对象，不是《通论》关注的重点，顶多算是企业家的助手。

与古典经济学“工资、利润、地租”三位一体的收入分配理论有所不同[②]，凯恩斯将国民收入分为工资、利息、地租和利润四个部分[③]，对企业家而言，工资、利息和地租都是他的成本。为了维护企业家的利益，让食利者阶级消亡，实现企业家的利润最大化，就需要做到：（1）扩大资本供给，让资本不再稀缺，压低利息，进而削弱资本家对整个社会的控制力；（2）央行增加货币供给，让纸币贬值，从而在保持工人的名义工资缓慢上升的情况下，降低工人的实际工资，这既能增加就业量，又能维护资本主义制度稳定；

---

① Ingham，G.（2008），Capitalism：With a New Postscript on the Financial Crisis and Its Aftermath，Polity. Pp. 38 –43.

② 斯密认为：资本所有者和企业家是同一个概念；利润是对雇主“垫付原材料和工资的那部分资本的”报酬；利润和劳动强度完全无关，完全受所投资本价值的支配。

③ 凯恩斯对利润的划分与马克思有相似之处。马克思在《资本论》第三卷第五篇，将利润分为利息和企业主收入。（引自：马克思．资本论（第三卷）［M］．北京：人民出版社，2018：377.）

（3）地租和利息类似，应通过法律、习俗等手段，降低土地的地租。这是我研读《通论》的心得，并将其作为理解《通论》的框架。

马克思没有区分资本家和企业家，把他们当成一回事。而凯恩斯将企业家和资本家区分开来，把经商办企业、搞投资当成企业家的事业，并用“动物精神”来形容企业家的行为特征，和产业资本家类似。对于纯粹的资本家，凯恩斯认为他们是食利者，在《通论》中基本上持鄙视和否定的态度。

我读《通论》时，隐隐有一种感觉：在该书的理论框架中，企业家比金融家重要多了，因为企业家与资本边际效率关联，与投资正相关，能够创造利润和就业机会；金融家则与利率关联，与投资负相关，是食利者。为了扩大投资和增加就业，需要弘扬企业家精神，尽量压低利率，抑制金融业过度发展。

《通论》提出的需求管理政策也是以企业家为中心、为企业家服务的，这与“以人民为中心”的政策主张明显不同。我国正在推行和深化的供给侧结构性改革，其根本是使我国供给能力更好满足广大人民日益增长、不断升级和个性化的物质文化和生态环境需要，从而实现社会主义生产目的[①]。供给侧结构性改革的出发点是为老百姓谋幸福，这种为全体人民服务的立场很鲜明，更适合当前中国的国情，宜初心不改，坚持到底。

另外，现有经济学大多是研究如何让企业、居民和国家变富的，而研究如何让国家变强的经济学却很少。我认为当前更需要从各国的具体实践出发，探索并建立与“富起来”“强起来”发展阶段相匹配的、具有普遍性的经济学。在这个为普通民众代言的“富强经济学”框架下，我将如何压低利息和地租、如何平衡工资和利润之间的关系、如何提高广大劳动者的收入在整个国民收入中所占比重、如何平衡“民富”“国富”和“国强”之间的关系等，作为重要研究内容。

【评论 9】

有效需求不足和生产相对过剩

有效需求定理是凯恩斯研究就业问题的出发点，也是“凯恩斯革命”的

---

① 中共中央宣传部．习近平新时代中国特色社会主义思想学习纲要［M］．北京：人民出版社，2023：154.

核心，是在继承和批判马尔萨斯等诸多经济学家研究成果基础上建立起来的。

凯恩斯很推崇马尔萨斯，1932 年 12 月，在他写的一篇关于《罗伯特·马尔萨斯专辑》① 的论文中，就阐述了马尔萨斯有效需求理论。1820 年，马尔萨斯出版了《政治经济学原理》，着重阐述了有效需求原理，他认为“资本主义社会存在着一般商品生产过剩的可能性，原因是有效需求不足”②，“商品的有效需求就是一种能够满足商品供给的自然和必要条件的需求，……它是需求者在实际情况下为了使所需商品能够不断地满足供给而必须支付的代价。”③ 马尔萨斯认为有效需求不足的主要原因是社会中的消费不足，他还提出，要创造充分的有效需求，关键在于要有“一种能使全部商品的交换价值不断增加的产品分配方式，并使这种产品能适应消费者的欲望”④，其方法有三：（1）地产的自由分割；（2）国内外贸易的发展；（3）“使社会中占适当比例的一部分人从事私人服务，或者可能以其他方式提出对物质产品的需求，而不直接参与产品的供给。”⑤

凯恩斯继承并发展了马尔萨斯的思想，在《通论》中建立起比较完整的有效需求原理，是决定整个产量水平的理论。与马尔萨斯不同的是，凯恩斯认为不仅消费不足会导致有效需求不足，投资不足同样是有效需求不足产生的重要原因，甚至是更重要的原因。

凯恩斯在《通论》所说的有效需求，是指预期能给雇主（企业）带来最大利润量的社会总需求，是总供给与总需求相等从而处于均衡状态的社会总需求，它包括消费需求（消费支出）和投资需求（投资支出），并决定社会就业量和国民收入的大小。在他看来，某一社会的总产量、国民收入和就业量，在短期内大致相等，是可以相互替代的概念。所谓短期，是指社会的技术水平和生产资料的数量大致保持不变的期间。我们也可以这样理解：有效需求是使社会全部产品都能被消费掉的购买力，而这笔购买力又是由于生产这些产品而形

---

① 该文收录在凯恩斯 1933 年出版的《传记文集》中。

②④ 马尔萨斯．政治经济学原理（厦门大学经济系翻译组译）［M］．北京：商务印书馆，1962：61.

③ 马尔萨斯．政治经济学原理（厦门大学经济系翻译组译）［M］．北京：商务印书馆，1962：298.

⑤ 马尔萨斯．政治经济学原理（厦门大学经济系翻译组译）［M］．北京：商务印书馆，1962：306.

成的。

马克思认为，消费始终是指“有支付能力的、实现交换价值的需求”①，还指出：商品所需要的不仅仅是需求，而是那种由货币所体现的需求②。意思是，消费者的实际收入水平或有效支付能力的大小是影响消费的决定性因素，没有一定的收入或支付能力作保证，消费是无法实现的。这和凯恩斯的有效需求不完全相同，但有相当大的一致之处，都发现了资本主义经济问题，即有效需求不足。

琼·罗宾逊认为，虽然马克思没有使用“有效需求”这个概念，而马克思所说的“生产相对过剩”③（即资本主义经济供大于求），就是有效需求不足。当然，《通论》集中研究有效需求不足问题，而马克思的分析比较分散。马克思认为“生产相对过剩”问题来自资产阶级对剩余价值的追逐，是资本主义制度造成的，它自身无法克服，这与凯恩斯的看法明显不同。凯恩斯认为资本主义制度本身没有问题，之所以会出现有效需求不足，是三个基本心理规律造成的，是人们的心理有问题。

我认为凯恩斯有效需求理论的特色是：把总需求分为内生需求和外生需求，内生需求是消费需求，它是总供给的函数；外生需求是指新增的投资需求，它不直接取决于现有的生产和收入，而是由新增投资这个外生因素决定的。随着产出和收入的增加，总供给和消费需求之间的差额不断扩大，要想使经济体系在原有均衡水平上运行，需要外生需求（即新增投资）填补这一差额。

当然，对于总需求不足这个问题，我认为不能完全归因于消费者有效需求不足，还要重视从供给端分析问题。打个比方，如果把整个社会看成一个大企业，该企业只有一个食堂，食堂只向员工提供一种食品——米饭。由于米饭的边际效用递减得比货币快，所以员工们对米饭表现出很强的边际消费递减倾向，从而使食堂的米饭逐渐供大于求。食堂只好解聘部分员工，减少购买制作米饭的机器和大米等原材料，降低总需求。长此以往，食堂必定破产，员工失

---

① 马克思恩格斯全集（第46卷上）[M]. 北京：人民出版社，1979：407.

② 马克思恩格斯全集（第46卷上）[M]. 北京：人民出版社，1979：147.

③ 马克思所说的“生产相对过剩”，是指相对于劳动人民有支付能力的需求来说，社会生产的商品显得过剩，而不是与劳动人民的实际需求相比的绝对过剩。

去工作动力，整个企业的失业问题会日益严重。为了能正常运转，食堂就向企业老板求助。老板为了企业稳定和运行考虑，想出一个简单易行的办法：用公款购买一部分米饭，免费发给员工，并向每位员工的饭卡中注入一笔钱，希望以此来促进食堂的米饭销售。该举虽然能暂时促进米饭的销售，但由于员工们对米饭没什么胃口，没过几天，食堂的米饭又滞销了。这样，向员工饭卡里打钱的促销措施，也就是积极的财政政策，并不能从根本上解决米饭滞销。真正有效的办法是：食堂从自身找问题，下力气提升食品供给能力，不断推出种类繁多、风味各异的食品。只有这样，才能吸引员工扩大对食堂生产的各种食品的消费。

与此类似，政府实施的“积极财政政策”也属于治标不治本，不能从根本上解决总需求不足和失业等问题。要想真正解决失业问题，从全社会的角度看，需要以民众为中心，加大教育、科技和研发等方面的投入，降低企业运营成本，提升整个社会的创新能力，营造公平竞争的良好市场环境，从供给端源源不断地推出大量新颖的商品和服务，满足老百姓日新月异的需求，甚至引领和开发人们的需求，让老百姓过上更加美好的生活。

Ⅱ　各种因素变动下的总供给和总需求函数

【要点】

对本书的就业理论做个概述：

我们假设，被雇佣的每单位劳动者的货币工资和其他要素成本都保持不变。[注：就是假定货币工资不变，每增雇一个劳动者，其他要素成本不变化。该假设是为了行文和分析的方便，在后面的分析中需要取消该假设。]

当就业增加时，实际收入的总量也增加。社会的心理状态是：当实际收入总量增加时，总消费量也增加，但增加的程度不如收入。

因此，为了能维持既定的就业量，必须有足够量的当期投资，来吸收在就业水平给定时总产出超过社会消费量的部分。因为，除非存在这一数量的投资，否则，企业家的收入将小于使他们提供该就业量所应有的数额。

【注】

如果投资不足，则企业家生产出来的东西不能全部被销售掉，从而将损失一部分利润，也就是总供给大于总需求（$Z > D$）的状态。因此，需要通过新增投资来弥补这部分差额，进而使总需求和总供给保持均衡。

【要点】

在既定的消费倾向下，就业量的均衡水平取决于当期投资数量；投资数量又取决于投资诱导；投资诱导取决于两种因素的相互关系：一是资本边际效率；二是各种期限和风险的贷款利率。

【注】

徐毓枬将“rate of interest”译为“利率”；高鸿业译为“利息率”。

利息率和利率的意思很接近，但略有区别。现在我们所说的利率是一个相对宽泛的概念，除了利息，还涉及手续费、管理费等；利息率集中反映借贷成本的核心部分——利息。而在《通论》第十五章第Ⅲ节，凯恩斯认为利息率包括：把借款者和放款者拉拢在一起的费用；补偿风险的费用（特别是涉及商业道德风险的费用）等。这和现在我们常说的“利率”相近。因而，我选择将“rate of interest”译为“利率”。读者也可以把“利率”看成“利息率”的缩写。

这段话的逻辑是：（在下文中用“←”代表“取决于”）

就业量←投资←投资诱导←资本边际效率表（或曲线）和利率的比较

上面所说的投资诱导（inducement to invest），我认为就是看资本边际效率和利率之间的关系，看资本边际效率是否高于利率，投资量的大小取决于投资诱导。

凯恩斯通过“投资诱导”这个概念，比较资本边际效率和利率之间的关系，就把货币经济和实物经济联系起来了，打破了古典学派把两者分开的“古典二分法”①，并认为货币是非中性的，货币市场上的均衡利率会影响产品市场中的投资和收入，而产品市场上的均衡收入，又会反过来影响货币市场中的货币需求和利率。这就是产品市场和货币市场之间的相互联系和作用。

---

① 古典二分法是古典经济学家的基本观点，他们认为货币经济与实际经济是二分的，货币等名义变量与产出等实际变量之间没有必然的联系。

【要点】

均衡水平的就业量不能大于充分就业，即：实际工资不能小于劳动的边际负效用。

【注】

企业家所能提供的实际工资水平，还不足以诱使那些“自愿”失业者出来工作。如果工资高到连自愿失业者都想出来工作，那么，企业家支付的工资成本将很高，会大幅压低利润率，甚至导致企业亏损。因此，该假定在大多数情况下是成立的。

【要点】

不要期望均衡水平的就业量等于充分就业。与充分就业相对应的有效需求只是一种特例；只有当消费倾向和投资诱导相互之间处于一种特殊关系时，该有效需求才能实现。上述最优关系只有在偶然场合或通过人为策划，才能成立，即当期投资量恰好等于：充分就业情况下总产量的总供给价格与社会消费量之差。

【注】

简单说，企业家进行投资，把充分就业时所生产的全部产品中没有被消费掉的那部分买走，才能实现充分就业，达到最优均衡。这意味，古典学派的这个假设条件太苛刻，如果没有外部干预，不引入外部力量，则该假设只有在很偶然的场合才能成立。由于假设条件过于苛刻，所以古典学派的实用性不强。

【要点】

本理论可总结为下列命题：

(1) 在技术、资源和成本既定时，收入（包括货币收入和实际收入）取决于就业量 N。

(2) 除非消费倾向改变，否则消费取决于总收入水平，从而取决于就业水平 N。

(3) 劳动者数量 N 取决于两种有效需求（D）数量的总和：

$D = D_1 + D_2$

D_1：社会预期用于消费的数量；D_2：预期用于新投资的数量。

（4）D_1 取决于 N，$D_1 = \chi(N)$，ϕ 是总供给函数，则：

$\phi(N) - \chi(N) = D_2$（χ 取决于消费倾向）

（5）因此，均衡就业量取决于：（i）总供给函数 ϕ；（ii）消费倾向 χ；（iii）投资量 D_2。这是就业通论的要旨。

【注】

命题（5）就是教科书中常说的"简单凯恩斯模型"：在短期内，有效需求总量是决定国民收入均衡的最主要因素。这是在不考虑货币利率影响的情况下，只分析产品市场均衡时的国民收入决定问题。

【要点】

（6）工资品行业中，劳动的边际生产力随 N 的增加而递减，而前者又决定实际工资率，故（5）受以下限制：当实际工资率减少至与劳动的边际负效用相等时，N 即达到其最大值。这意味着：并不是所有 D 的改变都不与货币工资暂时不变的假设相抵触。因此，为了能对我们的理论作出全面论述，有必要放弃这一假设。

【注】

命题（6）的意思是，在达到充分就业后，货币工资会随着物价的提高而上升。在此情况下，货币工资就改变了。因此，要放弃货币工资不变的假设。

【要点】

（7）按照古典理论，对所有的 N 值，$D = \phi(N)$。企业家的竞争会把 N 推向它的最大值。在古典理论中，只有在该点才能有稳定的均衡。

【注】

作者认为古典理论分析的场景是一种特例，不具有普遍性，且很难实现。

【要点】

（8）当就业量增加时，D_1 会增加，但 D_1 的增加程度不像 D 的增加那样大。根据这一心理规律，就业量越大，与之相对应的产量的总供给价格（Z）与企业家能够从消费者支出中收回的 D_1 之间的差距也就越大。

经济体系可能发现它处于稳定的 N 小于充分就业的均衡状态，即处于总需求函数和总供给函数的交点所决定的就业水平。

【注】

命题（8）的意思是，由总供给函数和总需求函数决定的就业量，一般情况下小于实现充分就业时的就业量。当就业量增加时，除非总是有某种力量发生作用，使 D_2 增加的幅度足以弥补 Z 和 D_1 之间的缺口，否则就业不足或失业将是常态。

【要点】

因此，就业量并不取决于以实际工资衡量的劳动的边际负效用，而在实际工资既定时，所可能有的劳动供给量只决定就业量的最高水平。消费倾向和新投资量二者才决定就业量，就业量又决定实际工资——而不是颠倒过来。

【注】

从宏观（或企业家）的角度看，是投资和消费决定有效需求、国民收入或就业量，进而决定实际工资，而不是古典学派所说的实际工资决定就业量。因此，古典学派的就业理论不成立。

【要点】

上面分析可以解释“丰裕中的贫困”这一悖论：社会越富裕，实际产量和潜在产量之间的差距就越大，因而，经济体系的缺陷就更加明显和令人无法容忍。

【注】

富裕社会的投资乘数小，更难解决失业问题。按照作者的逻辑，国家太富裕不全是好事。

【评论 10】

“丰裕中的贫困”

“丰裕中的贫困”是对《通论》第三章第Ⅱ节中“poverty in the midst of plenty”

的译文，是指自由放任资本主义存在的一种悖论：虽然总产出或国民收入增长，社会已相当丰裕，但由于投资引诱不足和消费倾向不强，出现有效需求不足，以致经济不能达到充分就业水平；国民收入也停滞在低于充分就业水平的均衡状态，此时许多资源得不到充分利用，特别是非自愿失业的劳动力大量存在。这会引发民众不满和社会动荡。凯恩斯认为“丰裕中的贫困”是有效需求不足造成的。

凯恩斯认为：“在富裕社会中，不仅边际消费倾向微弱，它的资本积累也较多，除非利率能快速下降，否则进一步投资的吸引力将更小。但利率不能自动降至合适的水平。”由此，他得出一个结论：富国要想增加投资比较困难。我认为该论述有缺陷，因为利率即便能快速下降，但它毕竟是个中间变量，不对投资发挥决定性作用；如果通过降息就能实现充分就业，那么宏观经济管理的任务将会很轻松。

凯恩斯还认为：“贫穷社会往往消费掉它的很大一部分产量，所以数量非常有限的投资，便足以导致充分就业；反之，富裕的社会必须为投资提供更加充足的机会，来导致充分就业。”他认为发展水平不同的国家增加相同的就业量所需要的投资量是不同的，实现充分就业的难度不同；穷国的消费倾向大，投资乘数大，更容易实现充分就业；与穷国相比，富裕国家由于富人的储蓄倾向大，投资不足，要想实现充分就业则更加困难，也会导致“丰裕中的贫困”。这个分析听起来有道理，好像富国比穷国更困难，逻辑上好像也说得通。但现实情况是，穷国不仅面临投资饥渴，还面临资本原始积累少，技术、人才、管理缺乏，金融抑制等问题，经济体制不成熟甚至政局动荡，再加上多数受西方列强的殖民统治和沉重剥削，经济结构比较单一，对发达国家过于依赖，实际上面临的经济困难比富国大得多。受这些条件的抑制和约束，穷国如果不能形成有效投资，经济将很难“起飞”，陷入“短缺中的贫困”或“持久性贫困”，甚至陷入贫困的恶性循环，比“丰裕中的贫困”更加可怕，更加难以克服和跨越。《通论》的研究对象主要是英美这两个发达国家，凯恩斯对发展中国家的情况可能不太了解，也可能是不愿面对大英帝国的殖民统治给广大发展中国家造成的苦难吧。

萨缪尔森在《经济学》中也谈到“丰裕中的贫困”，将其描述为：“1929 年，在历史上最富的资本主义国家，银行倒闭，货币存滞，人们食不果腹，衣不遮体，出现了丰裕中的贫困。”① 在后凯恩斯主义经济学家中，有人从质疑资本主义分配制度入手，对“丰裕中的贫困”作出更深入的分析，认为完全自由的市场经济只会拉大效率和公平的距离，主张以混合经济体制在繁荣和公平之间寻求平衡点，就受到一些国家重视，并体现在政策制定中。

需要注意的是，凯恩斯所说的“丰裕中的贫困”，是针对英美等发达国家而言的，回答发达国家陷入萧条后如何扩大总需求和就业、再度丰裕起来的问题，不是针对发展中国家的。广大发展中国家的基本特征是低生产率和低生活水平，遇到的不是“丰裕”，而是“短缺”和“短缺中的贫困”；不仅需要解决如何“变富”的问题，还需要解决如何“变强”“自立”，赶上甚至超越发达国家的问题。这与发达国家的情况明显不同，任务也更加艰巨。“两低”特征意味着供给不足和需求不足，解决发展中国家经济问题尤其是就业问题，至少需要从总供给和总需求两个方面入手。凯恩斯针对成熟的发达国家提出的一整套需求管理主张，对发展中国家的借鉴意义有限，应区别对待，切忌东施效颦。

从全球范围看，伴随着科技进步，在经济增长的推动下，一部分国家（或地区）的经济不断发展，福利水平不断提高，人民日益丰裕，走向富强；同时，还有一部分国家（或地区）的贫困状况不仅没有好转，反而恶化了，日益衰败。现在，两类国家的差距不是缩小了，而是扩大了。我认为，这也是“丰裕中的贫困”，或者是“丰裕中的贫困”的重要表现。如果丰裕国家资本积累过多，出现过剩，除了在国内调整生产资料占有方式和收入分配方式等，以缓解内部矛盾和冲突，还有必要扩大对外投资，尤其是扩大对贫困国家的技术投资，发挥各自的比较优势，进而共同推动人类进步和丰裕。当然这种投资应该是平等的、互利的、共享的、自愿的，不能附带政治条件。

另外，从众多经济体的发展历程看，“为富容易为强难”，而长期保持民富国强更是难上加难。因此，我们有必要从经济学的角度，系统地梳理那些从

① Samuelson, Paul. A. Economics [M]. Eleventh Edition. The Mc Graw - Hill Companies, Inc., 1980: 49.

贫弱走向富强的国家的成功经验，总结那些从富强走向没落、解体甚至烟消云散的失败教训，进而归纳出贴近现实的经济模型、制度模式和一般性演变规律等，更好地服务经济社会的发展。而以上这些问题在《通论》中没有现成的答案，因为它是在假设资本主义制度既定的情况下，研究英美等国的短期经济问题，基本不考虑制度创新和变迁。我认为这是《通论》的缺憾，并将其作为扬弃凯恩斯经济理论和构建“富强经济学”的切入点。

Ⅲ　迷惑性学说

【要点】

李嘉图忽视总需求函数，认为有效需求不会不足；马尔萨斯曾强烈反对，但没用，因为他未能解释有效需求不足或过多的原因，也未能提供一个可供选择的思想构架。

【注】

马尔萨斯的有效需求不足理论虽然受到马克思、格塞尔和道格拉斯等经济学家重视，但没有得到主流社会的认可，被有选择地忽视了，在那时的经济学文献中，人们看不到马尔萨斯关于有效需求不足的论述，凯恩斯认为主要原因是马尔萨斯没有建立自己的体系，他吸取了马尔萨斯的教训，发展并建立起比较完整的有效需求理论体系，逐渐取代古典学派成为正统经济学。

我的体会是，经济学是社会科学，即便它是正确的，其应用也需要获得主流社会（尤其是统治阶级）的认可和支持，否则将很难流传和弘扬，更不要说运用了。这也是社会科学和自然科学的重要区别，历来如此。

【要点】

李嘉图完全征服英国，就像宗教裁判所征服西班牙。

李嘉图的胜利超乎意料和难以理解，肯定适应了某种社会要求。我猜想，该学说所得出的结论与普通人所期望的极为不同，这增加了该学说的学术威望。古典学派的教言在实践上的严酷和难以接受，反而使它具有优越性，它能把社会上的许多不公平和残酷事实解释为进步中不可避免的后果，把改变这些事态的企图解释为弊大于利，这使它受到统治者的欢迎。它为资本家的自由行动提供理论根据，使它得到了统治者背后的主要社会力量的支持。

传统经济学说以乐观著称，这使经济学家被看作甘迪德①之类的人物，离开现实世界去耕种自己的园地，并教导人们：只要听其自然，在可能有的最美好世界中的一切都有走向最美好的途径。但他们忽视了有效需求不足对经济繁荣造成的障碍。

古典理论可能代表我们希望的经济体系运行方式。但是，把现实世界假设成这样，就等于把我们的困难都假设掉了。

【注】

古典学派的理论就像中世纪以前的“天圆地方说”，长期征服大多数人的认识，被奉为经典。古典学派如此脱离实际，却受到统治阶级赞赏，原因是：它美化世界，有选择地舍弃现实中的残酷，还让人们心甘情愿地接受苦难，对统治者有利。

经济研究的结论需要符合现实观察的结果，但古典学派的理论与现实差距太大，普通人都能感受到，而那些古典学派的学者们却不为所动。正因如此，凯恩斯认为古典学派不配享受人们给予其他学科的尊重。理论需要符合现实并能解决现实问题，这是经济学研究必须遵循的基本原则。违背这个原则，必将遭受无情的嘲弄，也不配享受人们对爱因斯坦等物理学家成就的那种尊重。理论来自现实，也必须符合现实，否则必定被现实所抛弃。

【评论 11】

西方经济学大多是为统治阶级服务的

古典学派严重脱离现实还能在英国长期占据主导地位，一个重要原因是它肯定、维护甚至美化资本主义制度，对资本主义制度充满自信，得到了统治阶级的认可和支持。比如《国富论》作为经济自由主义的宣言，它是反封建的，

① 《老实人》（Candide）是伏尔泰的一部短篇讽刺小说。甘迪德自幼居住在舅舅家，性情温和、头脑简单，被称为“老实人”，家庭教师邦葛罗斯经常讲述世界万物尽善尽美，他深信不疑。一次，甘迪德与表妹亲吻被舅舅发现，被逐出家门。

支持资本主义，从理论上指明了资本主义制度发展的合法性。斯密提炼出“看不见的手”这个概念，其最初涵义是：封建政府对于增加社会财富是没有什么用处的，只能作为“守夜人”[①] 来发挥作用。该理论顺应了18世纪英国资本主义经济发展的需要，得到新兴资产阶级的认可而被推崇。

《通论》的一些观点和主张看似很异端、很“革命”，其实是为了维护资本主义，恢复人们对资本主义的信仰。比如，凯恩斯认为失业之所以存在，是有效需求不足造成的，不是资本主义制度造成的，失业和危机都不是资本主义制度的必然产物。另外，凯恩斯主义[②]之所以受到关注，有一个深层次的原因，那就是为政府更多、更广泛地干预经济运行提供了理论依据，使这些干预行为合理化，迎合了统治阶级和政府管理部门的需要。正如熊彼特[③]所说：“且不管其理论本身的优点，毫无疑问，它（《通论》）的成功主要是由于它的观点代表了许多现代经济学家的一些最强烈的政治倾向。”

弗里德曼曾指出：经济和政治之间有着密切的联系，只有特定的政治安排和经济安排的组合才是可行的[④]。凯恩斯和古典学派之间的区别，主要是维护统治的方法不同，适应了不同时期资本主义经济发展和资产阶级统治的需要；作为不同的组合，它们的政治色彩很强，都是学说，不是科学，难分伯仲。

西方经济学大多是为统治阶级服务的，且由来已久。比如，“政治经济学”这个术语就是由法国早期重商主义的代表——孟克列钦提出的，出自他1615年出版的《献给国王和王后的政治经济学》，“政治经济学”是指管理国家经济的学科，是为统治者出谋划策的，重视研究生产关系，包括生产、交换、分配和消费等。再比如，配第1690年出版的《政治算术》就是为英国资产阶级称霸海上服务的，并提出：“一个领土小而且人口少的小国，由于它的位置、产业和政策优越，在财富和力量方面，可以同人口远为众多、领土远为

① 经济学上的“守夜人”（Night Watch）出自《国富论》，斯密认为政府应以守夜为天职，主要职能有：（1）保护本国社会安全，使之不受其他独立社会的暴行与侵略；（2）设立一个严正的司法行政机构，保护人民，不使社会中任何人受其他人的欺负或压迫；（3）建立并维持某些公共机关和公共工程。为了维持政府的尊严，还需要一些其他花费。

② 凯恩斯主义（Keynesianism）建立在《通论》的思想上，主张政府通过必要的干预，消除生产过剩和失业危机，实现充分就业，稳定经济。

③ 熊彼特（Joseph Alois Schumpeter，1883－1950）：美籍奥地利政治经济学家，哈佛大学教授，主要关注经济行为、创新、经济变革等。

④ 弗里德曼．资本主义与自由［M］．北京：商务印书馆，2024：29.

辽阔的国家相抗衡。”[①] 之后，这个传统就被西方经济学延续下来了。

作为对比，《资本论》的全称是《资本论：政治经济学批判》，是为无产阶级代言的，为劳苦大众服务，彻底批判了资本主义，揭示了资本主义必然灭亡的历史趋势，敲响了资本主义私有制的丧钟，预言“剥夺者就要被剥夺了”[②]，号召全世界无产者联合起来，共同掘资本主义的坟墓。

马克思一生贫困，却无私地、真心地为广大无产者代言和服务，仅凭这一点，就值得我们景仰。但问题是，《资本论》和《通论》的理论追求迥异，马克思和凯恩斯的信仰完全对立，因此，马克思遭到了众多西方经济学家的极力反对和诋毁。凯恩斯认为马克思不入流，与道格拉斯、格塞尔等经济学家是一个档次，生活在地下社会，等等。由于信仰和立场不同，凯恩斯戴着有色眼镜观察马克思及其理论，他的评价既不客观也不公正。

① 威廉·配第．政治算术（陈冬野译）［M］．北京：商务印书馆，2014：10.

② 马克思．资本论（第一卷）［M］．北京：人民出版社，2018：874.

第二编 定义和观念

本编为全书提供分析的工具和概念，比如衡量单位、预期、收入、储蓄、投资和使用者成本等。凯恩斯认为该编脱离了主题，打断了研究思路。读者如果跳过该篇，不会对阅读造成多大影响。

第四章 单位的选择

高鸿业认为本章内容仅具有形式上的意义，与本书的内容和结论没有很大关系。我认为粗略了解即可。

《通论》选择了两种单位：劳动单位 N 与工资单位 W，一劳动单位所获得的报酬称为工资单位，总工资报酬支出 $E = N \cdot W$。特种劳动的就业按照其所得回报的多少进行加权。《通论》中“用工资单位计算”回避币值计算，计算结果应描述为 X 份工资单位。在第五编之前，如无特殊说明，各种数值都是用工资单位计算的，凯恩斯反复提及，略显啰嗦，我在翻译时有所简化。

Ⅰ

【要点】

写作中遇到三点疑难：第一，选择适合分析整体经济体系问题的数量单位；第二，预期在经济分析中的作用；第三，收入的定义。

【注】

这三个问题是第二编讨论的重点。

Ⅱ 古典学派的含混概念

【要点】

经济学家通常使用的单位令人不满意：

（i）马歇尔和庇古定义的国民所得，只衡量当期产量或实际收入，不衡量产量的价值或货币收入。……不妥之处是：社会生产的物品与劳务是一个不同质的复合体，除了某些特例，是不能计量的。

（ii）净国民收益，庇古减去了由于老化而造成的折旧等等。

计算产品的净产量需要计算产品的净增加值，困难更大。

（iii）一般价格水平（general price - level）：含混不清。

上述概念不精确，不必要。……在数量分析中不用这些含混概念，反而更清晰。

【注】

作者认为上述概念含混不清，在数量分析中没用，因此需要舍弃，并为下面的总量分析提供新的概念。

在经济学上，由不同单位组成的物品总量，比如1只羊、2尺布和10个鸡蛋，一般用这些物品在市场交易中的货币量加总来表示。当它们的价格波动时，就需要对货币总量进行调整。

整个国民收入包括一切商品和服务的实际收入，但为了计算方便，一般只包括可用货币来购买的商品和劳务。

【要点】

诸如实际净产出和一般物价水平之类的概念，应该属于历史和统计描述的领域，其目的应该是满足对历史和社会的好奇心。为此目的，完全的精确性既不普遍，也不必要。

【注】

作者重视当下和短期分析，轻视长期和长远分析，对历史比较不感兴趣，他举了一个例子：说与十年前或一年前相比，今天的净产出更多，但价格更低，就类似说：维多利亚女王比伊丽莎白女王更好，但不比她更快乐。

维多利亚女王执政的64年（1837－1901）是大英帝国的强盛或极盛时期，经济繁荣。一战之后，大英帝国由盛转衰，江河日下，凯恩斯有切身经历，他认为英国在20世纪20年代表现为“独特的长期慢性萧条”[①]。这是凯恩斯创

① 凯恩斯．货币论（上卷）（何瑞英译）[M]．北京：商务印书馆，1986：V.

立《货币论》和《通论》的时代背景。

Ⅲ　决定就业量的因素

【要点】

要记住，在任何场合，企业家都在做出决策，以便决定以何种规模来使用既定数量的资本设备。当我们说需求增加的预期，即总需求函数的上升导致总产量增加时，实际意思是：拥有资本设备的厂商被诱导着雇佣更大量劳动者。

【注】

凯恩斯把企业家看得很重，认为企业家是资本主义经济的核心，决定整个社会的投资规模，进而决定国民收入和总就业量。

【要点】

就业量和总产量被假设为共同增减，虽然不是同比例的。

在论述就业理论时，我只想用两个基本数量单位：货币价值的量和就业量。

计量单位：普通劳动者 1 小时的工资；特殊劳动者的报酬是该单位的倍数。

E 代表工资（和薪金）总额；W 代表工资单位；N 代表就业量，则：

$E=N\cdot W$

我相信：当我们论述整个经济体系运行时，只要严格限制在货币和劳动这两个单位，便可避免很多不必要的困惑。

在现有资本设备条件下，用就业人数来衡量现行产量的变化，而就业人数中的熟练劳动者则按照他们的报酬加权计算。

【注】

用工资单位来衡量实际收入，现在看是把问题复杂化了，如果采用价格指数，就简单多了。

凯恩斯认为价格、工资和利率都具有刚性，资本主义市场常常处于低于充分就业的均衡。在此前提下，总产量是一个变量，总产量和就业量同步增减，进而提出了一个决定就业量和总产量的学说。他通过对收入、就业和有效需求决定因素的分析，说明市场经济中价格机制的自发调节，不能保证经济达到充分就业的均衡。

本章主要想说明，在总量经济分析中，为什么选择工资单位是比较合适的，但分析得很乱。我认为去掉这一章，不影响《通论》的结论和价值。

Ⅳ　用产量和就业量表示的总供给函数

【要点】

某既定厂商（或某既定行业或全部行业）的总供给函数是：

$Z_r = \phi_r(N_r)$

Z_r 是能导致就业量水平为 N_r 的预期收益（不包括使用者成本）。

N_r 的就业量可以导致 O_r 的产量，即：

$O_r = \varphi_r(N_r)$。

则普通的供给曲线为：

$$p = \frac{Z_r}{O_r} = \frac{\phi_r(N_r)}{\varphi_r(N_r)}$$

【注】

在上式中，p 是价格；Z_r、O_r、N_r 依次为 r 厂商或行业的产值、产量和就业率，它们都是用工资单位表示的。

高鸿业认为，价格取决于产值和产量，普通的供给曲线也可表示为：

$$p = \frac{Z_r}{O_r} = F(O_r)$$

【要点】

我们可以把各个 N_r 相加，但不能把各个 O_r 相加，因为 $\sum O_r$ 不是一个用数值可以表示的量。如果我们能假设，在既定情况下，一个既定的总就业量在不同行业中的分配比例是唯一的，从而 N_r 就是 N 的函数，则可能使问题简化。

【注】

在短期内，某经济体的技术水平保持不变，资本有机构成不变，则就业量在不同行业的分配大体不变。这种假设在短期内是成立的。所以在萧条时期，解决就业的关键是如何扩大总需求，增加就业量。只要总就业量增加了，那么不同行业的就业量都会增加，比率也大体相同，不会厚此薄彼。

当然，这只是凯恩斯的假设，为了研究问题的方便，也是为了坚定人们对需求管理的信心。实际上，在每一轮经济危机中，不同行业的境遇明显不同，有的行业没落，有的行业兴起，甚至能在技术创新中培育新产业，孕育新的经济增长点。这就导致不同行业的就业形势差异较大，也带来了劳动力、资金等生产要素在行业、地区间的流动和迁徙。

第五章
决定产出和就业的预期

本书特点之一是强调预期对经济变量的影响，预期可分为短期预期和长期预期，长期预期很大程度上是由短期预期决定的。预期的改变需要一定的时间才能发挥作用，生产者的预期受到商品使用周期长短的影响。总体而言，本章分析的预期是一种厂商的、先验性的“非理性预期”，是把预期作为外生变量来处理；对预期的论述是假设性的、零散的，也没有探究预期的形成机制，很难操作。

I　预期对就业和投资的影响

【要点】

一切生产的最终目的都是为了满足消费者。不过，从生产者支付成本到最终消费者购买产出，通常要经过一段时间——有时还很长。与此同时，企业家（包括生产者和投资者）必须形成最好的预期来推测：在经过一段可能相当长的时期后，当他准备为消费者供应产品时，消费者愿意为此支付多少。如果他果真从事这种消耗时间的生产，就只能根据这种预期行事，没有别的选择。

【注】

凯恩斯认为消费决定生产，生产就是为了满足消费，继承了西斯蒙第的“消费决定论”。

我们知道，以斯密为代表的英国古典学派关心财富的生产、流通和分配，认为政治经济学的目标是富国裕民。而法国的西斯蒙第则关心政府应该怎样指导和管理财富的生产、流通和分配，以满足人的需要，他认为政治经济学的目的是研究财富和国民享受之间的关系，研究的对象应该是人，而不是财富，并指出："财富既然是人的一切物质享受的标志，我们就应该使它给所有的人带来幸福。"① 西斯蒙第还从人的需要出发，探讨社会生产过程，指责李嘉图为生产而生产，而不是为消费而生产。为此，他把消费提到了首要地位，强调生产是为了消费，并指出："任何人起初都是生产自己要消费的东西；由于他了解自己的需要，便根据自己的需要来安排自己的劳动。……而且每个人在生产的时候，必须考虑到整个社会最迫切的要求，因为他的劳动果实就是为满足这种要求的。"② 因此，西斯蒙第被称为消费经济学家。

西斯蒙第和马尔萨斯都认为应以消费为先，消费不足会导致生产过剩。而当时李嘉图和萨伊等认为应以生产为先。1823 年 9 月，李嘉图在去世前几天，还与西斯蒙第争论过该问题。

【要点】

经营决策所依据的预期可分为两类：（1）短期预期：关心价格；（2）长期预期：关心将来的收益。

单个厂商决定其每天产量的行为，取决于短期预期；在增加资本设备的情况下，甚至销售给中间商的情况下，这些短期预期在很大程度上取决于交易的其他方面的长期（或中长期）预期。正是这些预期决定厂商所提供的就业量。

【注】

对于长期预期到底是什么，学界争论较多，有的认为它有点像牛顿所说的"第一推动力"③，很神秘，你不知道它怎么来的，也不知道它是何时钻入你头脑的。凯恩斯把很多问题归结为预期，其实和古典学派没有多少区别，都神秘化、宗教化了。

【要点】

预期的改变（不论短期还是长期）需要经过相当长的时间，才能完全发

---

① 西斯蒙第．政治经济学新原理［M］．北京：商务印书馆，1997：17.

② 西斯蒙第．政治经济学新原理［M］．北京：商务印书馆，1997：63.

③ "第一推动力"是指一切事物的最终目的和运动的最终原因，由亚里士多德首次提出，后来牛顿在研究天体现象时也使用该术语，是指最初推动一切行星由静止转向运动的某种外在力量。

挥其作用。由于预期的改变而造成的就业量的改变，在预期改变后的第一天不同于第二天，第二天又不同于第三天，如此等等。即使预期没有进一步改变，也必然如此。

【注】

“预期的改变造成的就业量的改变”是指，当企业家的预期改变时，会改变雇佣的职工人数，从而最终影响整个社会的就业量。作者反复强调这个问题，意思是说：在资本主义生产中要高度重视企业家，以企业家为中心；只有让企业家保持良好的预期和心理，让企业家愉悦，才能扩大投资和就业。

【要点】

［预期前景分为看衰和看好。］就短期预期而言，如果预期前景看衰，预期的改变不会如此剧烈或迅速，以致放弃全部生产过程……就长期预期而言，如果预期前景看衰，那么资本设备将不再更新，但在被损耗掉之前，仍将继续维持一定的就业量。如果长期预期的前景看好，那么就业量最初偏高，高于在经历一段适应新预期的调整时期后的资本设备所应有的就业量。

【注】

后面这句话不好理解，可能的意思是：如果预期看好，企业家会暂时增加雇佣的工人以提高产量，然而经过一段时间后，当新增设备到来后，便可以用较少的工人来保持产量。也就是说，即便预期看好，企业家也不一定能持久地增加就业量，更不要说预期看衰了。因此，增加就业是很困难的事，要努力让企业家保持好的预期，尤其是长期预期。作者认为，长期预期对就业量的影响比短期预期大。

【要点】

虽然预期可以改变，以致实际就业水平从来没有足够的时间来达到与现行预期状态相应的长期就业量，然而每一种预期状态却可以具有相应于该状态的长期就业水平。

仅仅是预期改变本身，在其发生作用的过程中，就能造成像经济周期那样的波动形式。

预期总是在变动之中。当过去的预期还远远没有发挥出其影响时，新的预期又会加在过去的之上；从而，在任何特定时间，经济机器总是处于一连串的相互重叠的行为中，其根源来自过去的对各种前景的预期状态。

【注】

预期很重要，仅仅是预期改变就能造成经济周期波动，这相当于把预期这个心理因素当成凯恩斯经济理论大厦的重要基石。而现实更加复杂，在自由放任的条件下，仅仅预期变动就能使经济机器无法平稳运行。言外之意是，自由放任不可行，只有引入经济干预，才能保证经济平稳运行。这也是《通论》的核心思想之一。

在经济学上，“预期”这个术语不是凯恩斯提出的，在 19 世纪就已经出现了一些关于预期的研究，但那时并未形成完善的基于预期的经济学说。直到《通论》出版后，预期才再次成为经济学研究的焦点。在凯恩斯看来，现代市场经济中任何时间的就业量，在一定意义上不仅取决于现在的预期状态，还取决于过去一段时间的预期。虽然他没给出预期形成的具体模型，却激发了希克斯、托宾等人对预期问题的关注，带动了心理学与经济学的交叉和发展，产生了行为经济学和行为金融学等交叉学科，还形成了理性预期学派，尽管该学派是反对凯恩斯主义的。

Ⅱ　预期对就业的影响

【要点】

任何时间的就业量，在某种意义上，不仅取决于现在的预期状态，也取决于过去一段时期内存在的预期状态。……今天的就业量是根据今天的资本设备，并依据今天的预期而做出的。

明确指出现行长期预期的重要性是必要的。然而，对短期预期不这样做，往往不会造成问题；其原因在于：在现实中，修改短期预期的过程是逐渐的和继续进行的，而修改主要取决于已实现的结果；因此，预期的和实现的结果交织和重叠在一起，来施加影响。

除非有明确的理由预期未来有变化，否则，企业家按照最近实现的结果仍会继续的假设来形成预期，是合理的。

在生产耐用品的情况下，企业家的短期预期是以投资者的现行长期预期为根据；而长期预期的特点是不能在短暂的间隔中用实现的结果来检验。……长期预期会突然修改。因此，现行的长期预期这个因素不能略而不论，也不能用实现的结果来代替。

【注】

在生产者生产产品到消费者购买产品之间，通常会有一段时间间隔，有时候这段间隔会非常长，在这一时期中，生产者始终抱有最好的期望值，认为自己生产的产品会以预期的数量与价格卖出去。这种期望值分成两种，一种是短期期望值，即生产者预期其完成生产时能从产品中获得多少回报，比如在传统制造业中；另一种是长期期望值，即生产者预期未来会获得报酬，比如在科技创新企业中。

就业和期望值的关系是：短期期望值很难导致就业量发生剧烈变化，但长期期望值常常会导致就业量的巨变，比如在高风险企业中。

凯恩斯分析企业对生产做出决策时的预期，借鉴了拉尔夫·霍特里的论点。霍特里和罗伯逊都是研究工业波动和商业周期的专家，与凯恩斯交往多年，都详细地读过《货币论》和《通论》每一章的手稿，提出了许多修改意见，但他们都反对《通论》。

尽管凯恩斯对预期进行了先导研究，但未回答预期是如何形成的，也未明确地探究预期的形成机制，其实是一种先验性的“非理性预期”，该预期实际上是无法操作的，所以遭到了弗里德曼和卢卡斯等人的质疑。我认为，凯恩斯过分强调预期这个心理因素的作用，轻视制度、习俗等客观因素，是把预期作为外生变量引入经济体系中，增加了《通论》的主观性和神秘色彩，思维跳跃不连贯，使它很难懂。

【评论 12】

预期和政府干预

瑞典学派经济学家缪尔达尔[1]在《货币均衡论》（1931 年）中，最早提出

① 缪尔达尔（Karl Gunnar Myrdal，1898－1987）的著作还有《经济理论发展中的政治因素》等。

“事前”分析和“事后”分析，把预期因素加入传统的静态价格理论中，他指出：“事前的计算，不是属于已实现的结果的问题，而是推动动态过程向前发展的预期、计算与计划的问题。”① 这样预期就成了联系事前和事后的纽带，但缪尔达尔仅把预期看作人们的一种主观心理活动。凯恩斯则确定了预期在经济分析中的基础地位，正式将预期纳入经济理论研究的核心框架。

在《通论》中，预期占有重要的地位，其基本原因在于，它强调未来的不确定性对于人们（尤其是企业家）的经济行为的决定性影响作用②，这是凯恩斯的经济理论贡献之一。之后，预期又被很多经济学家看作经济系统的内生变量，予以深入研究，并衍生出诸多经济学流派。需要注意的是，《通论》所倡导的预期概念是指企业家（或厂商）的预期，不是政府部门的预期，更不是广大劳动者的预期。

预期作为一个心理因素，却成为凯恩斯宏观经济理论体系的基石，被看作是影响总供给和总需求的重要因素，甚至是导致经济波动的决定性因素。《通论》对就业水平、货币供求、投资水平以及经济周期的分析与探讨，也是建立在预期概念之上的，因此，该书总体而言是唯心的，是以主观唯心主义为基调。

凯恩斯的预期理论是直接为他提出的政府干预主张服务的。他认为预期使经济从一个均衡位置变到另一个均衡位置，预期的变化是引起周期性波动的主要原因，这就为政府进行宏观调控、熨平经济周期等提供了理论依据。

在凯恩斯看来，企业家的预期具有可变性，很不稳定，这种可变性常常由“动物精神”所驱动。因此，预期利润率（即资本边际效率）十分不稳定，企业家的投资决策可能受非理性的乐观或悲观情绪的影响，从而引起经济剧烈波动：企业家对未来预期乐观，经济繁荣；企业家对未来预期悲观，经济萧条。在将现在和未来联系在一起时，对投资的未来利润率的预期远比利率重要，于是，受未来预期利润率影响的投资，就成为经济生活中的一个重要波动因素。这就得出一个与古典学派截然不同的政策结论：既然企业家是非理性的，投资

① 冈纳·缪尔达尔．货币均衡论（钟淦恩译）[M]．北京：商务印书馆，2009：45.

② 1937 年，凯恩斯在《经济学杂志》上发表《通论》一文中指出：不确定性对投资需求的影响是其《通论》的核心。

如此不稳定，那么要想摆脱经济萧条就不能完全依靠市场和企业家；此时需要政府发挥作用，主动干预市场运行，甚至直接投资，只有这样，才能尽快走出危机。

实际上，国家干预主义[①]才是凯恩斯经济学的精髓！像资本边际效率、预期、有效需求、“动物精神”等等概念的引入，都是为国家干预做旁白的。为了提出自己的政策主张，凯恩斯可谓煞费苦心，反复论述，这也是造成《通论》晦涩难懂的原因之一。他可能意识到：如果说得太直白、太露骨，不仅不会被统治者和社会主流接受，甚至会遭受残酷打压，即便他是对的。唉！毕竟是有家产的人，顾虑太多，斗争精神不足，不可能像无产阶级革命那样，失去的只是枷锁，获得的将是整个世界。

在凯恩斯预期理论的基础上，经济学家们又提出多种预期。比如，1956年，菲利普·凯金分析恶性通货膨胀时使用的预期就是“适应性预期”（adaptive expectations），即运用某经济变量的过去记录去预测未来，反复检验和修订，采取错了再试的方式，使预期逐渐符合客观的过程。20世纪60年代初，美国经济学家约翰·穆斯、卢卡斯、萨金特等又提出理性预期。理性预期是指在有效地利用一切信息的前提下，对经济变量做出的在长期中平均说来最为准确的，而又与所使用的经济理论、模型相一致的预期，即人们预先充分掌握了一切可以利用的信息，再做出预期。这种预期之所以被称为“理性的”，因为它是人们参照过去历史提供的所有知识，并对这种知识做出最有效的利用，是经过周密思考才做出的预期。

当然，理性预期的假定前提是“理性经济人”，回归到古典学派，走到凯恩斯关于人的“动物精神”假设的对立面；理性预期学派认为宏观经济政策无效，主张经济自由，政府干预越少越好，也走到凯恩斯政策主张的对立面。

① 国家干预主义主张扩大政府机能，反对自由放任，初期代表是重商主义，当代代表是凯恩斯主义。

第六章
收入、储蓄和投资的定义

本章定义了收入、储蓄和投资，核心观点是：在均衡条件下，投资 = 储蓄，所以，投资/储蓄 + 消费 = 收入。

I 收入

【要点】

在任何一个时期内，企业家都要把他的制成品卖给消费者或其他企业家，得到的款项用 A 代表。

企业家也要向其他企业家购买制成品，支付的款项用 A_1 代表。

企业家的资本设备的价值，用 G 代表。

B'表示维修和改善费用。

G'表示：由于花费了 B'，资本设备在本期末的价值。

U 是单个企业家的负投资（而 $-U$ 则为他的正投资）。

对整个社会而言，本期的总消费为：

$$C = \sum (A - A_1)$$

总投资为：

$$I = \sum (A_1 - U)$$

在上面几个公式中，$\sum A$ 代表社会在一段时期（比如一年中）的产品的全部收益；$\sum A_1$ 代表这一时期企业家之间的购买量；$\sum U$ 代表全部企业家的使用者成本总和；G 代表年终时的机器设备（包括成品和半成品）的价值。

既然收入等于 $A-U$，而消费又等于 $A-A_1$，那么，储蓄必然等于 A_1-U。同样，我们用净储蓄代表净收入超过消费的那部分，它等于 A_1-U-V。

【注】

在这一节，作者认为国民收入是全体居民的收入。他界定的国民收入相当于现在的国民净收入（NNP）①，比较随意，有三种：

1. 国民收入 = 消费 + 投资 = $(A-A_1)+G-(G'-B')$

其中，$G'-B'$是从上期保存下来的最大净价值。

2. 国民收入 = $A-U$

就是全部企业在一定时期内生产的全部产品的收入减去使用者成本。

3. 国民收入 = 工资 + 利息 + 地租 + 利润

企业家获取利润，对企业家来说，工资、利息和地租都是他雇用的生产要素的租金，是成本。

【要点】

所谓有效需求，不过是企业家从他决定提供的就业量上所希望得到的总收入（或收益）——包括他们将支付给其他生产要素的收入。总需求函数把各种设想的就业量和各种就业量下的产量所希望得到的收益联系在一起；有效需求则为总需求函数上的一点，在该点，需求是有效的，因为把总供给的情况考虑在内，该点相当于能使企业家的预期利润最大的就业量。

【注】

这段话的意思是，当总供给等于总需求时，企业产品期望的收益就能实现，成为企业的收入，从而也决定了企业愿意提供的就业量。

【要点】

把预期折旧超过使用者成本的部分称为补充成本，符号为 V。

净收入的定义是：从产品销售款项中减去补充成本和使用者成本，总净收

① 现在我们所说的国民净收入，是指一个国家在一定时期内，国民经济各部门生产的最终产品和劳务价值的净值。

入 $=A-U-V$。

资本的意外损失是：原来预期的 $U+V$ 与未来一系列预期修正后的 $U+V$ 之差额的折现值。

强调净收入概念而忽视收入概念是错误的。净收入只与消费决策有关，而且它与影响消费的其他各项因素也不易区分。收入却与当期生产有关，是一个非常明确的概念。

【注】

作者认为收入这个概念比净收入重要，并把国民收入的增长作为研究重点。

《通论》出版时，各国还没有形成国民收入的核算体系及统计方法，作者在本节只是对国民收入的概念做了初步探讨，并提出一些计算想法，很粗糙，可大体了解。汉森①的《〈通论〉导读》认为：略去这一节，不影响后面的阅读。

Ⅱ　储蓄和投资

【要点】

消费开支定义为：$\sum(A-A_1)$；$\sum A$ 是一个时期的总销售量，而 $\sum A_1$ 是企业家之间的购买量。

V 代表补充成本，是预期的折旧超过使用者成本的部分。

国民收入 = 全部居民的收入 = $\sum(A-U)$

在下面的论述中，省略了 $\sum$ 这个符号。

消费 $=A-A_1$

储蓄 $=A_1-U$

净储蓄 $=A_1-U-V$

A_1-U-V 是资本设备的净增加额，也是该时期的净投资。

---

① 阿尔文·汉森（Alvin Hansen，1887－1975）：美国凯恩斯主义经济学家，哈佛大学等大学的教授；罗斯福“新政”时任政府经济顾问；著作有《财政政策与经济周期》等。

【注】

根据上面的定义，可做如下理解：

A 表示生产出的产品清仓后的总收入；

A_1 表示从其他雇主那里购买的用于投资的物品的总价值；

G 表示一段时期结束时剩余资本存货的总价值；

U 表示使用者成本；

补充成本 V 是可以预料到的额外成本；意外损失是不可预料到的额外成本。

经过推导可得出，净投资等于 A_1-U-V；这里界定的净投资和第Ⅰ节界定的净储蓄相同。

【要点】

虽然储蓄数量是单个消费者集体行为的后果，而投资数量是单个企业家集体行为的后果，但二者的数量必然相等。因为，二者中任何一个都等于收入超过消费的部分。……只要我们同意：收入等于当期产品的价值，当期投资等于当期产品中未被用于消费的那部分价值，储蓄等于收入超过消费的部分，由此必然推论出：储蓄与投资相等。简言之：

收入＝产量的价值＝消费＋投资

储蓄＝收入－消费

因此：投资＝储蓄

【注】

凯恩斯对投资和储蓄关系的论述是含混不清的，很容易引起误解。

在本章，凯恩斯认为投资等于储蓄，然而到第七章第Ⅲ节，他又认为“投资超过储蓄的数量是决定就业量改变的动力”。这种前后不一的论述还有一些。尤其需要注意的是，《通论》整本书是想说明：由于投资和储蓄不相等，才会出现失业、危机和经济周期等问题。很明显，这与作者在本章的论述是矛盾的。

【要点】

储蓄数量和投资数量的相等，来源于交易双方的性质：一方面是生产者，另一方面是消费者或资本设备的购买者。

消费决策和投资决策在一起决定收入。

最好用消费决策（或抑制消费的决策）来思考，而不是用储蓄决策来思考。是否进行消费的决策，的确属于个人力量所能控制的范围内，是否投资的决策也是如此。总收入与总储蓄的数量，是人们对消费或投资自由选择的结果。……根据这个原则，我们以后用消费倾向的概念来替代储蓄倾向或意向。

【注】

在本章的这一部分是想说明，根据定义，投资总是和储蓄相等，却未能明确指出：这种统计数字的相等或事后的相等，并不意味着意愿的（或事前的）投资和意愿的（或事前的）储蓄相等。事实上，按照凯恩斯的理论，正是由于意愿的投资和意愿的储蓄不相等，才导致国民收入和就业量的波动。

本书出版后，投资和储蓄是否相等，在西方经济学造成了混乱。汉森认为，凯恩斯之所以未能在《通论》中澄清这一点，原因是：在撰写本书时，凯恩斯自己还未能把这一点彻底弄清楚（见汉森《凯恩斯导读》第59页）。

至于如何理解储蓄和投资，我认为从不同层面看，会有不同的认识。从微观层面看，如果你赚了钱，在满足消费后，剩下的那部分钱，不管你买股票，存银行，还是放手里，都是储蓄；如果你把剩下的钱拿来办企业，就属于投资。简单说，储蓄不能创造新产品；而投资能创造新产品。从宏观层面看，当总供给和总需求达到平衡时，一人的收入等于另一人的投资或消费；一人把钱放在手上，不花掉（即需求减少），那么，另一人的供给就会出现问题（即供给过剩）；而过剩的这部分产品，又会使另一人创造的新产品难以及时变现。如此循环往复，将导致整个国民收入缩水。

关于使用者成本的附录

I　使用者成本的概念和意义

【要点】

企业家的使用者成本①等于：

① 有的将“user cost”译为“用户成本”或“使用成本”。

$A_1 + (G' - B') - G$

其中，A_1 是一企业家向其他企业家购买的制成品的数量；

G 是在一个时期终了时资本设备的实际价值；

G'则是：如果该企业家不使用该设备，而花费一笔最合算的钱（B'）来保养该设备，该设备在时期终了时可能有的价值。

$G-(G'-B')$ 是企业家从上期所继承的设备价值的增值，代表该企业家在本期中对其设备的投资，可写成 I。

如果整个社会的各个行业都合并在一起，或者，如果企业家不向外界购买物品，从而 $A_1=0$，则使用者成本不过相当于由于使用设备而引起的本期负投资。

如果我们使用“纯”利率作为标准利率，则长期成本中必须再加上第三项——风险成本，以补偿实际收益与预期收益之间存在差额的未知的可能性。因此，长期供给价格等于直接成本、补充成本、风险成本和利息成本之和，即长期供给价格可分为几个部分。

【注】

这里所说的使用者成本，就是折旧加上被消耗掉的企业之间相互购买的中间产品。而折旧和中间产品都是计算国民收入的项目。

“负投资”可大体理解为折旧，但按照作者的意思，又不完全等于折旧。

Ⅱ 使用者成本的计算方法

【要点】

使用者成本定义为：在考虑到维修、改善设备的费用和向其他企业家购买物的费用的情况下，与不使用设备相比，使用设备所造成的设备价值的损耗。

【注】

这里定义的使用者成本的公式为：

使用者成本 $=(G'-B')+(G-A_1)$

Ⅲ 过剩设备对使用者成本的影响

【要点】

在一般性经济萧条时期，边际使用者成本取决于企业家预期萧条存在时间的长短。因此，当萧条事态开始好转时，供给价格之所以上升，部分原因可能是：企业家修改预期，造成边际使用者成本急剧增加。

【注】

预期萧条长，则边际使用者成本低；预期萧条很快就结束，则边际使用者成本会急剧增加。因而，要想尽快走出萧条，就得改善企业家的预期。

Ⅳ　使用者成本的优点

【要点】

在涉及原料的事例中，考虑使用者成本的必要性是很明显的：假设一吨铜在今日用完，明日便不能再用，因此，铜在明日被使用的价值，必须计算在边际成本之内。铜是一个特例，凡使用资本设备从事生产时，皆有类似情形。

使用者成本和补充成本概念的优点之一是：它们适用于运营资本、流动资本，也适用于固定资本。原料和固定资本的主要区别，不在于它们对使用者成本和补充成本的倾向性的不同，而在于流动资本的收益（return）是一次性的；至于固定资本，由于耐久性被逐渐消耗掉，它的收益包括一系列的使用者成本和在连续时期中赚取的利润。

【注】

作者认为使用者成本的应用范围更广泛。

我理解的使用者成本包括：（1）为了购买其他雇主的产品而付出的开支；（2）使用机器设备的折旧费。一个雇主向其他雇主购买的用于生产的产品，不是消费资料，而是生产资料，按照凯恩斯的说法，就是资本品或资本设备。既然这些产品的价值是作为成本来计算的，那么使用者成本就可理解为：因生产而损耗掉的生产资料的价值或资本品价值。

第七章
再论储蓄和投资的意义

该章进一步探讨储蓄和投资的关系，特别是针对储蓄不必等于投资的理论，作者认为这是由于使用的定义不够精确。个人储蓄虽然可以增加个人财富，但由于减少消费，而使社会总财富减少；对个人有利的东西，对社会总体可能是有害的。

【要点】

［在第Ⅰ节开头，作者认为：］储蓄和投资是以如此方式定义的，以致它们在数量上必然相等，因为对整个社会而言，它们不过是同一事物的不同方面。然而，不止一位现代学者（包括我在《货币论》中）曾对这些术语做出特别界定，认为它们不一定相等。

【注】

《货币论》认为储蓄和投资不相等，并指出：储蓄是一群人的积累，投资则完全是另一群人的行为；没有任何一种自动的机制，能足够使一群人的储蓄必然等于另一群人从事的自愿性投资。这种分离导致以下三个论点：（1）不存在能使储蓄全部自动地转化为投资的市场机制，这就需要市场机制以外的力量发挥作用，进行调节和干预；（2）投资比储蓄重要，储蓄过多会使新投资生产的商品难以销售，阻碍下一步投资；（3）经济萧条时，如果储蓄既不能转化为投资，又不用于消费，则节约就成为社会的罪责。这三个论点在《通论》中得到进一步发展，形成了“投资支配储蓄”论、“投资社会化”主张和鼓励消费论。

到《通论》时，凯恩斯则认为储蓄和投资，一方面在定义上确定二者相等，但接着在第Ⅲ节开头，他又分析了储蓄与投资不相等的原因："由于收入的定义不同，所以收入超过消费的部分不同，从而储蓄与投资不相等。"意思是，这主要是由于对企业家的利润的定义不同。

【要点】

［作者接着说，］所谓储蓄大于投资，意思是：产量处于这样一种规模，以致企业家从资本设备所有权获得的收益低于正常收益；而关于储蓄大于投资的增长，意思是：实际利润在下降，从而企业家具有减少产量的动机。

［据此，作者认为：］就业量（从而产量和实际收入）是由企业家决定的，他做出决定的动机是企图使他现在的和将来的利润最大化；与此同时，能使他的利润最大化的就业量，则取决于总需求函数，而总需求函数代表在各种不同的设想条件下，他所预期的来自消费和投资的产品收益。

［作者进一步解释：］如果用我在《货币论》中的语言表达，则我的新论点可表达为：当过去的就业量和产量既定时，对投资超过储蓄的预期的增加，会导致企业家增加就业量和产量。我现在和以前的论点的重要性在于企图说明：就业量取决于企业家对有效需求的预期，而我在《货币论》中所定义的对投资相对于储蓄增加的预期是有效需求增加的一个准绳。然而，鉴于我在这里提出的进一步发展，我在《货币论》中的表述当然是非常混乱和不完整的。

【注】

到《通论》时，作者否定了他在《货币论》中有关储蓄和投资的论述。

至于储蓄和投资相等还是不相等，作者在《通论》的法文版"序"（1939年2月）中明确指出："在整体经济体系中必然成立的储蓄和投资之间的相等关系，对于具体的个体而言，根本就不能成立。"

有人认为，应该区分事前和事后，在《货币论》中，凯恩斯指的是事前的储蓄和投资；在《通论》中，指的是事后的储蓄和投资①。还有人认为，本章提到的储蓄不只是银行存款，投资也不仅仅是现实的投资项目，而是表达两种积极的经济努力，即：放弃流动性偏好的努力；谋求最优投资方向和投资项目的努力。

① 斯坦利·L. 布鲁等. 经济思想史［M］. 北京：北京大学出版社，2014：395.

我认为以上理解都有些道理，分析经济问题要区分场景，不能一概而论，比如区分个体和总体、萧条和繁荣等。当然，这种区分会造成经济理论的人为撕裂，而把二者衔接、整合成一个有机整体的任务，则更加艰巨。

Ⅳ　强迫储蓄的局限性

【要点】

除非我们规定一定的储蓄量的标准，“强迫储蓄”（forced saving）没有意义。如果我们选定相对于充分就业的储蓄量为标准，则可下如此定义：“强迫储蓄是实际储蓄超过充分就业在长期均衡条件下应有的储蓄的部分。”该定义有意义，不过按这个定义，强迫储蓄将是很罕见和非常不稳定的现象；强迫储蓄的不足倒是常态。

哈耶克[①]的文章《强迫储蓄学说的发展》表明：这是该词的原意。强迫储蓄或强迫节俭是边沁的概念，边沁明确说，他先假定“各人都已就业，而且所就之业，对于社会最有利”的情况下，货币数量的增加所造成的后果，实际收入不会增加，从而，过渡时期中的额外投资将引起强迫节俭，“以国民生活水平的牺牲和对社会正义的背离作为代价”。

【注】

上文的意思是：以充分就业时的储蓄量作为标准，那么，用实际储蓄减去与充分就业相匹配的储蓄量，得出的差额就是“强迫储蓄”。凯恩斯认为，强迫储蓄是罕见的，常见的是强迫储蓄不足。

按照这个逻辑，在非充分就业条件下，通过中央银行的货币政策来扩大信贷规模，增加货币投放，便可利用货币的媒介作用，使那些闲置的资源充分利用起来，从而达到资源的最优分配。然而，达到充分就业后，如果延续那种宽松的、扩张性的货币政策，就很容易引发通货膨胀。下面简单分析一下。

储蓄来自三个部门，即家庭、企业和政府。正常情况下，家庭储蓄来自收

---

① 哈耶克（Friedrich Hayek，1899 - 1992）：英国经济学家、政治哲学家，获诺贝尔经济学奖；著作有《通往奴役之路》等。

人扣除消费支出后剩余的部分。企业储蓄由利润和折旧基金构成。至于政府储蓄，有不同来源：如果政府通过加税增收来筹资建设资金，相当于挤占了家庭和企业的储蓄，而全社会的储蓄量并没有改变；如果政府通过向央行借债来筹集资金，将引起货币增发，推升物价，甚至引发通货膨胀。

至于边沁的“强迫储蓄”，又称“强迫节约”，是指个人的非自愿储蓄，是由于货币数量的增加而引起资本增加的现象。比如，在过去计划经济体制时，供给短缺，有钱也买不到需要的消费品，居民不得不把钱存到银行，这种储蓄就属于强迫储蓄。再比如，政府向公民征税，并将征收的资金用于投资，也属于强迫储蓄。

V　再论储蓄和投资的现实意义

【要点】

旧说法的错误在于进行似乎有道理的推论，即：单个人的储蓄会等量地增加总投资。不能否认，一个人储蓄会增加他自己的财富。但他也会增加总财富的结论，却未考虑到一种可能性，即：个人的储蓄行为可能影响到另一人的储蓄，从而影响到另一人的财富。

一方面，储蓄恒等于投资，而另一方面，又显然存在着个人储蓄的“自由”，即：不论他自己或其他人的投资为多少，个人可以自由决定他的储蓄数量。二者之所以能调和一致，原因主要在于储蓄和消费一样，也具有两个方面。虽然一个人的储蓄不大可能对他的收入具有很大影响，然而，他的消费数量对其他人收入的影响，使所有的人不可能同时储蓄掉一个事先规定的既定数量。每一个通过减少消费来增加储蓄的企图会影响收入到如此严重的程度，以致这种企图给自己招致失败的后果。当然，整个社会想要储蓄掉少于现行投资的数量，也同样不可能，因为这样做的企图，必然把收入提高到某一个水平，在该水平，个人想要储蓄的数量的总和恰好等于投资的数量。

【注】

上面这段话的意思是：如果大家都想增加储蓄，减少消费，就会引起商品滞销，使整个社会的收入下降；而随着整个社会收入下降，每个人的收入也会下降。当个人的收入下降后，他就没有能力实现原先想要进行储蓄的数量，其储蓄规模也会比以前低。

我认为，在本章所说的“储蓄与投资恒等”，不是说“储蓄决定投资”，而是说“投资决定储蓄”；在经济萧条时期，实际储蓄与投资是否相等不是取决于利率，而是取决于收入；此时节俭不是美德而是罪恶，因为如果大家都想着储蓄，投资和消费都将萎缩，最后导致严重失业，收入普遍下降。如果这个逻辑成立，那么在经济萧条时，为了促进消费，哪怕采取一些极端措施，比如邮章货币等，也是可以理解的。

【要点】

没有卖者就没有买者，或没有买者就没有卖者。对个人而言，其交易量与市场交易量相比显得很微小，故可忽视需求之双面性而无碍，但在讨论总需求时也如此忽略，就错了。这就是总体经济行为理论和个体行为理论之间的重要差别，因为在个体行为理论中可以假设：个体自己的需求变化并不影响他的收入。

【注】

上文阐述了宏观经济和微观经济的区别，微观领域成立的东西到宏观领域不一定成立，它们之间有巨大差异。比如，从个体看，需求的大小不会影响其个人收入的高低；但从总体看，如果人们都减少消费，降低需求，就会收缩总需求，增加失业，那么人们的收入就会受到影响，普遍收缩。

【评论 13】

劳动价值论、斯密教条和“储蓄恒等投资”

劳动创造价值的思想最初是由配第提出的，他认为“所有的物品（的价值）都是由这两种自然单位（即劳动与土地）来评定的”[①]。劳动和土地是一切价值的来源，其他阶层的收入都是从这里来的。不过，受当时经济学发展的局限，配第未能了解价值的本质，导致他在价值来源的认识上产生了二元论，即财富（价值）的来源是劳动和土地。

① 威廉·配第．配第经济著作选集（陈冬野等译）[M]．北京：商务印书馆，1983：35.

斯密和李嘉图也对劳动价值论的形成做出重大贡献。斯密指出："应当注意，价值一词有两个不同的意义。它有时表示特定物的效用，有时又表示由于占有某物而取得对他种货物的购买力。前者叫使用价值，后者可叫交换价值。"① 斯密还指出："劳动是衡量一切商品交换价值的真实尺度。"② 由此可见，斯密认为价值是使用价值与交换价值的复合体，并且从有形态的商品背后，抽象出它们都包含有"人的劳动"这一价值核心。斯密还说过："交换价值很大的东西，其使用价值往往极小，甚或没有。例如，水的用途最大，但我们不能以水购买任何东西，也不会拿任何东西与水交换。"③对于这个观点，李嘉图不同意，并指出："一种商品如果全然没有用处，或者说，如果无论从哪一个方面说都无益于我们欲望的满足，那就无论怎样稀少，也无论获得时需要费多少劳动，总不会具有交换价值。"④ 在李嘉图看来，斯密对于价值的理解是片面的，具有价值的物品必须具有使用价值和交换价值，两者缺一不可。李嘉图还认为，无论是金银还是谷物，其价值都是经常变动的，因此，他认为："规定各种物品的现在相对价值或过去相对价值的，是劳动所将生产的各种商品的相对量，而不是给予劳动者以换取其劳动的各种商品的相对量。"⑤ 李嘉图认为，无论是直接劳动还是间接劳动，都将决定商品的价值。

古典学派劳动价值论的缺陷在于，没有解决什么劳动创造价值和怎样创造价值。无论是斯密还是李嘉图，他们虽然都认为商品的价值由所费劳动决定，但在大多数情况下，他们都把商品交换价值当作商品的价值，对于价值的考察也主要立足于商品的交换价值。

马克思劳动价值论是在古典政治经济学论证的基础上，通过批判而发展起来的，构筑了马克思主义政治经济学的基石。主要包括以下原理：

1. 抽象劳动创造价值。马克思在其首创的劳动二重性学说中指出，抽象劳动是形成价值的实体。价值是通过物与物的形式表现出来的人与人的关系。

2. 社会必要劳动时间决定价值量。商品价值是由社会必要劳动时间决定的。而社会必要劳动时间是"在现有的社会正常的生产条件下，在社会平均

---

①③ 斯密．国富论（郭大力/王亚南译）［M］．北京：商务印书馆，2015：24.

② 斯密．国富论（郭大力/王亚南译）［M］．北京：商务印书馆，2015：25.

④ 李嘉图．政治经济学及赋税原理（郭大力/王亚南译）［M］．北京：商务印书馆，2021：5－6.

⑤ 李嘉图．政治经济学及赋税原理（郭大力/王亚南译）［M］．北京：商务印书馆，2021：10.

的劳动熟练程度和劳动强度下制造某种使用价值所需要的劳动时间”。

3. 价值形成过程。商品的生产过程是劳动过程和价值形成过程的统一。作为劳动过程，具体劳动创造商品的使用价值；作为价值形成过程，抽象劳动创造出商品价值。

4. 价值增殖过程的原理。价值增殖过程是资本主义商品生产的社会特征。资本家生产的目的在于使资本增殖。资本能够增殖的原因是：劳动力是能够创造价值的商品，资本家购买劳动力的垫付资本，只是劳动力的价值，这部分价值劳动者在必要劳动时间内就能够创造出来，而必要劳动时间以外的剩余劳动时间创造出剩余价值，从而使资本增殖。

5. 商品价值的构成。从价值增殖过程看，价值由生产资料的物化劳动、劳动者的必要劳动和剩余劳动三部分组成。从资本主义生产者的角度看，价值由补偿购买生产资料的不变资本 c 和补偿购买活劳动的资本 v 及劳动者创造的剩余价值 m 三部分组成：

商品价值 $= c + v + m$

6. 价值是商品经济的历史范畴。价值是从属于商品的。劳动产品转化为商品，人类劳动才表现为价值。价值范畴的历史性是由商品范围的历史性决定的。

总之，马克思劳动价值论克服了古典政治经济学劳动价值论的缺陷，认为所有商品中的价值都是由劳动创造的，阐释了商品经济的本质和运行规律，进一步阐述了劳动二重性原理，奠定了剩余价值论的理论基础。

我们还应注意，马克思把如何实现不变资本 c 的补偿看作是实现社会再生产的最重要因素，还指出：“现在让我们看看，亚・斯密企图用什么魔术，把资本的不变价值部分从商品价值中驱逐出去。”① 而斯密的观点被许多西方经济学承袭，马克思将其讥讽为“斯密教条”（Smith’s faith）。

“斯密教条”也称“斯密信条”，是指斯密由其三种收入决定价值论所导致的一个观点。他认为社会总产品的价值只分解为工资、利润和地租三种收入，即分解为（$v + m$），而不包括生产资料（即不变资本 c）的价值。“斯密教条”的实质就是把产品的全部价值（$c + v + m$）与产品中所包含的新创造的价值（$v + m$）混同起来，忽略了不变资本（c）。比如，斯密的《国富论》开

① 马克思．资本论（第二卷）［M］．北京：人民出版社，2018：413.

篇第一句（见“序论及全书设计”）就是：“一国国民每年的劳动，本来就是供给他们每年消费的一切生活必需品和便利品的源泉。构成这种必需品和便利品的，或是本国劳动的直接产物，或是用这类产物从外国购进来的物品。”①意思是：一个国家一年消费的全部生活资料，就是这个国家一年的劳动生产出来的。在这里，斯密是从具体劳动看的，只有这样看，才能说一年消费的生活资料是一年的劳动生产出来的。从价值看，就不能这样说了，因为生产这些生活资料的生产资料不是该年劳动的产物。

斯密有时也意识到商品价值中应当包括生产资料的价值。为了自圆其说，他便通过区分一系列概念来迂回地维护自己的教条。首先是区分总收入与纯收入。总收入是年总产品（$c+v+m$），纯收入是从年总产品中扣除了固定资本和流动资本之后的余额，即（$v+m$），通过这样的划分，斯密便在“总收入”的名义下，将原先丢掉的生产资料的价值再塞进商品的价值中。其次，区分单个资本和社会资本。斯密认为不变资本作为商品价值的第四个要素，可以被引进，但只适用于单个资本，从整个社会看，某一部门所需要的生产资料是另一部门所生产的产品，其价值最终还是可以分解为三种社会收入。

李嘉图信奉“斯密教条”，这使他对资本积累的看法也是错误的。从“斯密教条”出发，李嘉图认为：既然产品价值全部是分解为 v 和 m 的，而 m 的一部分用于消费，一部分用于积累，用于积累的 m 又全部分解为 v，v 全部用于消费，那么，价值就全部用于消费，产品也全部用于消费，消费就等于生产。消费既然等于生产，那么普遍的生产过剩经济危机是不可能的②。

凯恩斯在《通论》中也沿袭了“斯密教条”，在总量分析中，他将国民收入界定为“一定时期内一国生产的全部最终产品（不计中间产品）减去折旧”，类似于现在的“国民净收入”，也就将社会总产品价值 $\sum(c+v+m)$ 中的总不变资本 $\sum c$ 舍弃了，只以 $\sum(v+m)$ 作为总量来进行宏观经济的供求分析，最终得出“储蓄等于投资”的恒等式。我猜测：凯恩斯很可能没有认真研读马克思的劳动价值论。

① 斯密．国富论（郭大力/王亚男译）[M]．北京：商务印书馆，2015：1.

② 陈其人．“亚当·斯密教条”批判 [J]．当代经济研究，2009 (8)：2.

第三编　消费倾向

本编主要论述“边际消费倾向递减”原理，分析影响总需求函数变化的客观和主观因素，引入消费倾向、边际消费倾向和投资乘数等概念。

造成有效需求不足的三大（心理）规律是边际消费倾向递减规律、资本边际效率递减规律和人们的流动性偏好。这三者导致人们将收入以货币形态保持在手中，使消费和投资减少，从而减少有效需求，使经济处于小于充分就业的国民收入均衡状态。在凯恩斯理论的三大支柱中，以边际消费倾向递减规律最根本，他把有效需求不足分为消费不足和投资不足，并认为消费需求不足是有效需求不足的根本原因，而投资不足是消费不足引发的派生现象，因为“一切生产的最终目的都是为了满足消费者”。由此可见，消费在凯恩斯理论体系中占据独特的、基础性地位。

二战后，一些发达国家受凯恩斯主义影响，在政策制定时重视消费和需求管理，通过投资、消费和出口“三驾马车”，拉动国民经济增长，建立了消费驱动型经济增长模式。

第八章
消费倾向：I．客观因素

本章分析影响消费倾向的客观因素，结论是：消费支出主要取决于产量和就业量；消费倾向小于1，随着收入增加，消费倾向不断减小。就业量随着投资量增加而增加；在投资中真正影响就业的因素是“净投资”，而不是折旧。作者还用英美两国大萧条时期的投资数据说明：两国的折旧投资[①]变动不大，而净投资却大幅下降了。

I 消费倾向

【要点】

我们分析的最终目标是找出什么决定就业量。初步结论是：就业量取决于总供给函数和总需求函数的交点。总供给函数主要取决于供给的物质条件。

总需求函数说明，任何既定的就业水平与该就业水平预期能实现的“收益”之间的关系。[注：总需求函数的自变量是就业量，因变量是就业量所能获得的预期收益。]“收益”是两个数量之和：当就业量处于既定水平时，社会用于消费的总量和用于投资的总量。

【注】

介绍第三编研究的主要问题，先假设就业量不变，然后分析总需求函数，探讨消费量的决定因素。

① “折旧投资”就是凯恩斯描述的“企业家的常规维护、检修、折旧和消耗”。

【要点】

C_w：以工资单位衡量的消费。

Y_w：相对于某就业量水平 N 的收入，也以工资单位衡量。

如果说收入（Y_w）只受就业量（N）决定，也差不多，因此可得出以下定义：所谓消费倾向，就是存在于 Y_w 和 C_w 之间的函数关系 χ，写作：

$C_w = \chi(Y_w)$ 或 $C = W \cdot \chi(Y_w)$

一社会花费于消费的开支数量显然取决于：(i) 社会收入量；(ii) 客观存在的其他情况；(iii) 社会居民的主观需要、心理上的倾向性、习惯以及收入分配的原则①。可将其分为两类因素：主观因素和客观因素。短期内，除了非正常或爆发革命的情况，主观因素很难有较大变动。

在以下论述中，大致假定主观因素不变，并假设：消费倾向仅随着客观因素的改变而改变。

【注】

消费会随收入的增加而增加，但消费的增加量一般小于收入的增加量，因而导致消费需求不足。消费倾向分为：

边际消费倾向（MPC）：消费增量与可支配收入增量的比值。

$$MPC = \frac{\Delta c}{\Delta y} = \frac{dc}{dy}$$

平均消费倾向（APC）：消费支出占收入的比重。

$$APC = \frac{C}{Y}$$

一般情况下，$APC > MPC$。

Ⅱ 影响消费倾向的客观因素

【要点】

影响消费倾向的主要客观因素可列出：

(1) 工资单位的改变。消费（C）显然是实际收入而非货币收入的函数。

假定工资单位改变，就业量不变，则消费支出将同物价一样，作同比例的

① 当产量增加时，分配原则可能随之改变。

改变。在某些情况下我们还必须考虑到：当工资单位改变时，企业家与食利者之间的收入分配办法也随之改变，因此可能影响总消费。还要顾及工资单位的变动。

【注】

作者将企业家和食利者区分开来，他认为企业家和食利者不同，企业家（和工人一样）凭借劳动获取利润，食利者凭借资本的稀缺性获取利息。如果资本不再稀缺了，食利者也就失去了获得利息的基础。《通论》整篇都在褒扬企业家，贬损食利者，立场很鲜明。

【要点】

（2）收入和净收入之差的改变。消费量取决于净收入，而不是收入。

收入和净收入之间存在比较稳定的关系。……除开一些特定的状态，我怀疑该因素的重要性。

（3）在计算净收入时，没有计入的资本价值的意外变动。

它与收入之间没有稳定的或规律性的关系，可对消费倾向施加重大影响，是能在短期内影响边际消费倾向的主要因素之一。拥有财富的阶级的消费对其财富的货币价值预见不到的变动是非常敏感的。

【注】

所谓“得之易，失之易。得之难，失之难”①。人们获得意想不到的财富后，比如炒股一夜暴富等，往往不珍惜，很容易扩大消费，短期内有可能改变消费倾向。再比如，在经济低迷时，政府突然向居民发放消费券，也能短时改变消费倾向。

拥有财富的阶级（wealth - owning class）可理解为资产阶级。

【要点】

（4）对时间折算的贴现率的改变，即现有物品和将来物品之间交换比例的改变。

---

① 出自施耐庵《水浒传》第116回。

时间贴现率和利率不完全相同，因为时间贴现率考虑到货币购买力可以预见到的未来变化，还要顾及所有类型的风险。但二者大体等同。

短期看，利率的波动不大可能对消费开支施加直接影响。如果人们的总收入保持不变，那么，不会有许多人由于利率从5%降至4%而改变他们的生活方式。

通过利率改变而对消费意图产生的重大影响，也许在于利率改变对有价证券和其他资产的增值或降值作用。如果一个人的资本价值获得意外增值，即使他的资本赚取收入的能力并不比以前好，那么他增加当期消费的动机应该会加强。

结论：如果个人收入不变，则利率对消费的短期影响是次要的，除非利率发生巨大改变。

【注】

作者怀疑因素（4）对消费倾向的影响，认为它不是影响消费倾向的重要变量。

【要点】

（5）财政政策的改变。该因素对消费倾向的影响很大。

所得税，尤其是对“不劳而获的”收入（unearned income）进行歧视性收税，资本利润税、遗产税等都和利率一样，影响储蓄。同时，财政政策可以变动的范围至少要比利率大。如果财政政策被有意地作为取得收入分配均等化的手段，那么它在提高消费倾向上的影响自然更大。

【注】

在影响消费方面，财政政策比货币政策的空间大，也更有效。在当时的经济体制下，该判断是恰当的，因为那时的货币当局比较弱，独立性不强，有的还从属于财政部[①]，不能直接决定利率。

但今非昔比了，现在很多货币当局与政府相对独立，信用创造不再受实物约束，能直接决定基准利率，购买的资产不仅包括国债、黄金和外汇等优质资

① 比如二战前的美联储就是美国财政部的工具，其职能主要是维持超低利率；直到1951年，美联储才从财政部独立出来。

产，必要时还能向金融机构发放紧急贷款，买卖公司证券，从事金融衍生品交易（比如利率互换等），货币政策的操作空间其实很大，调控手段更加丰富频繁，与市场的沟通更加顺畅，调控效果更加细腻平滑，在诸多方面（比如维护市场稳定等）已胜过财政政策。

【要点】

如果政府从平时的赋税中，用偿债基金（sinking funds）偿付国债，那么必须顾及对消费倾向的影响。因为偿债基金是一种集体储蓄，在特定情况下，大量偿债基金必然减少消费倾向。

【注】

通常情况下，债券的偿还是从发行者未来收益中支付，但为了保证债券到期或特殊情况下持有人要求提前支付，一些政府或公司还设置了专项偿债基金。国家偿债基金一般是从国家预算中安排。有些偿债基金是根据有关法律规定，在债券发行时必须设立，还有些公司把设立偿债基金作为一个发行条件，载入债券发行契约，以增强所发债券的吸引力。

《通论》多次批评偿债基金及相关政策，认为它是一种储蓄，对消费和投资都不利。当政府从发债政策转向偿债基金政策时，会造成储蓄增长和有效需求的大幅收缩。

【要点】

（6）人们改变对现在和将来收入水平的差距的期望。

从整个社会看，由于各人改变期望的方向不同而相互抵消，该因素太不确定，对消费倾向不会有多大影响。

【注】

高鸿业将“uncertainty”译为“不肯定性”；我认为译为“不确定性”更合适，在后文中都这样翻译。

【要点】

结论是：在既定情况下，假设我们取消工资单位（以货币表示）的改变，消费倾向可被认为是相当稳定的函数。

假设一般经济情况不变，以工资单位衡量的消费开支主要取决于产量和就业量。

【注】

在客观因素中，作者注意到未来不确定性和个体差异，但从短期和全社会的角度看，消费倾向虽然受到多方面因素的影响，但总体是稳定的，短期内不怎么变化，可以笼统地建立一个消费倾向函数；在这个前提下，消费量主要取决于总收入量，依此建立消费函数是比较合理的。

【评论 14】

食利者

食利者（rentier）一词来自法语，是亨利·赫兹利特诋毁的一类人，即“积蓄了一点钱，并把钱存在储蓄银行的可怕家伙；要么他就是购买了美国钢铁公司的债券。”从收入来源的角度看，食利者可大体界定为：不参与生产经营过程，但通过向生产经营提供特殊的生产要素，并分享生产经营成果的特殊群体。食利者是非生产性的，甚至是寄生性的。金融阶级是重要的食利者。在企业中，食利者的高收入意味着债券的高回报和股东的高收益，也意味着工人的低工资和企业家投资的低利润率。

在欧洲，股份制企业产生于 18 世纪，是通过发行和认购股票筹措资本（金）而建立的企业，通常称“股份公司”，是适应商品经济发展和社会化大生产的产物。19 世纪后半叶，随着资本主义的发展，股份制企业越来越流行，资本所有权逐渐与资本使用权分离，货币资本和生产资本也随之分离。于是，持有大量股票的资本家就能够凭借资本所有权而获取股息，从而出现了大量食利者。从这个角度看，食利者主要是指那些依靠持仓有价证券而获取利息和股息收入的人。这些食利者虽然脱离生产经营过程，但仍是资产阶级的一部分。在中国北魏时期，寺院占有大量土地，贫民归附于寺院，僧尼一度多达 400 万，附户 200 万①，那些僧众也可称为“食利者”。

① 邓宏图. 食利者政治经济学［J］. 南风窗，2015（2）：31.

食利者是“不生产的”，却能比那些“生产者”（即从事实业的企业家和工资劳动者）获得更高的回报。他们不参与财富创造，却攫取大部分社会财富，像寄生虫那样靠宿主为生，逐渐成为生产力发展和社会进步的障碍。食利者在资产阶级内部出现并逐渐占据重要和主导地位，是资产阶级从一个曾经发挥过进步作用的阶级，逐渐走向反面（甚至反动）的重要标志。

凯恩斯称金融业为既得利益阶级或食利阶级。低利率有利于产业和劳工，高利率则对金融业有利。他认为，食利者阶级的进步，是以社会牺牲充分就业、体面的公共产品和服务以及经济稳定等为代价才换来的。鉴于食利者阶级不可能自己革自己的命，那么，对金融体系行使必要的公共权力，也就变得很重要了。凯恩斯当时已经认识到：金融对经济运行的影响很深，不能任由私人部门掌控，需要引入政府干预，加强对金融业的控制。但该主张遭到利益集团和主流经济学家的排斥，他们用“金融抑制”这个很贬义的术语来抨击对金融部门的公共管理。不仅如此，他们还主张：要像解放奴隶那样，解除现有的各种对金融部门的抑制，主张放开对利率和汇率的管制，最终实现“金融深化”或“金融自由化”的目标。

凯恩斯认为，资本的稀缺性是食利者存在的基础，如果大量增加资本，让资本不再具有稀缺性，那么食利者阶级也就不存在了，所以不需要通过革命来消除这个腐朽的阶级。但在过去一个世纪，当代资本主义的现实是：随着资本扩张，食利者越来越多，越来越脱离劳动，成为纯粹的剥削者；食利者不仅没有消失，反而借助高科技和“大数据”等，以惊人的速度膨胀；普通民众的贫困（甚至是绝对贫困）问题则日益严重，完全超乎凯恩斯的预料。事实证明，仅仅通过扩大资本这种简单的数量增加和技术性改良，不可能根除资本主义的内在痼疾。

【评论 15】

绝对收入假说

本节分析得很复杂，罗列了六种因素，说了那么多，可简要归纳为：消费主要是由收入决定的，消费随着收入的变动而做出相应的变动。因此，凯恩斯的消费理论可称为“绝对收入假说”（Absolute Income Hypothesis），其主要内容是：（1）在短期内，实际消费支出是实际收入的稳定函数，收入是指当期的绝对实际收入；（2）随着收入水平的提高，消费也会增加，但消费的增加不及收入增加得多，即平均消费倾向递减；（3）消费增量在收入增量中所占的比重是递减的，即边际消费倾向递减。绝对收入假说的基本公式是：

$$C=\alpha+\beta Y_t$$

在上式中，C 为当期消费；α 为自发性消费，即必需的生活消费；β 为边际消费倾向，$0<\beta<1$；Y_t 为即期收入；βY_t 表示引致消费。

这个公式的基本含义是：消费由自发消费和引致消费组成，消费者的消费主要取决于即期收入。

凯恩斯的“绝对收入假设”有两个比较明显的缺陷：（1）把个人消费、储蓄看成是孤立的行为，忽视了社会因素对消费、储蓄的影响；（2）忽视储蓄心理预期和生命周期功能，不能从动态的、长期的角度反映消费和储蓄变动的态势。

1942 年，统计学家库兹涅茨[①]对美国 1869—1938 年的国民收入与个人消费资料进行了整理与分析。他发现，在 1869—1938 年长达 70 年的时间内，虽然美国的国民收入从 1869 年的 93 亿美元上升到 1938 年的 720 亿美元，国民收入大约增加了 7 倍，但人们的消费始终与收入维持在一个比较固定的比率（表 1），平均消费倾向相当稳定，一直在 0. 84—0. 89 徘徊，边际消费倾向递减作为一个长期趋势并不存在。这便是著名的“库兹涅茨反论”，否定了凯恩斯的平均消费倾向递减规律。这表明，凯恩斯先验的、基于心理的消费倾向理论存在缺陷，主观想象的成分比较重，缺乏扎实的微观基础和翔实的数据分析做支撑。

表 1　　美国三个长时期的平均消费倾向

	1869—1898 年	1884—1913 年	1904—1933 年
平均消费倾向	0. 867	0. 867	0. 879

资料来源：翁君奕. 对西方消费函数理论的思考［J］. 世界经济研究. 1987（5）：74.

后来，经济学家发展了凯恩斯的消费函数，引入了“时期”因素，提出若干新的假说和函数，比较简单的消费函数是：

① 西蒙·库兹涅茨（Simon Kuznets，1901 - 1985）：生于沙俄，曾在列宁格勒大学和美国哥伦比亚大学学习，后供职于美国国家经济局；获诺贝尔经济学奖；著作有《各国的经济增长》等。

$C_t = \alpha + \beta Y_t + \gamma C_{t-1}$

式中 C_t 表示 t 期消费，Y_t 表示 t 期收入，C_{t-1} 表示上期即 $t-1$ 期的消费；α、β、γ 为参数。该消费函数的最后一项可以解释为消费的惯性影响，也可以解释为持久性收入的影响。

我认为，凯恩斯提出绝对收入假说，主要想说明：资本主义经济的一大难题是消费增量小于收入增量，导致经济运行很不稳定，只有借助外部力量逆风向行事，才能熨平经济周期。这就为引入政府干预提供了理论依据。

Ⅲ　消费量和收入

【要点】

一条基本心理规律是：当人们的收入增加时，消费就会增加，但消费增加不像收入增加得那样多。

假设 C_w 为消费量；Y_w 为收入，则：

$\frac{dC_w}{dY_w}$为正数，但小于1。

在短期，人们的消费习惯没有改变，上述规律尤其适用。收入上升，储蓄增加；收入下降，储蓄减少；当收入变动时，储蓄的增减程度先大后小。

【注】

收入增加，消费也跟着增加，但每一单位收入增量中用于消费的比重越来越小，用于储蓄的比重越来越大。由此，我们可以建立储蓄（S）的表示式为：

$S = Y - C + e$

e 表示很多无法观测的因素。

【要点】

除了收入水平在短期内的变动，收入的绝对量越大，则收入和消费之间的差距就越大。……只有当生活达到相当舒适的程度后，积累动机才变强。基于这些原因，当实际收入增加时，人们通常将其收入中的大部分储蓄起来。

经济体系的稳定性主要取决于这条普遍存在于现实中的规律，意思是：当就业量从而总收入增加时，并不是所有的新添增的就业量都被用来满足新添增的消费量。

另外，当由于就业量水平的降低而引起收入下降的程度很大时，甚至可能导致消费超过收入。这不仅因为某些个人或群体用掉了在经济状况较好时积累的财务储备，还因为政府有意无意的预算赤字，比如用举债借款来提供失业救济。

结论：除非消费倾向有所改变，就业量只能随着投资的增加而增加。

【注】

当消费倾向比较稳定时，储蓄量较大，就业量就取决于投资。扩大投资，不管是私人投资还是公共投资，只要能将储蓄转化为投资，就能增加整个社会的就业量。除非我们能改变消费习惯和消费倾向，扩大消费，而这在短期内很难实现。因此要高度重视并扩大投资，压缩整个社会的储蓄量。

Ⅳ　决定消费量的因素

【要点】

就业量固然是预期消费和预期投资的函数，但消费却是净收入，也就是净投资的函数（因为净收入等于消费加净投资）。在计算净收入时，必须要有的财务储备（financial provision）提得越多，则一定投资水平对消费的促进作用越小，从而对就业量的促进影响就越小。

【注】

净投资对消费和就业量的影响很大。在本节，作者用诸多统计数据来说明净投资变化对英美经济复苏的影响很大。读者可大体了解。

【要点】

静态经济（stationary economy）和非静态经济（non - static economy）。

在非静态经济中，企业家将提出较大折旧基金，来对现有资本设备进行维修……因为有很大一部分的新投资金额被这种基金吸收，所以收入就非常低。为了能和总净投资相适应，收入就不能提高。

【注】

这里的“静态”是指“静止不变的状态”，处于该状态下，一切经济事物都以相同的比例或数量被再生产出来。折旧和储备越大，则新投资中的很大一部分会被抵消，这会缩小有效需求和收入。

【要点】

偿债基金等项目（包括财务储备）会从消费者那里抽调购买力，缩小现行购买力，而该作用会被财务上的稳慎所加强，累计的效果非常严重。

以美国为例，在1929年，由于过去5年资本的急剧扩张，偿债基金和折旧费用都很大，这些因素足以造成一次萧条。此外，财务上的稳慎严重阻挠从萧条尽早转入复苏。

截至1935年，英国的偿债基金已经远超修缮和更新所需要的数量，这一倾向又为“健全的”（sound）财政原则加深。……处于巨大偿债基金的情况下，恢复充分就业是一项很艰巨的任务。我认为，地区当局每年划出的偿债基金目前已超出其用于新投资的全部费用的半数。卫生保健部是否知道，当它要求地区当局设置高额的偿债基金时，它使失业问题恶化到何等严重的程度。

【注】

财务上稳妥的办法，尤其是偿债基金，会大幅减少总需求，加重失业问题。这隐含的主张是：在危机时期，财政政策应该更大胆，不能太谨慎，应放弃偿债基金政策。

从微观层面看，量入为出是明智的做法，但在宏观经济决策时，过分强调财政平衡，时时想着紧缩财政，反而会导致经济衰退。比如罗斯福新政，初期采用扩张性的财政政策刺激经济，效果较好；但罗斯福政府害怕债务赤字，当美国经济稍有起色后，就匆忙改为紧缩财政，结果再次陷入衰退。

【要点】

库兹涅茨发现了从毛投资变为净投资的困难。[他的统计显示：] 1925—1929年美国的净资本形成非常稳定，在上升阶段的后期，只增加了10%；……自1929年之后大跌（appalling collapse）；1932年的数值比1925—1929年这五年的平均值低95%以上。

【注】

净投资的大幅收缩对美国经济的危害很大。1932 年美国的净资本形成大幅萎缩，以致不足危机前的 5%，这使经济形势很严峻。

因此，在一个拥有大量资本存货的社会，要想得到可能被用于消费的净收入，就必须扣除一定量的社会收入。如果我们忽视这一点，可能会低估该因素对消费倾向的抑制作用。

【要点】

消费是所有经济活动的唯一目标和对象。就业机会必然受到有效需求的限制。总需求只能来源于当期消费以及现在为将来消费所做的准备。……正如许多例子所证实的那样，财务稳慎会减少总需求，从而损害社会福利。此外，我们预先准备的未来消费越大，我们就越难找到更多的能事先为未来做准备的消费渠道。从而我们就更加依赖当期消费作为总需求的来源。不幸的是，我们的收入越多，收入和消费之间的差距就越大。

【注】

这是《通论》的核心观点之一，意思是：要高度重视消费，想方设法改变消费倾向，刺激消费，带动经济复苏。

当然，作者的观点有局限。消费不过是资本主义生产的手段，不是唯一目标。资本主义生产的目的是为了获取利润，实现利润（甚至是垄断利润）的最大化。剩余价值的生产是资本主义生产的本质。

【要点】

消费部分由当期生产的物品所满足，部分由过去生产的物品即负投资来满足。

一切资本投资迟早要变成负投资。因此，随着资本存量增加，使资本投资超过资本负投资的数量大到足以补偿净收入和消费之间的差额，就成为日益困难的问题。只有人们预期未来的消费会增加时，当前新投资才能超过原有资本的负投资。每次我们用增加投资来取得今天的均衡时，就在加重取得明天均衡的困难。

【注】

对“负投资”的一般理解是：经济危机条件下，生产和销售下降，加速原理的作用会使投资急剧下降；而乘数的作用又使生产和销售进一步急剧降减，后者再通过加速原理的作用，使投资成为负数（或负投资）。我们也可以这样理解“负投资”：在资本主义生产方式下，投资最终以生产过剩为结局，投资和生产的效用最终为负。

由于一切资本投资迟早会以负投资的形式告终，所以，当人们靠增加新投资来维持今天的均衡时，这些新投资的结局也是负投资。以此类推，要想维持明天的均衡，则需要更大规模的新投资，这会变得越来越困难。因此，在资本主义生产方式下，均衡是少有的，非均衡才是常态。

【要点】

今天消费倾向的降低，只有该倾向在将来某一天能提高的情况下，才能使公众获益。《蜜蜂的寓言》提醒我们：明天的快乐，是今天刻苦的必不可少的理由。

【注】

意思是，要尽快提高当今的消费倾向，这对当前有利，不要指望未来的消费。未来到底会怎样，具有很强的不确定性，我们很难预测和把握。

凯恩斯推崇并大量引用的《蜜蜂的寓言》，是曼德维尔[①]的代表作，他把人类社会比喻成一个蜂巢，蜜蜂们为了追求个人利益而表现出了各种恶德，比如虚荣、伪善、欺诈、享乐、嫉妒和好色等。这些行为在某种程度上推动了整个蜂巢的繁荣。然而，当蜜蜂们过于自私时，整个王国开始衰落，最终导致社会秩序的崩溃。该寓言的核心是曼德维尔悖论——“私人的恶德，公共的利益”。1723 年，当《蜜蜂的寓言》出第三版时，英国爱塞克斯郡的地方法院专门为此书立案，判定它伤风败俗，“在扰乱社会秩序”，是一种“公害”。

凯恩斯成名后，身处上流社会，富有且奢华，对富人的浪费和及时行乐习以为常，很难体会到普通百姓生活的拮据和艰难，他对浪费的推崇，让人有种

① 曼德维尔（Bernard Mandeville，1670－1733）是荷兰作家、医生和经济学家，重商主义者，主张政府管制对外贸易，著作有《蜜蜂的寓言》等。

“何不食肉糜”的感觉。

【要点】

通常被用来反对政府投资以便提高就业量的理由是，它给将来造成困难。人们问道：“当你已经为将来的数量不变的人口建造了他们所需要的一切住房、道路、市政厅、高压电网和供水设备等等，你还将干什么？”然而，同样的困难也适用于私人投资和私人产业的扩展，却不容易被人们理解，特别是对私人产业的扩展，因为对新厂房设备的需求比对住房的需求更容易得到满足，而且，新厂房设备只从个人那里吸收少量资金。

我们的思路之所以不清，是因为没有充分认识到：资本不能脱离消费而自我存在。相反，如果消费倾向一旦降低，便成为永久的习惯，不仅减少对资本品的需求，还减少对消费品的需求。

【注】

扩大公共投资，要面对民众的不理解，这会造成困难。其实在扩大就业和增加国民收入方面，私人投资和公共投资的效果是一样的。

通过本章的反复论述，作者想说明：由于国民收入（或就业量）等于消费加投资，而投资又是消费派生出来的，消费降低会减少投资，消费其实更重要。因此，为了维持高就业，有必要鼓励消费。

【评论 16】

公共投资和私人投资

早在重商主义时期，法国就有了通过政府公共投资干预经济的想法，斯密也从市场失灵的角度论述了公共投资的必要性。后来，德国经济学家李斯特认为，国家应优先投资有利于创造生产能力的部门。而真正重视公共投资，并从理论上系统阐述公共投资问题及其重要性的经济学家，还是凯恩斯。在他看来，公共投资和私人投资在扩大就业方面的效果是一样的，不用刻意区分。我认为该看法值得商榷。

公共投资是政府将一部分公共资金用于购置公共部门的资产，以满足社会公共需要所形成的支出，它是政府提供公共物品和服务的基本手段；公共投资一般追求的是宏观经济效益和社会效益，不以投资项目本身的微观效益为标准，不把营利作为唯一的目标。

私人投资以企业或个人为主体，依靠自身的积累和社会筹资进行投资，是为了获取直接的经济效益，追求利润最大化，出发点是企业或个人的微观利益，以营利作为最主要的目标。

即便如凯恩斯所言，公共投资和私人投资在扩大就业方面的效果完全一样，我们也要看到，二者在其他方面的差异其实是很明显的，比如：花自己的钱办自己的事，最经济；花自己的钱给别人办事，最有效率；花别人的钱为自己办事，最浪费；花别人的钱（尤其是公共的钱）为别人办事，最不负责任。另外，扩大公共投资还有可能对私人投资产生“挤出效应”。因为从短期看，社会财富总量是既定的，政府部门占用的资源越多，则私人部门能利用的资源就越少；政府部门通过向公众（企业、居民）和商业银行借款来实行扩张性的财政政策，还会推升利率水平，加剧对借贷资金需求的竞争，导致私人部门的支出减少，从而使财政的扩张作用被部分（或全部）抵消。

总之，大家普遍担忧的事情，是有其合理性的，我们不能忽视。在扩大公共投资问题上我们要谨慎，即便在经济萧条期也不能太鲁莽，否则后遗症会很多、很重，甚至会遭受经济规律的惩罚。因为在封闭环境下，一国经济活动总要受到该国资源供给和市场需求规模的约束，不可能无限扩张产能，否则很容易形成产能过剩。从某种意义上讲，产能过剩比产品过剩的危害更重、更难解决；比较可行的办法也许是对外输出，输出过剩产品和产能，而这很可能加剧国际矛盾和冲突，恶化外部经济环境。

一些西方政府偏好公共投资，还有一个重要原因：它花的不是自己的钱，投资欲望强烈且行动迅速，不用反复思量，在刺激经济方面确实能发挥立竿见影的效果，但副作用很明显。诸多实践表明，政府部门的公共投资往往重当下轻长远，重政治效用轻经济效用，投资效率普遍较低，还存在严重的寻租问题。有的西方政府为了讨好选民以便获得更多选票和连任，竭力扩大投资和消费，提高福利标准，寅吃卯粮，导致政府部门的公共债务负担越来越重，超过公认的警戒线，降低了整个国家的信用等级，反而加重了整个经济体系的系统性风险，逐渐走向衰落。从某种程度上讲，凯恩斯扩大政府职能和公共投资责任的思想，被有选择地利用了，让人感到无奈和悲哀。

第九章
消费倾向：Ⅱ. 主观因素

本章分析了消费的主观因素，认为这些因素变化较小且缓慢，对消费倾向的影响不大。

Ⅰ 对消费不利的动机

【要点】

人们不把收入用于消费的主观动机或目标有八个：谨慎、远虑、筹划、改善、独立、进取、自豪和贪婪。

消费动机是：享乐、短视、慷慨、失算、炫耀和奢侈。

除了个人积累的储蓄，在类似英美的现代工业社会中，也存在大量收入，约占总储蓄量的1/3到2/3。这类储蓄系由中央和地方政府、社会组织和企业公司进行，其动机与个人不同，但相似，主要有四个：进取动机[①]、流动性动机、改善动机、财务上的谨慎动机。有时也存在消费超出收入的动机，例如，用储蓄来提供家庭开支或养老；用借款来支付失业救济金，最好看作是负储蓄。

在本书论述中，除了偶然脱离正题，我们不关心社会改变的长远后果，也不关心长期发展的缓慢作用。就是说，我们把储蓄和消费的主观因素的一般背景当作既定事实。由于财富分配取决于大致为永久性的社会结构，在长期中变动缓慢，可被认为是既定的。

① 有人将“The motive of enterprise”译为“企业动机”；我译为“进取动机”。

【注】

在分析影响消费倾向的主观因素时，作者假设总收入不变、客观因素不变，这是典型的短期分析，我们可以借鉴这种分析方法，但不宜将这种从短期分析中得出的政策长期化。

另外，即便经济体制和组织是既定的，但政府是更迭的，现任政府通常会否定前任政府的决策，不同政府的储蓄、投资和消费取向差异较大，比如大萧条后美国胡佛政府和罗斯福政府的政策就明显不同。因此，在分析公共部门的消费倾向时，我认为需要引入制度变迁这个因素，要重视不同政府政策主张的变化及其代表的利益集团的政治诉求的差异。

我们还要看到，一个国家的财富分配方式通常是由其政治制度和社会结构决定的，短期内比较稳定，但不是绝对不变，我们不能拘泥于凯恩斯的判断。当一国经济停滞不前或矛盾激化时，即便不采取革命等极端方式，也可以通过体制和机制改革，比如消除现有经济体制的积弊，调整收入分配机制，转变生产资料占有方式和生产经营方式等，来提高劳动者的积极性，释放制度红利，进而提高个人、企业乃至整个社会的资源配置和使用效率。我把以上内容也纳入“富强经济学”的分析框架。

Ⅱ 利率改变对消费和投资的影响

【要点】

综上所述，改变消费倾向的主观和社会动机变动迟缓，而利率和其他客观因素变动的短期影响又居于次要地位，我们的结论只能是：消费的改变主要取决于收入的多寡，而不取决于既定收入下消费倾向的改变。

【注】

消费主要取决于收入，与收入水平呈正相关；消费倾向的改变很缓慢，可以看成是稳定的因素。

【要点】

利率的温和改变对消费倾向的影响通常很微弱。这并非意味着利率的改变对实际储蓄量和消费量仅具有很小的影响。事实恰恰相反。利率的改变对实际储蓄量的影响非常重要，但其影响的方向与通常设想的相反。原因是：利率上升会减少现实中的总储蓄量，因为利率上升会减少投资，而收入的下降在绝对量上会大于投资的下降。

［下面内容概括为：］利率上升时，储蓄和消费二者都要减少；减少总储蓄量；使收入降低。

只有在收入不变时，利率上升才能诱导我们进行更多储蓄。

我们越是有德行，越是节约，国家和个人的财务越是坚持正统，那么，当利率相对于资本边际效率上升时，我们的收入就下降得越多。

【注】

利率轻微改变对消费倾向的影响较小，但不是说利率变动对储蓄和有效需求的影响很小。恰恰相反，利率上升的害处很多，它抑制投资，使收入下降，最后减少总储蓄量。

【要点】

美德和罪恶都不发生作用。资本边际效率既定时，一切取决于利率有利于投资的程度。

【注】

在这一节，作者先引入了第四编的论点。

由于消费倾向变化不大，投资对国民收入和就业起到决定性作用，而利率对投资影响很大，并呈负相关。至于谨慎、远见、筹划、改善、独立、进取、自豪和贪婪等，不管它们是美德还是罪恶，都不起作用。因此，我们要尽力降低利率，扩大投资，进而增加总消费量，促进就业。

【要点】

古典学派之所以颂扬节俭，因为他们暗中假定：利率总是被控制在能维持充分就业的水平。

【注】

该假设不成立，因为利率和充分就业不是并行不悖的，而是相互抵触的，利率很可能处在高于充分就业的水平上。

【评论17】

凯恩斯的“节约悖论”

古典学派坚持节俭是美德，是储蓄和资本的来源，比如斯密就认为：“资本增加的直接原因，是节俭，不是勤劳。诚然，未有节俭以前，须先有勤劳，节俭所积蓄的物，都是由勤劳得来。但是若只有勤劳，无节俭，有所得而无所贮，资本绝不能加大。”① 他还认为：“节约可以增加社会资本，奢侈可以减少社会资本。”② 因此，要反对奢侈，倡导节俭，实现资本积累，增加物质生产，进而使整个社会受益。

而凯恩斯反对节俭和储蓄，提出“节约悖论”（Paradox of thrift），认为节制消费增加储蓄，对个人来说是好事，但消费的减少会增加失业，对全社会来说，却是坏事。他认为：“无论什么时候你节省了5先令，你就要使一个人失去一天的工作。节省5先令，可以扩大失业到一人一天的程度”③。

“节约悖论”的逻辑是：节约导致有效需求不足，需求不足导致经济增长减速，经济减速又导致贫穷，最终导致节约的手段和目的相违背。“节约悖论”不是凯恩斯的原创，大体可追溯到“曼德维尔悖论”——即私欲的“恶之花”结出公共利益的善果。曼德维尔还认为：“挥霍者却是对整个社会的赐富，除了挥霍者之外，不会伤害其他任何人。”④

其实，不仅在西方，在我国古代也有反对节约、支持奢侈的零星思想。比如，春秋时期的管子就提出“俭则伤事，侈则伤货”⑤，“富者靡之，贫者为之”⑥；战国时期的荀子反对墨子的“苦节”，认为“墨子之节用也，则使天下贫”⑦ 等。他们的本意是鼓励富人奢侈浪费，促进经济发展，从而多为穷人提供一些生存机会。当然，他们所说的奢侈，主要限于奴隶主、地主和统治者，

---

① 斯密．国富论（郭大力/王亚南译）［M］．北京：商务印书馆，2015：319.
② 斯密．国富论（郭大力/王亚南译）［M］．北京：商务印书馆，2015：327.
③ 凯恩斯．预言与劝说（赵波等译）［M］．南京：江苏人民出版社，1998：150.
④ 曼德维尔．蜜蜂的寓言（肖聿译）［M］．北京：中国社会科学出版社，2002：80.
⑤ 出自《管子·管马》。
⑥ 出自《管子·奢靡第三十五》。
⑦ 出自《荀子·富国》。

带有浓厚的等级消费观念。

凯恩斯信奉奢侈有利，浪费有功，节俭有弊，即“勤俭并非人类主要美德”，并付诸日常生活和行动中。1934 年，美国杜克大学的胡佛教授曾与凯恩斯共进晚餐，他回忆到，凯恩斯用胳膊将两三条毛巾扫到地板上，胡佛不解，凯恩斯开玩笑说：“我确信与你非常谨慎地避免浪费相比，我对美国经济更加有用，因为通过弄乱这些毛巾，可以刺激就业。”①

我认为凯恩斯的节俭观不恰当，他反对节俭的主张顶多适用于特殊时期，而不适用于常态。按其逻辑，弄脏毛巾甚至毁坏（比如烧掉）毛巾，要比弄乱毛巾更能促进就业，前提是生产毛巾的各种要素大量闲置且不存在“瓶颈”。另外，还要看是谁弄乱毛巾。如果是富人弄乱毛巾，然后雇用穷人整理，偿付穷人的服务，能扩大就业。如果是穷人弄乱毛巾后自己整理，这种行为虽然能让穷人有事干，但由于穷人不能偿付自己的劳动，则不能扩大就业。这是典型的利益均沾观②：富人消费投资，刺激经济发展，最终惠及穷人，如水之向下“涓滴”（trickle down）。如果该逻辑成立，那么，即便是弄乱毛巾，富人对经济的贡献都比穷人大。从某种意义上讲，信奉“节约悖论”和信奉“抽烟能为国家税收做贡献”很类似。

另外，“节约悖论”顶多适用于萧条期，从长期、动态经济增长的角度看，人们量入而出积累储蓄，然后扩大各种投资，能够不断增强整个社会的长期生产能力，保障经济持续增长。反之，如果人们为了眼前的短暂繁荣而大肆挥霍，将缩小储蓄，降低整个社会的储蓄率，既无法为企业投资提供充足的资金来源，也无法保证大规模的公共投资，不仅会抑制未来经济增长，甚至面临经济停滞的风险。

其实，人类活动的长期实践早已证明，注重节约符合经济学的基本原理，不仅有利于家庭稳定、保护环境、维护社会和谐，还能优化资源配置效率，维护社会长期安定。而凯恩斯反对节约，崇尚奢靡和浪费，是只看到浪费的经济效果，未看到环境和社会效果；只看到浪费的短期效果，未看到长期效果；只

① Calvin B. Hoover, “Keynes and the Economics System”, Journal of Political Economy 56 (October 1948), 397.

② 利益均沾观又称“涓滴效应”，大萧条时美国幽默作家威尔·罗杰斯说：“把钱都给上层富人，希望它可以一滴一滴流到穷人手里。”

看到浪费的局部效果，未看到全局效果；顶多适用于生产严重过剩的发达国家，不适用于普通国家。

凯恩斯已去世近 80 年，但他的“节约悖论”却像幽灵一样影响着世人，是典型的“死人抓住活人”。那些被凯恩斯幽灵抓住的人，一有机会就搬出“节约悖论”，鼓吹铺张浪费和奢靡之风，甚至影响了一些政府的决策，危害不浅。因此，我们有必要全面深入地剖析《通论》，认识到凯恩斯经济理论（比如“节约悖论”等）的局限性，牢记“历览前贤国与家，成由勤俭败由奢”① 的古训，更加理直气壮地倡导节约，反对铺张浪费。

须知道，节俭才是伴随人类文明进步的一个永恒主题，是大多数国家摆脱贫困、走向富强和长治久安的基本保障。

---

① 出自李商隐《咏史》。

第十章
边际消费倾向和乘数

消费主要由边际消费倾向和总收入决定。边际消费倾向 $t=\frac{dC}{dY}$，投资乘数 $k=\frac{dY}{dI}$，则 $t=1-\frac{1}{k}$。结论是：当总投资增加时，总收入的增量将是投资增量的 k 倍，能带动整个经济增长。

【要点】

在既定条件下，可在收入和投资之间建立一个固定比例，将其称为乘数。

乘数的概念由卡恩先生首先引入经济理论，用来估计净投资增量和由此引起的总就业量增量之间的数量关系①。

【注】

凯恩斯的乘数是投资乘数，卡恩的乘数是就业乘数，要注意二者的区别。

【评论 18】

乘数原理的发展

中国人民大学经济学院方福前教授认为，在凯恩斯和希伯特·亨德森合写的小册子——《劳合·乔治能做到吗?》（1929 年）中，他提出的“一笔政府投资能提供多少就业量”，就已包含乘数的思想②。当时，英国自由党和凯恩

① 援引卡恩在《经济学杂志》上发表《国内投资和失业之间的关系》（1931 年 6 月）。

② 方福前. 对《凯恩斯乘数理论研究》一文的补正［J］. 吉林财贸学院学报，1985（1）：24－29.

斯认为，在公路建筑上花费 100 万英镑，能解决 5000 人就业，其中 2000 至 2500 人是直接就业；而英国工业调动局认为，花费 100 万英镑只能解决 1350 名非熟练劳动者就业。凯恩斯认为，工业调动局之所以低估一笔投资所增加的就业量，是因为他们忽视了“被直接雇佣在筑路上的熟练劳动和制造筑路材料的全部间接就业”①。他们不懂得：“道路建设引起对公路材料的需求，对材料的需求引起对劳动和其他商品的需求，后者也引起对劳动的需求……对一套衣服的需求意味着对布的需求，对布的需求包含对纱和毛条的需求，而这又包含对羊毛的需求。”② 此外，他还认为“更大的贸易活动会导致进一步的贸易活动，因为繁荣的力量的作用具有累积效用”，这也是乘数的思想。

即便如此，卡恩最先提出乘数（multiplier）这个概念，并对乘数思想做了正式的数学说明。卡恩认为，如果英国政府举债 5000 万英镑，用于修建道路，会直接创造 25 万个工作岗位，但当这些工人和道路修建的原材料供应商支出这 5000 万英镑时，他们会导致其他生产者扩大产量，雇佣更多的人。卡恩的方程表明，在第二级效应发挥作用之前，会有另外 15 万人或更多的人就业。这是对乘数思想比较完整、清晰的表述。

经济学的发展是一个继承与批判的过程。凯恩斯发展了卡恩的就业乘数，提出投资乘数，并使之成为《通论》的重要理论支撑。汉森和萨缪尔森（1939 年）又发展了凯恩斯的投资乘数，提出乘数—加速数理论模型，试图将内外因素结合在一起解释经济周期波动。萨缪尔森建立的经济运行的动态方程是：

$$\begin{cases} Y_t = C_t + I_t + G_t \\ C_t = cY_{t-1}(t = 0,1,2,\cdots) \\ I_t = \dfrac{a}{c}(C_t - C_{t-1}) \end{cases}$$

其中，Y_t、C_t、I_t、G_t 分别为总收入、总消费、总投资和政府支出。萨缪尔森将政府支出 G_t 设定为常数，从长期看，政府支出将维持在一个均衡水平，$G_t = G$。c 为边际消费倾向，α 为加速数，K 为资本存量，加速数表明资本存量增加量和国民收入增加量之间的关系，公式为：

---

①② 方福前．论凯恩斯思想转向《通论》的原因［J］．中国人民大学学报，1997（6）：1－6.

$$\alpha = \frac{\Delta K}{\Delta Y}$$

萨缪尔森等认为国民经济中投资与产出互相作用，并存在倍增或倍减的关系，投资或其他需求项目（如政府支出）的变动会通过乘数作用影响国民收入，而国民收入的变动又会通过加速原理来影响投资。正是这种乘数与加速数的相互交织的作用，使经济形成周期性波动。如果让经济本身的力量自发调节，周期性波动就是正常的；要想缓解或消除这种周期性波动，就必须引入政府的力量干预经济。这相当于既发展了凯恩斯的乘数原理，又从另外一个角度论证了政府干预的合理性。

I　边际消费倾向和乘数

【要点】

以工资单位衡量的收入（Y_w）被当作实际收入变动的实用指标。Y_w 的增减比例一般大于实际收入的增减比例。

C_w 是用工资单位衡量的消费。

$\Delta Y_w > \Delta C_w$

边际消费倾向 $= \frac{dC_w}{dY_w}$

$\Delta Y_w = \Delta C_w + \Delta I_w$

ΔC_w 和 ΔI_w 分别是消费和投资的增量，因此：

$\Delta Y_w = k\Delta I_w$

$\left(1 - \frac{1}{k}\right)$就是边际消费倾向。

称 k 为投资乘数：当总投资增加时，收入增量等于 k 乘以投资增量。

【注】

在消费倾向理论基础上，我们可将乘数原理的经济含义归结为：投资变动给国民收入带来的影响，要比投资变动本身更大，这种变动往往是投资变动的倍数。通过乘数原理和计算公式，我们可估算出国民收入增量（ΔY）与投资增量（ΔI）之间的数量关系。

Ⅱ　乘数对就业量的作用

【要点】

卡恩的乘数：如果投资的增量 ΔI_w 所导致的投资品行业的初期就业量为 ΔN_2，那么，总就业量的增量 $\Delta N = k'\Delta N_2$；称 k' 为就业乘数。

一般说来，$k \neq k'$。因为需求增量引起的就业量增量，在各个行业中引起的增量比例是不相同的。为了阐明基本观点，先讨论简单情况，令 $k = k'$。

【注】

这里所说的“需求增量”主要是指投资增量，因为投资构成需求的一部分，而凯恩斯在这里所论述的是增加投资量所引起的后果。他假设：所有行业的总供给函数和投资品行业的总供给函数的变动大体相同，通过一系列推导可得出：

$$\frac{\Delta Y_w}{\Delta N} = \frac{\Delta I_w}{\Delta N_2}$$

从而：$k = k'$

问题是上述假设不成立，因为消费品需求变动的比例和投资品需求变动的比例会有很大不同，消费品需求的变动会引起消费品行业（或部门）利润的变动，利润的变动会使 Y 和 Y_w 都有较大的变动，然而利润的变动却使 ΔN 变动较小，因此：$k \neq k'$。

【要点】

如果人们愿意消费掉其收入增量的9/10，那么，乘数 $k = 10$；假设其他投资项目不减，（例如）增加公共工程所导致的总就业量，便是公共工程所提供的初期就业量的10倍。

【注】

这里的数量都按工资单位衡量。在经济萧条时，私人部门不愿投资，扩大公共投资不会抑制或排斥私人投资，还能发挥乘数作用，带动更多私人投资和就业。

【要点】

在战争时期，人们受宣传影响而减少个人消费。只有在这种场合，增加投资行业的就业量才会减少消费行业的就业量。

【注】

这是一种极端情况，因为战争会使需求极度扩张，导致供给不足；还会使人们的消费倾向发生巨大变化。而这会使整个产业结构发生巨大变化，导致前面论述的、在既定经济制度下的乘数理论无法成立。

【要点】

乘数告诉我们，就业量应该增加多少，才能使他们实际收入的增加大到足以诱使公众进行必要的额外储蓄；而且，乘数是公众心理上的消费倾向的函数。

投资的就业量增加，必然推动生产消费品的行业从而导致总就业量增加，而增加的总就业量是投资本身所造成的初期就业量的数倍。

如果边际消费倾向的数值接近1，那么，相对微小的投资就能实现充分就业。[注：此时非自愿失业容易解决。] 如果边际消费倾向的数值接近0，那么，要想实现充分就业，就需要投资的大量增加。这时，就业量会维持在低水平，除非施加最猛烈的治疗。

现实中，边际消费倾向处于两个极端（0和1）之间，比较偏向于1。

在到达充分就业后，不论边际消费倾向如何，任何进一步投资增加的企图都会使价格无休止地上升；即：我们已经进入真正的通货膨胀状态。然而，在到达该状态之前，价格水平随着总实际收入的增加而上升。

【注】

乘数理论研究的是投资变化与收入变化之间的关系：在既定的边际消费倾向下，当总投资增加时，国民收入和就业的增量将是投资增量的 k 倍，这个 k 就是投资乘数，是一个用来描述投资增加使收入增加到什么程度的系数。

【评论19】

凯恩斯投资乘数原理的不足

凯恩斯在边际消费倾向的基础上提出投资乘数原理，通过该原理，他得到了国民收入与投资量之间的数量关系。他还认为公共投资与私人投资的乘数作用相同，都能扩大就业。

投资乘数原理是《通论》的核心内容之一，凯恩斯非常重视，但该原理的适用需要诸多假设前提，比如生产普遍过剩，大量资源闲置，失业问题严重等，否则很难成立。另外，即便经济中大部分资源没有得到充分利用，但如果某一种或几种重要资源处于“瓶颈状态”，也会限制投资乘数作用的发挥。因此，我们在借鉴投资乘数原理时，不宜盲目模仿，需要分清场景，同时注意以下几个方面的问题：

1. 投资乘数原理描述的是经济活动的连锁反应，其实，不仅投资具有乘数效应，消费也具有乘数效应和连锁反应，比如居民烧饭需要买粮食、肉蛋和蔬菜等，做衣服需要买布、针线和纽扣等。所以有专家认为，乘数效应不是通过边际消费倾向，而是通过生产消耗的消耗系数来实现的①，我认为有道理。

2. 投资乘数原理要成立，它有一个假设，即边际消费倾向递减，不能等于1，否则投资乘数会无穷大。而当今的情况是，随着信用卡透支等行为的加剧，边际消费倾向不仅有可能等于1，甚至会大于1。在这种情况下，投资乘数原理就很难成立了。

3. 在市场经济中，富人该拥有的都有了，消费需求不足，这是事实，但富人毕竟是少数；占人口绝大多数的普通老百姓的消费需求旺盛，但他们受收入限制，购买力严重不足，甚至连很多生活必需品都买不起，因此，边际消费倾向递减规律不适用于穷人，尤其不适用于穷人的心理状况。而凯恩斯身处上流社会，往来无白丁，平常交往的大多是高级知识分子②，几乎不与底层的老百姓打交道，导致他看到的主要是企业家和富人的心理情况，并将这些人的心理情况当成全社会的情况，肯定存在严重偏差，不能准确反映整个社会（尤其是普通民众）的消费心理和消费情况。

4. 凯恩斯的乘数原理假定资本主义制度不变，并建立在主观的心理分析基础之上，逻辑不够严密，将“人类天性”作为经济理论支柱，我认为不仅

① 钱伯海．对投资乘数理论的质疑［J］．宏观经济管理，2001（6）：36－40.

② 凯恩斯的妹妹从事慈善事业，妹夫获得诺贝尔生物学奖；弟弟是医生，剑桥大学荣誉院士。

牵强，也很难让人信服。凯恩斯局限于总量分析，只看到收入影响消费的现象，却没有揭示影响消费和收入的根源是分配制度，是人们在社会生产中的相互关系。所以，他不可能从根本上揭示收入分配和消费的结构差异，也不愿面对资本家和工人阶级对立的事实，只是笼统地称“公众”与“居民”，“富人”与“穷人”，没有触及资本主义的根本矛盾和问题。当然，还有一种可能：凯恩斯看到了，但巧妙地回避了。

5. 从投资乘数原理出发，凯恩斯得出的诸多结论不合乎常理，比如战争、地震等大破坏可以解决失业问题等等，看上去既荒谬又不近人情，值得我们反思。凯恩斯建立的理论体系从逻辑推理上看，好像很严密，但不一定符合现实。我认为最根本的原因是：凯恩斯所依据的投资乘数原理是从边际消费倾向递减等心理因素（或规律）出发的，是主观的、唯心的，看起来很新颖，但由于不是从客观事实出发，缺乏扎实、全面的现实数据做支撑，造成投资乘数原理基础不牢，经不住现实的检验。

常言道：人心深，海底针。人的心思飘忽不定，很难把握，更不要说度量了。而凯恩斯将极其不稳定的心理因素作为理论根基，不仅使其理论根基不牢，论述云山雾罩，还得出诸多不靠谱的、玄幻的结论，让读者费解。这是《通论》的缺憾，而一些经济学者却沿着这条道走下去，越陷越深。

Ⅲ 投资量改变

【要点】

［注意公共工程的抵消作用,］新政策可能对别的方面投资产生不利影响：

（i）对公共工程的金融支持，以及由于就业量增加和价格上涨所造成的周转现金的增加，可使利率上升，从而阻挠其他投资。与此同时，资本品成本的增加会减少私人投资者的资本边际效率，这也要求利率的实际下降来抵消。

（ii）政府方案通过它对“信心”的影响，可以增加流动性偏好，或减少资本边际效率，可能妨碍其他投资。

（iii）在一个具有对外贸易的开放经济体系中，增加投资的乘数的一部分作用，被消耗于提高外国就业量，因为一部分消费增量会减少本国的贸易顺差……另一方面，通过乘数作用在外国引起的经济活动的增加，会对本国产生有利反响，回收一部分溢漏。

【注】

收入增加的部分用于购买进口货，将提高外国的就业量，即产生公共投资的溢出效应。一个经济体越开放，其投资的溢出效应越强。比如国际金融危机爆发后，中国政府于2008年11月推出了进一步扩大内需、促进经济增长的一揽子计划，即“四万亿计划”。那些投资不仅拉动了国内经济增长，还为世界经济复苏做出了重要贡献。到2009年，中国全年实现进口10056亿美元，全年贸易顺差同比减少1020亿美元，降幅高达34%，承受着莫大的经济下行压力，却给其他国家提供了大量就业机会。

【要点】

还要考虑投资大量变动对边际消费倾向的影响，必须计入乘数的变动，因为当就业量增加时，边际消费倾向趋于减少。

除了这个通则，其他原因在于：首先，由于在短期中收益递减的作用，就业量的增加趋于增加企业家在总收入中分摊的比例，而企业家的边际消费倾向很可能小于整个社会的平均值。其次，在某些私人和公共部门中，失业的存在很可能导致负储蓄，因为失业者或依靠自己或亲友的储蓄，或依靠部分资金来自贷款（loans）的公共救济，以维持生活。其后果是：失业者的再就业会逐渐减少这些特殊的负储蓄，从而减少边际消费倾向。

【注】

我们要注意负储蓄（negative saving）的不良后果。

当某经济体在其生命周期中收入波动比较大时，受最低消费的约束，当期消费超过当期收入的可能性将增加，发生负储蓄的概率也将增加。从个人角度看，长时间负储蓄且没有能力偿还，会透支个人信用，损害个人声誉，降低信用等级。从居民角度看，负储蓄是一种负债行为，没有足够的家庭储备资金，如果遭遇突发风险，就没法抵御，给家庭生活造成不便。从宏观角度看，如果负储蓄成为大多数人的常态，寅吃卯粮，会造成整个社会的信用膨胀，加大货币和金融市场的混乱和风险，降低整个国家的信用等级，对经济长期增长不利。

在一些国家，低收入阶层在负储蓄，高收入阶层的储蓄却在增加，这样，高收入阶层就成了低收入阶层的重要债权人，致使一部分居民的消费主要靠债务来支撑。长此以往，必定拉大居民的收入差距，影响社会稳定。

【要点】

［假设有两国,］一国对外贸易额占很大比重，而失业救济金又主要来源于政府举债（例如 1931 年的英国）；另一国两个因素都不那么突出（例如 1932 年的美国），又假设两国的投资量变动相同，则由此而引起的就业量变动，在前者较小，在后者较大，而且相差还比较大。

【注】

一个经济体投资乘数大，就会有更多的资金转为投资，投资越多，资本积累越多，则产出就越多，经济增长更快，往往表现得更有活力，能创造更多就业机会。在 20 世纪 30 年代，英国投资乘数远低于美国，这也从一个侧面反映：此时英国的经济增长动力已明显落后于美国。

Ⅳ 难以预测的事件对就业量的影响

【要点】

投资品行业的产量变动，显然只能在一段时间后才能对就业量产生全部作用……资本品行业扩张的后果具有时滞，一段时间后才能逐渐发生作用。

【注】

要考虑投资的时滞因素。投资时滞是从进行投资到其在生产中发挥作用之间的时间间隔。时滞是由投资的技术、经济特征决定的。过去的投资有可能在今年见效，今年的投资部分在当年见效，部分在今后的年份才能见效。

【要点】

资本品行业的扩展，在一段时间中会造成一连串时期中的一系列总投资增量，以及一连串时期中的一系列边际消费倾向的数值。

预料不到的改变只能在一段时间后，才能发挥出它对就业量的全部作用，这一事实在某些场合很重要——特别是在经济周期的分析中。……除非消费品行业的运营已达到生产能力的极限，否则要增加产量，就必须增添厂房设备，而不仅仅较为集约化地使用现有的厂房设备，那么就有理由认为：在一个短暂时期后，消费品行业的就业量会和投资品行业的就业量同时增长，而乘数则大致按其正常数值发挥作用。

【注】

投资品行业和消费品行业的投资乘数是不一样的，但在经济萧条时，这两个行业的生产能力都严重过剩，扩大投资会拉动它们的乘数同步增长。

V 储蓄、收入和富裕社会

【要点】

边际消费倾向越大，乘数越大，从而在既定投资变动下，就业量受到的影响也越大。这似乎会得出矛盾的结论：与储蓄占比较大（乘数较小）的富裕社会相比，储蓄占比较小的贫穷社会的乘数较大，波动也更猛烈。

【注】

扩大投资对增加贫穷社会的就业量有很大帮助，但经济波动也很猛烈。这里所说的经济波动主要是指就业量的波动。

【要点】

上述结论忽视了边际消费倾向和平均消费倾向作用的区别。虽然对一定量的投资变动的比例，高数值的边际消费倾向，一定会引起较大的相对影响。但如果平均消费倾向也很高，那么，绝对影响还是很小。

［经过一系列计算，作者的］结论是：乘数的值在贫穷社会较大，但在富裕社会，投资在产量中所占比重，要比贫穷社会高很多；因此，投资波动对就业量的影响，在富裕社会中会［比贫穷社会］大很多。

【注】

总需求量变动的比例和投资量变动之间的比例是：

$$\frac{\frac{\Delta Y}{Y}}{\frac{\Delta I}{I}}=\frac{\Delta Y}{Y}\times\frac{Y-C}{\Delta Y-\Delta C}=\frac{1-\frac{C}{Y}}{1-\frac{\mathrm{d}C}{\mathrm{d}Y}}$$

随着财富增长，$\frac{\mathrm{d}C}{\mathrm{d}Y}$会减少，但$\frac{C}{Y}$也会减少。由此可见，式子中的分数的增加或减少，取决于消费增减的比例是小于还是大于收入的增减比例。

【要点】

当失业问题严重时，增雇公共工程项目的人员对总就业量的影响，比几乎达到充分就业时要大很多。

【注】

从20世纪20年代开始，凯恩斯与英国自由党领袖劳合·乔治[①]走到一起，主张通过公共工程计划，比如修建道路、建设廉租房、改良电话和电力网络等，来解决大规模失业问题。劳合·乔治声称：他的规划可以创造60万个工作岗位，其成本2.5亿英镑可以通过发行债券来支付。凯恩斯则通过发表《劳合·乔治能做到吗?》予以支持，并力图证明：公共工程能有效增加就业，赤字预算能减少失业而不至于引发通货膨胀。

除了上述经济目标，从政治上看，乔治和凯恩斯提出的公共工程计划可以赢得更多劳动者的支持和选票，能削弱新成立的英国工党和工会的影响。由此可见，经济是政治的基础，二者历来都是相辅相成的，很难严格分离。凯恩斯的主张具有很强的政治性，有些就是为他支持的英国自由党服务的。

【要点】

当失业问题严重时，储蓄在收入中占比较小，那么，仅从节约救济资金支出考虑，即使是那些效用成疑的公共工程项目也值得一次又一次推行。但接近充分就业时，推行这些项目就值得争论了。

【注】

当失业严重时，可以多搞一些公共项目。即便是那些效用成疑甚至为负的公共项目也值得搞，政府不要有太多顾虑，可大胆作为。

① 劳合·乔治是英国自由党政治家，1916年至1922年领导英国战时内阁。

【要点】

[根据库兹涅茨的统计，作者] 推算美国的投资乘数稳定在2.5左右，意味着边际消费倾向不至于超出60%到70%的范围。该数值在经济繁荣时期固然还说得过去（plausible），但按我的判断，在经济萧条时期则低到令人难以置信。……在美国，与1929年相比，1932年的投资量下降了75%以上，而净"资本形成"则减少95%以上——这些估计数字的轻微变动就能对乘数的数值造成相当大的差异。

【注】

凯恩斯意识到：美国的投资乘数不大，可能是因为统计数字夸大了投资的下降。在当时，受《通论》的影响，人们尝试估算乘数，比如科林·克拉克估计乘数介于1.5和2.1之间；米哈尔·卡莱斯基估计乘数约为2.25①。

Ⅵ 举债支出和开金矿等

【要点】

当非自愿失业存在时，劳动的边际负效用必然小于边际产品的效用，甚至小很多。对于一个长期失业者，一定量的劳动不仅没有负效用，也许还有正效用。

【注】

劳动的边际负效用是指随着劳动时间投入的不断增加，产生的效用反而减少。当劳动时间达到某个点后，劳动是烦人的、痛苦的，无法享受闲暇时的愉悦。劳动负效用对普通劳动者是存在的，但对于长期失业者而言，劳动不仅没有负效用，还有正效用，因为劳动得到社会认可后，不仅能获得收入，还能让劳动者有社会归属感和自豪感。

【要点】

浪费式的举债支出在得失相抵后，还是可以增加社会财富。如果政治家受

---

① 哈里·兰德雷斯．经济思想史（第四版）[M]．北京：人民邮电出版社，2014：470.

古典学派影响太深，想不出更好的办法，那么，造金字塔、地震甚至战争等也可以增加财富。

在地下挖洞，号称采金，不增加真正财富，会引起劳动的负效用，却是所有解决办法中最容易被人们接受的。

挖洞总比什么都不做要好。

【注】

作者在这里举了一个例子，如果财政部把钞票装到酒瓶中，然后把这些酒瓶埋在废弃煤矿中，再用垃圾把这些煤矿填满，然后根据自由竞争的原则，允许私人企业把这些装有钞票的酒瓶开采出来。按照作者的逻辑，反复进行这样的活动，看起来是一种浪费，却可以解决失业问题。该设想听起来很荒唐，最主要的问题是忽视了供给侧的约束。这种行为既不能创造新财富，又不能增加一国的福利，而凯恩斯却堂而皇之地提倡，这也从一个侧面反映：他的投资乘数原理有问题。

凯恩斯甚至认为“战争也可以起到增加财富的作用”。按照他的逻辑，对外搞侵略不仅能增加就业，还能从外部掠夺财富，增加侵略者的福利，这岂不是比挖洞的效果更好?

问题是，战争虽然能扩大就业量（比如征兵），大幅增加军费支出，甚至会形成财政赤字，但这种统计数字上的就业和收入增加有意义吗？是否考虑过受害者的感受？是为帝国主义对外侵略唱赞歌、找依据吗？我们换位思考，如果是英国被侵略、被掠夺，那么，天才睿智的凯恩斯还会笃信他的投资乘数原理吗?

【要点】

挖洞和开采金矿是相仿的。经验表明：在金矿深度适宜开采的时期，世界的财富迅速增加；当适宜开采的金矿很少时，我们的财富就维持不变或下降。金矿对文明具有极大的价值和重要性。正如战争被政治家认为是大量举债支出的唯一正当用途；采金或在地上挖洞，是被银行家认为不违背健全财政原则的唯一活动。战争和开采金矿对人类进步都已发挥作用。相对于劳动和原料，在萧条时期，黄金价格趋于上升，这种上升有助于经济复苏，因为黄金价格上升增加了值得开采的金矿的深度，并降低了值得开采的金矿的级别。

【注】

这里谈到本章的一个思想，即劳动的负效用可以增加社会财富，比如开金矿。当黄金不易开采时，强制要求某些人去开采黄金，会增加社会的总收入，因为能降低失业率。由于找到金矿的概率较低，常常造成大量的投资浪费。不过这没关系，因为社会总收入和就业增加了，消费也就跟上去了。因此，当失业率增加时，政府创造一些看似“无意义”的工作，比如盖了房子再拆掉，此类行动看似会引起劳动的负效用，却可以增加就业机会，比什么都不干强多了。罗斯福新政干的就是类似的事。

凯恩斯在这里又提到战争，他认为战争对人类进步有利，再次为战争站台。这表明，人毕竟是社会人，其世界观和价值观都是在一定社会环境下形成的。比如，“丛林法则”崇尚弱肉强食，在西方源远流长，即便是凯恩斯，作为一名社会精英、高级知识分子和政府高级智囊，都司空见惯，会不自觉地流露出来。而我们中国人受儒释道等深厚文化传统的熏陶，大多崇尚和谐、仁爱、礼义廉耻，且习以为常，并把它作为基本操守，世代相传。这也告诫我们，要注意凯恩斯经济学理论的形成环境和适用的局限性。

【要点】

假设我们受到限制，不能使用增加就业量而又能同时增加有用财富的办法，那么，开采金矿，除了通过增加黄金供给所可能造成的对利率的影响之外，还是一个具有高度现实性的投资形式，原因有二：第一，由于它带有赌博性，可以不太考虑主要利率（ruling rate）而付诸实施；第二，作为开采金矿的结果，增加的黄金存量并不像其他事物那样，使它的边际效用递减。

【注】

黄金多多益善，增加黄金产量几乎不增加黄金的负效用，即：黄金几乎不存在边际效用递减问题，保值性很强。这是黄金与其他商品的重要区别。

在经济萧条期，扩大对黄金开采的投资，受利率约束小，不仅能扩大就业，还不会加重负面效用，因而成为摆脱危机的重要选项，被反复使用。

【要点】

古埃及有双重幸运：建造金字塔和探索贵金属，由于这两种活动的成果不能被消费掉，所以它们不会由于数量丰富而降低其效用。中世纪有造教堂和做道场（sang dirges）。对于死者而言，两座金字塔、两次弥撒带来的好处，要两倍于一座金字塔和一次弥撒。然而，在伦敦和约克之间造两条铁路并非如此。由此可见，我们现在如此理智，把自己训练得像一个谨慎的理财家，以致我们在为后代建造房屋时，都要仔细考虑这样做给后代增添的“财务”负担，从而，我们就没有像古埃及和中世纪那样简便的、避免失业的办法。

【注】

建金字塔、探索贵金属、造教堂、做道场之类的活动，就是让大家都有事干，不仅能减少失业，还能进行社会财富再分配，拉动经济增长。另外，搞那些大型工程和活动就像初始投资，不管有无意义，都能引发次级、连锁和乘数效应，不仅能增加收入、扩大消费，还能分散和疏导老百姓的体力、精力和注意力，对社会稳定有利。

【要点】

私人的“致富之道”运用于国家行为上，失业是不可避免的后果。

【注】

这是一种宏观经济思维，微观、局部上可行的办法，在宏观、整体上往往不可行，微观个体行为的简单加总，有时得不出类似的宏观结论，甚至可能得出相反的结论。因为微观个体的需求有时和宏观需求不一致，甚至是矛盾的。比如，一个企业降低工资，它能通过低价多销来扩大市场，该企业工人购买力的下降也不会对其产生多大影响；然而，如果所有的企业都削减工资，全体工人的购买力将缩小，这时企业就会发现：整个市场需求规模不是扩大了，而是缩小了。再比如，某一农户获得丰收，他的收入会增加；如果所有的农户都大丰收，则农户们的整体收入很可能不是增加，而是下降，即“谷丰伤农”。

凯恩斯的上述思想后来被萨缪尔森继承并发展，后者于1955年提出“合成谬误”（Fallacy of Composition）的概念。通过合成谬误，萨缪尔森强调了与“看不见的手”相左的经济学原理：在社会经济生活中或日常生活中，对个体来说正确的事物或事情，对总体来说不一定正确。其原因是：对个体正确的结论要想成立，那是有前提条件的；而这些前提条件在分析总体问题时，却不一定存在。

由于“合成谬误”问题的存在，政策制定者在出台各种政策时，不仅要考虑某一项政策的独特作用，还要考虑不同政策之间可能存在的相互抵消（或促进）机制，如此，才能提高政策目标的靶向性。

第四编　投资诱导

非自愿失业源于有效需求不足，包括消费需求不足和投资需求不足；前者缘于边际消费倾向递减，后者由资本边际效率和流动性偏好决定。要想增加就业量就必须设法增加有效需求，而短期内消费倾向比较稳定，消费难有大的改善，因此需要扩大投资以减少失业。本编主要论述资本边际效率递减和流动性偏好问题，分析资本的性质以及利息和货币的特性，提出解决有效需求不足的各种方法。

第十一章
资本边际效率

本章的核心是资本边际效率，它是企业家对投资预期收益的看法。只有资本资产的预期收益超过供给价格或重置成本，才能对企业家产生投资引诱。

I 投资和资本边际效率

【要点】

当一人购买一件投资品或资本资产时，他是在购买一系列未来收益的权利；在投资品的寿命限度内，未来收益等于预期投资所带来的产品的收益，减去由于取得产品而支付的费用。这一系列的年收入 Q_1、Q_2……Q_n 称为投资的预期收益。

【注】

预期收益（prospective yield）也称期望收益、未来收益，是指如果没有意外发生，企业家根据已知信息所能预测到的收益。但资产的未来收益通常是不确定的，这种不确定的收益可用概率表示，取加权平均得到的数学期望值就是资产的预期收益。

【要点】

资本资产的供给价格：能诱使制造商生产出相同的资本资产的价格，也称重置成本。

【注】

这里提到的“资本资产的价格”，是相对“现行产出的价格”而言的，这两种价格体系的决定因素有所不同。现行产出的价格主要由消费者偏好、消费者收入、企业的生产成本等因素决定；而资本资产的价格主要由预期利润、预期融资成本、合同规定的支付要求等因素决定，而凯恩斯把流动性偏好看作是资本资产价格的决定因素之一。

重置成本又称现行成本，是指按照现在时点的标准，重新构建同样一项资产所需要的投入。比如，某企业在年末清点资产时，发现一套全新的未入账的设备，该设备一年前的购入价格是 12 万元，而此时同类资产的市场价格为 10 万元，那么企业记账时，就得按重置成本 10 万元来对这套设备计价。

【要点】

资本边际效率①定义为一种贴现率，根据该贴现率，在资本资产的寿命期间所提供的预期收益的现值，恰好等于该资本资产的供给价格。

资本边际效率的定义，涉及资本资产的预期收益和当期供给价格。

在任何时期，随着投资量增加，资产的资本边际效率会递减。

对每种资产，均可建立一张表格或曲线，以表明要想使资本边际效率等于某给定数值，同期需要增加的投资量是多少。把各种资产的表格或曲线加总，便得到一张汇总表或曲线，用以说明总投资量与资本边际效率之间的关系。

投资量会增加到投资曲线的一点，在该点，一般的资本边际效率等于现行市场利率。

投资诱导部分取决于投资需求表或曲线，部分取决于利率。

【注】

资本边际效率（*MEC*）大体是个百分数，可以和利率比较。投资取决于资本边际效率与利率之间的对比关系，三者之间的关系大体如图 4 所示。

在图 4 中，横轴表示投资，纵轴表示资本边际效率和利率，*MEC* 为资本边际效率曲线。*MEC* 往右下方倾斜，表示投资和利率呈反向变动关系：利率越高，投资越小；利率越低，投资越大。

---

① Marginal efficiency of capital，MEC.

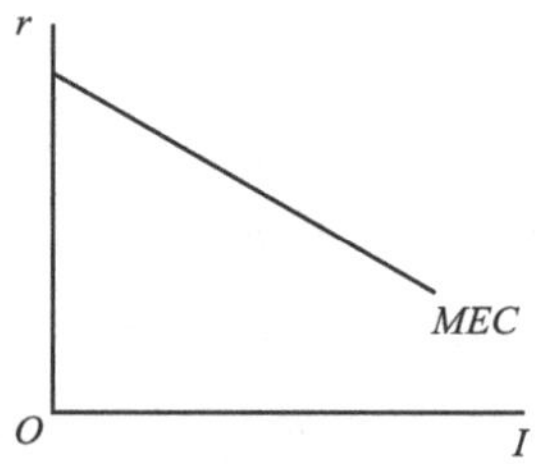

图 4　资本边际效率曲线

资本边际效率在《通论》中占据重要地位，是解释投资、经济周期等诸多经济问题的关键术语，但当代宏观经济学几乎抛弃了这个概念。在现在的经济学文献中，我们很少看到该术语。可能是因为资本边际效率是基于心理预期的，既不稳定又很难度量，听起来很玄妙，可以解释很多问题，却不实用，难以普及。

Ⅱ　对几个概念的辨析

【要点】

资本的边际生产率、资本的边际收益、资本的边际效率、资本的边际效用，是我们经常使用的、熟悉的术语。

【注】

作者认为以上概念含混不清，并批驳了这些概念，以区别于他定义的“资本边际效率”。这部分篇幅不小，读者可大体了解。

【要点】

资本边际效率与利率类似，似乎是一个比例，不是绝对数量。

费雪[①]认为：任何方面的投资数量，取决于超过成本以外的收益率和利率比较的结果。要想诱使新投资，“超过成本的收益率必须大于利率”。

费雪使用的“超出成本的收益率”（rate of return over cost），和我使用的“资本边际效率”，在意义和目的上完全相同。

---

① 欧文·费雪（Irving Fisher，1867－1947）：美国经济学家、数学家，计量经济学先驱，耶鲁大学教授；著作有《利息理论》等。

【注】

在该节，凯恩斯将资本边际效率和其他经济学家的相似概念进行比较，比如马歇尔的“边际净效率”和“资本的边际效用”等，并认为他与费雪的看法近似，即：要想诱导企业家进行新投资，必须使企业家预期投资的收益率高于利率。

费雪和凯恩斯有诸多相似之处，都很重视主观和心理因素。费雪认为利息产生于现在物品与将来物品交换的贴水，它由主观因素和客观因素决定。主观因素就是社会公众对现在物品的时间偏好，让渡现在物品，就必须取得报酬即利息；客观因素就是投资机会，企业家总是选择最好的投资机会，在利润率大于利率时，才进行投资。

此外，费雪和凯恩斯都遭遇过巨大的投资失败。大危机爆发后，费雪的股票成了废纸。当时费雪大量持仓雷明顿兰德公司的股票，该股票在崩盘前的股价为 58 美元，几个月后跌到 28 美元。费雪本应知道杠杆的厉害，但他执迷不悟，借了更多的钱，继续买进，股价很快跌至 1 美元，使投资血本无归。据费雪的儿子估计，损失约为 8 百万至 1 千万美元。最后，费雪连妻子、妹妹和其他亲属的储蓄都赔进去了。耶鲁大学只好把费雪的房子买下来，再租给他住，以免他被债主赶出去。

Ⅲ　决定资本边际效率的因素

【要点】

资本边际效率的重要性源自：它取决于资本的预期的收益，而不仅仅取决于其现行的收益。

通过资本边际效率这一因素，如果人们预期货币购买力改变，就可以影响现在的产量。如果预期货币购买力下降，会刺激投资，从而刺激就业。如果预期货币购买力上升，则具有抑制作用，因为它降低资本的边际效率曲线。

【注】

意思是：增加货币供应量，让货币贬值，压低利率，能刺激投资，增加就业。反之则抑制就业。为了提高资本边际效率，尽量不让货币升值。

【要点】

费雪"增值和利息"理论，区别货币利率和实际利率。从该理论本身的表述，难以理解它真正的意义，因为它未明确指出：货币购买力的改变，是否被假设为事先预料到的。

【注】

费雪理论的缺陷是没有引入预期，没指出市值变化在预料之中，还是在预料之外。预期之所以重要性，是因为它通过影响资本边际效率，进而影响新投资。

【要点】

假设利率上涨与资本边际效率提高的程度相同，那么，对价格上升的预期，不会对产量发生作用。因为对产量的刺激，取决于既定资本存量的边际效率相对于利率的上升。

【注】

这段话的意思是，如果利率和资本边际效率一同上升，且二者相等，此时对价格上升的预期不会对产量形成刺激作用，因此，起决定作用的是资本边际效率，看它和利率的相对关系。即便二者都上涨，但只要资本边际效率的上涨幅度高于利率的上涨幅度，也能促进生产，提高产量和就业量。

【要点】

值得注意的是：如果预期未来利率将下降，那么，它会产生压低资本边际效率表的作用，因为今天机器的产品，在该机器未来的寿命中，必须和以后机器的产品进行竞争。这样，以后所产机器就可以满足较低的收益了。

【注】

之所以会出现资本边际效率递减，从机器设备的角度看：（1）机器设备的供应增加，将导致产品的数量增加，引起产品的市场价格下降，使机器设备的预期收益下降；（2）机器设备供应增加，将引起生产资料价格上升，导致机器设备的生产成本增加。这两个方面都会降低资本边际效率。

【要点】

既定量的资本品的边际效率取决于预期改变。资本边际效率具有相当剧烈的波动，而这种剧烈波动可以解释经济周期。

【注】

用资本边际效率解释经济波动，即便有些道理，也是夸大了预期的作用，我们要理性看待。因为经济人不仅不同质，而且差异很大；企业家的预期高度分散，方向明显不同且相互抵消。经济波动出现极端情况乃至爆发经济危机后，对不同行业、企业和个人影响的差异很大。比如新冠疫情爆发后，航空和旅游业遭遇致命打击，而互联网、物流等行业则迎来了大爆发。不同市场主体到底是什么感受和预期，"如鱼饮水，冷暖自知"①，差异很大，要区别对待，不能一概而论。

与凯恩斯不同，马克思是从利润率下降的趋势来分析经济周期，他认为："在劳动剥削程度不变甚至提高的情况下，剩余价值率会表现为一个不断下降的一般利润率。因此，一般利润率日益下降的趋势，只是劳动的社会生产力的日益发展在资本主义生产方式下所特有的现象。……在资本主义生产方式的发展中，一般的平均的剩余价值率必然表现为不断下降的一般利润率。"② 利润率的下降会延缓新的独立资本的形成，从而表现为对资本主义生产过程发展的威胁；利润率的下降在促进人口过剩的同时，还促进生产过剩、投机、危机和资本过剩。资本主义经济危机的原因是生产过剩，它反映了危机的最基本的现象和特征。这种生产过剩不是绝对的生产过剩，而是相对的生产过剩。在资本主义条件下，生产过剩危机不是偶然现象，而是这种制度本身必然产生的结果。

我认为，经济危机与风险紧密关联，是系统性风险积累一定程度，达到一个阈值后，在某些在意外因素的触发下，就会烈火烹油般爆发金融危机，表现为全部或部分经济指标的急剧、短暂和超周期的恶化，并造成严重的损失③。企业家的风险偏好不一样，可分为风险厌恶者、风险喜好者和风险中性者。由于企业家风险偏好的差异，那么遭遇经济危机后，即便是从心理角度看，他们

---

① 出自岳珂《桯史·记龙眠海会图》。

② 马克思．资本论（第三卷）［M］．北京：人民出版社，2018：237.

③ 高伟．国际金融危机 40 年解析［M］．北京：中国发展出版社，2018：226.

也不可能一起崩溃。越是在经济困难时期，越考验企业家应对风险的胆量和发现利润的眼光。在这个过程中有淘汰者，也有胜出者，胜出者可能形成联合垄断甚至是寡头垄断。

总之，人们都经历过经济危机，对萧条和繁荣的体会不同，对经济周期和危机会形成很多种看法，凯恩斯的看法只是其中一种。各种看法或许都有道理，但可能都不全面，都不是真理，难分优劣。这可能是凯恩斯如此重视资本边际效率，而该术语却没有得到广泛认可和使用的原因之一吧。

Ⅳ　影响投资的风险

【要点】

影响投资数量的两类风险：

一是企业家或借款者的风险，来自企业家或贷款者对他自己期望的未来收益的可获得性持怀疑态度。如果一人用自有资金进行投资，则只需考虑此类风险。

二是放款者风险，起因于道德风险造成的损失，或担保品不足。

还可能存在第三种风险，即由于币值反向变动，使货币贷款（money - loan）不如持有不动产安全。[注：这类风险对放款者不利。]

在繁荣时期，人们不免轻率，往往对借款者风险和放款者风险都做出异乎寻常的低估。

【注】

经济形势好时，人们往往盲目乐观，风险偏好上升，倾向大量融资和投资。

本章分析影响投资的风险时，提到一个重要经济问题——道德风险，在第十五章又提及，但均未深入研究。

【评论 20】

道德风险

道德风险（moral hazard）由来已久，早在 1802 年，桑顿就在金融领域使用道德风险概念，到 19 世纪末，英国保险公司已广泛使用这个概念[①]。凯恩

① 高伟. 金融危机救助指引［M］. 北京：中国财政经济出版社，2019：169.

斯担任人寿保险公司的董事长，肯定很熟悉道德风险，便将道德风险这个概念引入宏观经济学分析框架中，当时主要是指“故意赖账或其他可能是合法的逃脱之计来逃避债务”，也可能是由于缺乏足够担保而“造成的对债务的非自愿性的赖账”，涉及面比较窄，也没有深入分析。

现在所说的道德风险，按照《新帕尔格雷夫经济学大辞典》的定义，是指从事经济活动的人在最大限度增进自身效用的同时，做出不利于他人的行动，或者当签约的一方不完全承担风险后果时，所采取的使自身效用最大化的自私行为。

从信息经济学的角度看，在交易中交易双方的信息不对称是很普遍的，信息不对称会产生两个问题：一是逆向选择，二是道德风险。交易之前发生的信息不对称问题是逆向选择（adverse selection），例如身体不大健康、平时老爱生病的人，会更积极地购买健康保险。道德风险则发生在交易之后，由于参与市场交易的一方不能观察另一方的行动，或者当观察（监督）成本太高时，一方行为的变化导致另一方的利益受到损害。具体地讲，道德风险存在于下述情况：由于不确定性和不完全的或者有限制的合同，使负有责任的经济行为者不能承担全部损失（或利益），因而他们不承受其行动的全部后果，同样不享有行动的所有好处。在这种情况下，道德风险便成为委托—代理关系中难以克服的顽症。

从新制度经济学的角度看，道德风险属于人类的机会主义行为倾向问题。由于人的有限理性，所有契约都是不完全的，如果交易协约是建立在承诺基础上，那么机会主义行为倾向等问题的存在，使交易协约在未来面临很大的违约风险。

从经济伦理学的角度看，道德风险源于经济人伦理道德的沦丧，造成经济主体缺乏信用观念和契约观念，导致交易行为的功利化和短期化。英国经济学家安德里斯·R. 普林多认为，在20世纪后期，金融领域中的不道德行为已经成为一种普遍现象，这反映出时代精神和金融理论都已成为这些不道德行为的抵押品①。

以上这些分析有助于我们从不同视角观察和理解道德风险问题，认识到道德风险是经济和金融领域的基本问题，很普遍也很难克服，许多经济学理论就

① 安德里斯·R. 普林多. 金融领域的伦理冲突［M］. 北京：中国社会科学出版社，2002.

是在研究和解决道德风险问题中建立和发展起来的①。

V　资本边际效率对经济理论的作用

【要点】

资本边际效率曲线非常重要，因为主要是通过该因素（比通过利率的作用大得多），才能使将来的预期影响现在。……利率主要是当期现象。

经济理论以静态状况（static state）作为假设，使经济理论缺乏现实性，割断今天和明天在理论上的联系。引入使用者成本和资本边际效率后，经济理论又回到现实中。

因为耐久性机器设备（durable equipment）的存在，所以将来和目前在经济上发生联系。人们对未来的预期，通过先影响耐用性机器设备的需求价格，再影响现在。

【注】

作者认为，经济理论如果以静态作为前提，那么它往往缺乏现实性，而引入资本边际效率、有效需求、预期、流动性偏好等概念，就能使经济理论动态化，从而更贴近现实，符合我们一般的想法。问题是，《通论》的短期分析总体上是一种静态的（或比较静态的）分析，适用于特定时期（萧条期），不具有很普遍的现实意义。

【评论21】

资本边际效率和利率

资本边际效率是凯恩斯提出的、也是他特别珍视的概念，在《通论》中占据重要地位。所谓资本边际效率，就是一种贴现率，该贴现率正好使一项资本品在使用期内各预期收益的现值之和，等于这项资本品的供给价格或者重置资本。当一个人购买投资物品或资本设备时，实际上购买的是在未来获得预期收益的权利。

我们假设资本品的使用寿命是 n 年，预期收益为 n 次，则：

---

① 高伟．金融危机救助指引［M］．北京：中国财政经济出版社，2019：170.

$$资产品的市场价格 = \frac{Q_1}{1+R} + \frac{Q_1}{(1+R)^2} + \cdots\cdots + \frac{Q_n}{(1+R)^n} + \frac{J}{(1+R)^n}$$

在上式中，Q_n 代表各年的预期收益，$(1+R)^n$ 代表与之相对应的公式的分母，J 代表该资本品在 n 年年末时的报废价格，那么，式中的 R 就是资本边际效率。

资本边际效率强调两个因素：一是强调时间因素，即预期的或未来的收益，而预期收益是不确定的，所以资本边际效率很不稳定，导致资本主义经济运行也很不稳定；二是强调心理因素和边际概念，当投资达到一定规模后，再新增一单位投资，企业家担心新增投资的利润率会越来越低，不敢继续扩大投资，造成投资需求不足。

导致资本边际效率递减的原因主要有二：（1）投资的不断增加，会引起资本品的供给价格上升，而资本品供给价格上升意味着成本增加，重置成本上升；（2）投资增加会使生产出来的产品数量增加，而产品数量增加会降低其市场价格，从而使投资的预期利润率降低。重置成本上升和预期收益减少，都会使资本边际效率递减。由于资本边际效率从长期看是递减的，这会使企业家对未来的投资缺乏信心，导致投资需求不足。

资本边际效率和利率在一起决定投资诱导，是决定企业家是否投资的两个关键因素。当资本边际效率大于利率时，企业家才会投资；当资本边际效率小于利率时，企业家就会把钱存到银行。因此，伴随着经济不断增长和资本边际效率递减，除非利率降至足够低的程度，否则会导致投资需求和总需求不足，进而陷入经济衰退。当资本边际效率崩溃时，往往会引爆经济危机。

从资本边际效率和利率之间的关系出发，凯恩斯引出了自己的货币政策——降息。降息符合政治家和企业家的利益，却不一定符合金融行业的利益。美联储原主席艾伦·格林斯潘在回忆录曾提到：白宫的那帮政客无论何时找到我，都要求我降息，从来没有政客要求我加息。其实原因很简单，政客们主张降息对经济增长和就业有利，可以获得更多支持和选票。看来，凯恩斯大师早就深谙此道，很聪明。

第十二章 长期预期状态

本章强调人们长期预期的能力不足且不稳定，为了解决该问题产生的资本市场，又将短期预期和长期预期混合在一起，酿成更大的资产“泡沫”。美国资产泡沫比英国更严重的原因之一是：华尔街交易比英国的同类交易成本低很多。作者从资本边际效率变化过大出发，质疑货币政策控制利率的有效程度。本章被一些专家称为凯恩斯革命的枢纽，沃伦·巴菲特认为该章是关于市场心理学和参与者行为的内容。

I 未来收益的预期

【要点】

对未来收益的预期，部分取决于既存事实，部分取决于未来发展。前者大致是确定的，后者只能以或多或少的信心来进行预测。……在后者的将来事件中可以列出：资本资产的种类和数量在将来的变动；消费者偏好的改变；在投资品的生命过程中有效需求的强弱；以及在同一过程中可能出现的以货币表示的工资单位的改变；等等。可以把包括后者全部内容在内的心理上的预期状态，概括为长期预期状态——以区别于短期预期。

【注】

在《通论》中预期占据重要地位，因为它强调未来的不确定性对于人们经济行为的决定性影响。预期可分为短期预期和长期预期，第五章探讨的短期预期是价格预期，它决定厂商的现在产量和就业量；而长期预期主要是指投资者为了获取收益，会在持有货币或投资证券之间进行选择，往往不稳定。

Ⅱ 信心状态

【要点】

在形成我们的预期时，如果给非常不确定的事物赋予很大比重，将是愚蠢的。

【注】

作者认为“非常不确定”（very uncertain）和“非常不可能”（improbable）不是一回事。从经济角度看，我认为“非常不确定”的事尽量不要干，因为很难识别、度量和控制相关风险，也没法和利率作比较，很难预测投资的未来收益率；“非常不可能”的事更不能干，因为投资的风险和收益完全不匹配，很可能血本无归。

【要点】

预期在很大程度上取决于我们感到比较有把握的事实。……我们通常的行事法则是：根据现有情况，然后把它延伸到将来；只有在我们多少有点确定的理由来预期到变化时，才对延伸做出修改。

【注】

在作者看来，人们在选择资产投资之前，预期大体是确定的，因为人们通常根据现在去推测未来，除非有意外发生，通常假定将来与现在是相同的。

从该判断出发，他认为，如果一个人预期利率看涨，就持有货币；如果预期利率看跌，就投资证券，不能二者兼而有之。这样，就不存在资产投资组合及其选择问题。然而，实际情况与该判断相差甚远，由于未来变化的不确定性，投资者的预期是不确定的，他们在持有货币的同时，往往还进行证券投资。

另外，我们无法掌握完全的信息，即便能掌握充分信息，我们根据以往的信息也无法准确地预测未来。这是很不确定的。

【要点】

长期预期状态是决策基础，不仅取决于我们做出的具有最大可能性的预测，还取决于我们做这种预测的信心。如果我们预期有大的变动，但又对变动的具体形式感到很不确定，那么我们的信心将很弱。

【注】

长期预期状态通常是稳定的，而且，当它不稳定时，会有其他因素发挥抵偿的作用，使它趋向稳定。我们做决策不仅要看哪种预测的可能性最大，还要看对这种预测的信心如何。凯恩斯很重视信心，1934 年 8 月，他在写给生意伙伴的信里说："随着时光流逝，我越来越相信正确的投资方式，是将大部分的资金投入在自己了解而且相信的事业上，而不是将资金分散到自己不懂且没有特别信心的一大堆公司。"

尤其是在爆发经济危机的情况下，信心更珍贵，往往比黄金更重要。

【要点】

信心状态（state of confidence）：它在经济问题上的重要性，来自它对资本边际效率有重要作用。影响投资量的两个因素：资本边际效率和信心状态。这两个因素不是分割的。信心状态之所以重要，因为它是决定资本边际效率的主要因素之一，而资本边际效率表又是投资的需求表。

【注】

意思是：资本边际效率和信心状态不是影响投资的两个独立因素。信心状态之所以与经济问题有关，主要因为它是决定资本边际效率的主要因素之一，并通过影响资本边际效率而发挥作用。因此，资本边际效率对投资的影响更大，也更重要。

真是越分析越玄幻了！资本边际效率本来就是个心理规律，现在又弄出个"信心状态"，好像企业家的心理能决定一切，经济的兴衰完全取决于企业家的心理和信心。这显然夸大了企业家心理的作用。当然，凯恩斯的分析也能给我们启示：企业家的心理很脆弱，投资预期不稳定，是导致资本主义内在不稳定的重要因素；因此，优化投资环境，稳定企业家信心，是促进投资和经济增长的重要手段。

"知屋漏者在宇下，知政失者在草野。"① 如果作者能走出庙堂，深入民间

① 出自王充《论衡》。

干几天体力活，多吃些现实社会的苦头，更真切地了解英国社会的真实情况和老百姓的悲惨生活，再对比企业家等上流社会的奢靡生活，也许能更好地理解企业家投资并博取利润的强烈冲动，也许能看到广大劳动者对英国经济做出的贡献。如果是这样，我想作者就不会如此唯心地高估企业家的心理、预期、信心状态等主观因素的作用。

Ⅲ 投资的原因及方式

【要点】

估计未来收益时，我们所依据的知识是极其靠不住的。……关于铁路、铜矿、纺织厂、专利药品、远洋航线、城市建筑等投资项目，我们所具有的估计它们十年以后收益的知识，实在太少，有时一无所知；时间缩至五年以后，也如此。

【注】

本节用知识来估计投资的未来收益，在当时有一定道理。现在看，用信息不对称、不全面可能更恰当。

【要点】

以往，当企业主要为创业者或者他们的朋友和合伙人所拥有时，投资取决于足够多的具有活跃性格和事业动力的个人，他们把经营企业当作安身立命之道，而不真正依赖对未来利润的精确计算。

企业家是在玩一种既靠技能、又靠运气的游戏，局终时，参与者无从得知平均结果到底如何。如果人类本性不喜欢碰运气，对建厂、铁路、煤矿或农场不感兴趣，而仅凭冷酷的计算，恐怕不会有多少投资。

【注】

作者把企业家看得很高尚，他所说的把投资当成事业和乐趣的企业家确实有，但应该是少数。“平等地剥削劳动力，是资本的首要的人权。”[①] 对绝大多数企业家而言，他们追求的首要目标是利润。

---

① 马克思恩格斯全集（第23卷上）[M]. 北京：人民出版社，1979：324.

资本的天性是逐利的，追求利润最大化，它来到世间，从头到脚，每一个毛孔都滴着血和肮脏的东西①。为了获得暴利，资本会铤而走险，什么事都能干，哪怕自我毁灭，它都在所不惜。马克思引用《评论家季刊》（托·约·邓宁《工联和罢工》1860年伦敦版）的话，如此评价资本："资本逃避动乱和纷争，它的本性是胆怯的。这是真的，但还不是全部真理。资本害怕没有利润或利润太少，就像自然界害怕真空一样。一旦有适当的利润，资本就胆大起来。如果有10%的利润，它就保证到处被使用；有20%的利润，它就活跃起来；有50%的利润，它就铤而走险；为了100%的利润，它就敢践踏一切人间法律；有300%的利润，它就敢犯任何罪行，甚至冒绞首的危险。如果动乱和纷争能带来利润，它就会鼓励动乱和纷争。走私和贩卖奴隶就是证明。"②这是对大多数资本比较恰当的描述，更能经受时代的检验。

【要点】

在今天所有权和管理权分离的情况下，随着有组织的投资市场的形成，出现了一个很重要的新因素，它有时为投资提供方便，但有时也增加经济体系的不稳定性。……证券交易所每日的重新评估，虽然其目的主要是为旧投资在个人间的转手提供方便，却不可避免地对当前投资量施加决定性影响。……某些种类的投资，与其说取决于职业企业家的真正预期，还不如说取决于股票价格，股票价格则代表证券交易所的平均预期。

【注】

凯恩斯曾通过频繁的投资（或投机）活动，积累了丰富的经验和大量财富，看到了证券交易所的利和弊：好的一面是能为企业募集长期资金，信息汇集充分，给价值判断提供依据，提高证券交易的效率等；坏的一面是股市的赌博性、投机性和波动性都很强，不仅脱实向虚，导致证券价格主要由平均预期决定，虚拟性越来越强，还使企业投资者和经营者严重分离，冲击甚至危害着实体经济的正常运行。

---

①② 马克思．资本论（第一卷）[M]．北京：人民出版社，2018：871.

“旁观者清，当局者迷”①，对于凯恩斯这样的投资和投机高手，长期从事股市、期市和汇市投机，还能从金融市场的迷局和漩涡中跳出来，比较客观地审视和评价它，确实不容易。这是普通人很难具备的资质。

Ⅳ 按成规办事

【要点】

现实中，人们存在默契，大家按照成规（convention）来行事。成规的实质是，除非有明确的理由来期望事态变动，否则，就假设现行的情况将永远继续下去。

只要我们信赖的成规能维持下去，它在很大程度上有利于我们的事态［注：即经济体系］保持相当的连续性和稳定性。

不论经历多少个短期，只要投资者确定成规不会中断，从而在事态变严重之前，他有修改决策和改变投资的机会，那么，投资仍然是相对“安全”的，他不会仅仅由于对其投资10年之后的价值一无所知而失眠。

【注】

从长期看，成规是靠不住的，更不要说对投资的预期了，所以资本边际效率很不稳定。这是从另一个侧面来阐述保持制度和成规稳定的重要性，也暗示读者：只要制度和成规得以遵守，对大家投资都有好处。因此，要尽力维护现有制度，为投资营造稳定的社会环境。

Ⅴ 投资市场中不可捉摸的因素

【要点】

加剧［成规等的］不稳定性的因素：

（1）知识不足。

（2）投资利润波动。

（3）情绪盲目乐观或悲观，缺乏理性。

（4）人们设想，市场专家之间的竞争会矫正无知之人的胡思乱想；然而，

① 出自赵莹《旧唐书·元行冲传》。

专业投资者和投机者的精力和技能，主要用在其他地方。[注：作者用很大的篇幅分析该因素。]

在以“流动性”为目标的投资市场中，专业投资者被迫致力于新闻和社会气氛的预测，这些因素最能影响市场中的群众心理。

在所有正统理财原则中，流动性崇拜（fetish of liquidity）对社会最不利。流动性崇拜原则认为，投资机构应该把资金集中用于购买“具有流动性”的证券[注：热股]。但该学说忽略了一点：就整个社会而言，不存在投资的流动性这回事。

【注】

投资机构的证券买卖总体上是你增我减、你赚我赔的游戏，对个股的流动性有影响，但对于整个市场的流动性而言，影响很小。

【要点】

今天最高明投资的私人目标，被美国人表达为“抢跑”：在斗智中胜过群众，把坏的和磨损的半克朗钱币（depreciating half－crown）脱手给其他人。

【注】

高鸿业将“to beat the gun”译为“起跑在枪响之前”，我译为“抢跑”，这样更简洁。

要尽快把劣品丢给别人，强调的是流动，不能把劣品砸在自己的手里。这和“劣币驱逐良币”的意思不尽相同。

【要点】

机智斗争并不一定意味着把群众的鱼肉去充填专业经营者的肠胃；斗争可以在专业经营者之间进行。

斗争好像是“叫停”（Snap）、“传物”（Old Mail）、“占位”（Musical Chair）的游戏，有一个大家不要的东西在传递中，而在音乐停止时，总有一个人没有座位。

类似选美，每一个参与者挑选的，并不是他自己认为最漂亮的人，而是他设想其他参与者要挑选的人。[作者接着分析了推测的三个层次，并认为有人还会进行第四、第五和更多的层次的推测。]

【注】

选美是为了选出“大众情人”，选出大多数人都喜欢的脸蛋。用这种理论选股，就要研究大众的投资心理和行为，从中获利。波顿·马尔基尔把凯恩斯的“选美”观点归纳为博傻理论（greater fool theory）：我傻，用高价买入高出真实价值的股票，但我预计还有人比我更傻，他将用更高的价格买下我买入的股票，以此类推。这就是说：“傻不可怕，怕的是做最后一个傻子。”

在股票投资的实务操作中，凯恩斯把主要精力放在心理学和行为学上，经济学倒是其次。他认为股票市场的运动和股价波动主要是基于群众心理，而不是股票所代表的价值。

我认为凯恩斯的类比有些道理，但不恰当。选美有可能选不出最好的，大多是次优的，但肯定不是最差的，不是大家都不想要的。凯恩斯用“选美”为例分析人们的推测，我认为主要是为了说明人类心理的复杂性、分散性和差异性。应了中国的那句俗语：人心隔肚皮，做事两不知①。

另外，这种类比从逻辑上看也有瑕疵。比如，“种瓜得瓜，种豆得豆”，那么，我们以此类推，种鸡蛋能得到鸡蛋吗？在经济学分析中，有人喜欢讲故事打比方，比如把计划经济比喻成“鸟笼经济”，把宏观调控比喻成“打组合拳”“汽车的方向盘”等，还有人认为理论千条不如故事一个。这些比喻虽能博人眼球，让人印象深刻，但通常不甚准确，容易引起误解，不宜过分提倡。

【要点】

没有明确的经验能证明：凡是对社会最有益的投资（政策），就是利润最大的投资。

【注】

该判断是恰当的，其实，那些对社会有利、社会效益大的投资，其经济收益往往比较低。这就涉及经济学上的“外部性”问题。经济外部性又称溢出效应、外部影响、外部经济等，是指在社会经济活动中，一个经济主体（国家、企业或个人）的行为直接影响到另一个相应的经济主体，却没有给予相

① 出自《增广贤文》。

应的报酬或取到相应的补偿，就出现了外部性。

庇古在《福利经济学》一书中就指出，在经济活动中，如果某厂商给其他厂商或整个社会造成不需付出代价的损失，那就是外部不经济。看来，凯恩斯还是继承了庇古师兄的一些东西。经济学的影响是长期的、潜移默化的，某种理念一旦被我们选择和接受，不仅容易固化，还具有很强的排他性，很难改变。

【要点】

人生有限——人类的本性需要快速成果；在快速赚钱方面，存在着特殊热情。对遥远未来的收益，一般人都要大打折扣。

忽视市场在近期波动的投资者，为了安全起见，需要较多资金，这也说明：为什么在相同的智力水平和资金数量下，玩游戏的人会得到更大报酬。

【注】

投资要尽快盈利，不要扯长远。投资股票和期货等游戏的风险很高，投资量很大，不仅需要较高的收益率，还要快进快出，有赚有赔，因此不能太贪婪，更不能长期持有。

【要点】

在现实中，长期投资者最能促进社会利益，却往往招致最多的批评……如果他成功，会得到鲁莽的评语；如果他失败，则得不到同情和怜悯。世俗的智慧教导人们：就声誉而言，合乎成规的失败，要优于不合乎成规的成功。

【注】

尽量不要搞长期投资，否则不容易被世俗接受，有点随大流和从众心理的意思。这种现象在经济学上有个专用术语——“羊群效应”，用来描述经济个体的从众心理，该心理很容易导致盲从，而盲从又容易陷入骗局或遭受失败。在股市中，“羊群效应”是一种不正常的现象，比如在一个投资群体中，单个投资者总会根据同类投资者的行动而行动，在他人买入时买入，在他人卖出时卖出。这是一种很不理性的投资行为。

我在研究系统性金融风险时发现，羊群效应对市场稳定性有很大影响，也和金融危机密切关联，还容易被恶意操纵和利用，比如追求什么“宁与人共醉，不要我独醒，但一定要在音乐结束前离场”等，就是对投资的误导，需要引起监管部门的重视，加强对投资者的教育和权益保护。

【要点】

（5）信用状态不佳，即放款机构对它的借款人的信心低迷。

信心和信用状态二者中的任何一个的低迷（weakening），便足以导致股票价格的崩溃，从而给资本边际效率带来灾难性后果。然而，经济复苏却要求二者同时上扬。

【注】

经济很容易陷入衰退，而走向复苏则困难得多，既需要恢复市场信心，又需要提供充足的信用和流动性。因此，完全依靠市场的自发力量，很难实现经济复苏，这是作者对大萧条后西方经济长期低迷的切身感受和描述。

【要点】

信用衰退就足以造成经济崩溃，但信用修复却仅仅是复苏的必要条件，而非充分条件。

【注】

即便企业家能够借到投资所需要的款项（即信用），如果他们对经济前景信心不足（资本边际效率很低），也未必愿意投资。因此，要想实现复苏很不容易，既需要扩大货币供应量，保持充足的信用和市场流动性，还需要创造条件让企业家保持良好的信心状态。作者对企业家的维护，那是真周到！

【评论22】

流动性

流动性一般是指商品或资产转换为货币的难易程度，而本节所说的“流动性”（liquidity），主要是指资产能被卖掉、得到现款的难易程度，特别是出售股票、获得现款的难易程度。某种资产越容易换成现款，其流动性就越强。在现实生活中，各种资产的流动性是可以比较的，大体存在如下对比关系：

现金 > 活期存款 > 短期国债 > 蓝筹股 > 一般股票 > 长期债券

当交易成本增加后，能降低各种资产的流动性，比如增加印花税能降低各种证券的流动性。而用 T+0 交易代替 T+0.5 交易，则能提高交易效率，增加整个股票市场的流动性。

我们现在常说的“流动性”是分层次的，大体有三种含义：

一是整个市场的流动性，指的是在宏观经济体系中货币投放量的多少，短期内主要取决于央行的货币供给，当然也受其他因素影响，比如降低存款准备金率，能增加银行和市场的流动性。而股票买卖虽然能影响买方和卖方的流动性，但对整个市场的流动性而言，其影响很小。

二是股票市场的流动性，是指在整个股票市场上参与交易的资金相对于股票供给的多少，这里的资金包括场内资金，比如已购买股票的资金，也包括场外资金，比如股票账户里准备随时入场的资金等。

三是针对个股的流动性，是指一支股票买卖活动的难易程度，也就是买入一支股票后，看它是否容易卖出；容易卖掉，说明该股票的流动性强；投资机构青睐的股票流动性也比较强。

近年来，全球流动性问题也引起关注，它是指通过全球银行体系和货币批发市场产生的信贷与国际资本的总和，描述的是流入国内和跨境金融市场的储蓄和贷款的总额，是各国监控宏观经济与金融稳定性的重要指标之一。一些国际组织（比如 IMF 等）还为全球流动性制定了监测框架，这种监测关注的侧重点有：主要经济体的政府债券或蓝筹股等能否轻松交易；金融中介机构或非金融企业等用国际货币融资的便利程度；被普遍接受的国际支付和结算手段的可获得性；国际公共流动性的支持（比如央行之间的货币互换）等，其政策目标是维护国际金融稳定。

Ⅵ　投资市场

【要点】

用投机（speculation）一词表示预测市场心理的活动。用从事企业（enterprise）一词表示预测资产在其整个寿命中的未来收益。

当投资市场的组织改善时，投机大于从事企业的风险（risk）确实会加大。……在纽约投资市场，投机的影响巨大。甚至在金融领域之外，美国人也过分喜欢推测一般人对于一般人的看法，而这一整个国家的弱点，就是股票市场对它施加的报应（nemesis）。许多英国人投资股票是为了获取“股息”，而美国人是投机者，除了得到股票升值的好处之外，不太愿意购买股票。

【注】

华尔街股市暴跌引发的大萧条对美国冲击很大，经济陷入长期低迷，很痛苦。而作者此时将之归结为纽约股市的报应，很可能是图口舌之快，却很容易让人产生“趁你病要你命”的错觉。

这也许是凯恩斯的弱点：由于自身天分和优越感作祟，经常主观臆断，颐指气使，诸多论点缺乏严谨的论证，很容易引起误解。

【要点】

如果投机者像在企业的洪流中漂浮的泡沫，他未必遭到伤害。但是，当企业成为投机旋涡中的泡沫时，形势就严峻了。当一国资本的积累变成赌博场中的副产品时，积累工作多半干不好。

华尔街最好的头脑，事实上已被引导到一个与其社会功能不同的目标。

【注】

该判断有道理。作者关于投机和从事企业的论述是恰当的、超前的，即便放在当前的股市，也能适用。

股市是把“双刃剑”，它为赌徒们提供了短期谋取暴利的手段，也不可避免地吹大了经济泡沫，加重了整个经济运行的系统性风险。而这个泡沫一旦破灭，将引发严重的金融和经济危机。金融危机爆发后，就如同雪崩一般，波及面广，危害大，受损的市场主体众多（包括很多无辜者），不仅仅是那些参与吹气的赌徒们。因此，金融危机爆发后，是否应该救助，尤其是公共部门是否应该出手救助，通常会引发很大争议，进而贻误或错失救助的良机。

【要点】

为了公共利益，应该使赌场难以进入，并使进入的代价昂贵。同样的话对股票交易所来说，或许也是对的。

【注】

股市已经与其应有的社会功能脱离，不宜再过度发展，否则它会从整个经济体中吸收过多养分。因此，有必要采取一些限制措施，比如增加股市进入成本等，减轻投机和经济泡沫。这与后来提出的“托宾税”① 有异曲同工之效。经济学就是这样代代传承的。前人一个朴素认识或分析线索，有可能成为后人系统深入研究的起点。

我的体会是：自然科学的思维通常是收敛的，大量实验和研究分析后，得出的结论往往很简单，有时就是一句话。比如，爱因斯坦从狭义相对论的两个假设出发，通过复杂的推导，最后得出的质能方程很简单，可表达为：$E = mc^2$（其中，E 表示能量，m 代表质量，而 c 表示光速）。而社会科学的思维往往是发散的，无论从经济学的哪个原点出发，只要能潜心研究，总能划出一条线，拉开一个面，开辟出广阔的研究空间。

【要点】

伦敦证券交易所的祸害之处少于华尔街，不在于两国国民的性质不同，而是因为进入思罗格莫顿街非常困难且昂贵，比如介绍费、经纪费、转手税等，可以减少市场流动性，比一般美国人进入华尔街贵很多。

【注】

思罗格莫顿街是指伦敦证券交易所；转手费是指股民交易股票时支付给英国财政部的转移税。

交易费就像撒在股市这个高速运转的“飞轮”上的沙子，能降低股市的运转速度。由于伦敦股市的交易成本比华尔街高很多，所以伦敦股市的流动性也比华尔街差很多。

【要点】

我曾有一个主张：使购买证券成为永久性事情，像婚姻一样，除了死亡或

① 托宾税（Tobin Tax）最早是指对现货外汇交易课征全球统一的交易税，由詹姆斯·托宾提出。

其他严重原因，不能解约。

【注】

但作者又质疑该主张，因为它对新投资不利。因为流动性强的好处是能够提高换手率，分散风险，能给投资者壮胆，使他们更愿意承担风险，这对新投资有利。

为了医治信心危机，促进新投资，作者甚至提出一个极端的方法：使个人在消费掉他的收入和购置具体的资本资产之间，没有选择的余地；在消费和投资之间，只能二选一，没有储蓄。如此，无论个人是选择消费，还是选择投资，都能扩大国民收入。该法若成行，也许能降低整个经济体系运行的不确定性；但货币和金融的功能将逐渐萎缩，甚至消失，也是让食利者消亡的一条路径。问题是，如果没有储蓄，再加上金融功能萎缩，整个经济运行有可能陷入静止状态，如何迅速实现规模宏大的投资和扩大再生产？社会如何进步？与此法相比，计划经济模式岂不更可行？

Ⅶ “动物精神”等影响经济稳定的其他因素

【要点】

除了投机，人性本性的特点也造成经济的不稳定性，因为我们的大部分积极行动来源于自发的乐观情绪，而不是冷静的数学期望值。

我们的大多数决策很可能起源于“动物精神”——一种自发的从事行动、而不是无所事事的冲动；它不是用利益的数量乘以概率后得到的加权平均数所导致的后果。……如果动物精神有所减弱，自发的乐观情绪萎靡，一切依盘算行事，那么企业将衰退和死亡。

【注】

作者提出“动物精神”，是想说明人不是理性的，而是有情绪的，比较容易冲动，有时还会丧失理智。这就从根子上否定古典学派的“理性经济人”假设，进而动摇古典学派的理论基石。

【要点】

对将来怀有希望而兴办的企业，对整个社会有利。但是，只有当合理的计算结果由于“动物精神”而得到加强和支持时，个人主动性才能大到兴办企业的地步。

在估计投资前景时，我们必须考虑到决定自发活动的那些主要人物的胆略、兴奋程度，甚至消化情况和对气候的反应。

推动社会车轮运转的，正是我们内在的渴望活动的冲动……但就动机而论，我们的理智又往往退回到依赖于我们的一时兴致、感情和机遇。

【注】

意思是企业家的情绪很不稳定，导致投资波动较大。要高度重视并维护企业家，尽可能让企业家保持良好的情绪，让企业家乐观，保持稳定的长期预期，这样他们才能进行投资活动，才能推动经济发展和社会进步。问题是，即便该逻辑成立，那么把它应用在科学家身上，不是也有道理吗？

【评论23】

“动物精神”

高鸿业将“animal spirits”译为“动物本能”，徐毓枬译为“受一时血气之冲动”，也有人译为“浮躁情绪”等，我认为译为“动物精神”更合适。

“动物精神”是由凯恩斯引入经济学的，它是指人们在投资决策中所具有的非理性精神，是人们自发的行为冲动，不是根据理性思维和计算的结果，也不是量化收益乘以概率的结果。“动物精神”是促进人类“激进”而非“保守”的重要因素。

“动物精神”影响人的决策行为。在未来不可预测的情况下，正是由于“动物精神”的存在，使人们在做决策时并非靠精确计算，更多时候是受情绪影响。也正因如此，企业的投资很容易受到对未来信心的影响，因此很不稳定。这是凯恩斯经济学的精髓。

“动物精神”也是凯恩斯解释大萧条的核心理念，意思是：除了投机所造成的经济上的不稳定性，人类本性的特点也会造成不稳定性，因为我们积极行动的很大一部分来源于自发的乐观情绪，而不取决于对前景的数学期望值，不论乐观情绪是否出自伦理、苦乐还是经济上的考虑。这是从另外一个角度来论述企业家投资的不稳定。

"动物精神"是对古典学派"理性经济人"假设的否定。既然人（尤其是企业家）容易冲动，不是理性的，那么市场这只"看不见的手"就不是万能的，有缺陷，失业和危机都无法避免，所以不能过分提倡自由放任，需要政府这只"看得见的手"发挥作用。

后来，赫伯特·西蒙等提出了人的"有限理性"的概念，发展了"动物精神"。西蒙认为，古典经济学的经济人假设太理想化，而在复杂多变的经济社会生活中，人的选择或经济行为不可能完全理性，主要受三个方面的约束：不可能了解所有的备选方案；每一种备选方案导致的后果都是不完全确定的；现实的人不可能具备评估每一种不确定后果的复杂的计算能力①。进入21世纪，伴随着信息技术和人工智能的发展，西蒙提到的三方面约束有所缓解，人们在进行市场选择时变得更加理性，也促使当代经济学不断发展和创新。

现在，"动物精神"泛指决策中的非理性，被看作是导致市场波动和金融泡沫的重要原因之一。但总体而言，目前对"动物精神"的分析大多停留在概念层面，缺乏公认的度量标准和扎实的数量分析。

Ⅷ　政府投资的作用

【要点】

还有一个日趋重要的、由政府举办或者由政府承担风险的投资类别。在进行这类投资时，政府显然只考虑社会的未来收益，而不太顾及投资的商业效益，也不拘泥于使投资收益的数学期望值至少等于现行利率——尽管政府所要支付的利率仍对决定其财力所能支付的投资规模起着关键作用。

【注】

作者更偏好政府投资，因为政府投资受预期、经济周期和外界因素的影响较小，风险承受力强，但受利率的影响较大。如果利率低，融资成本低，对政府扩大公共投资有利。

① 赫伯特·西蒙．现代决策理论的基础［M］．北京：北京经济学院出版社，1989：54.

【要点】

利率在正常情况下是影响投资的重大因素，虽然不是决定性因素。

我现在有点怀疑，仅靠货币政策来控制利率，会有多大成就。

我希望看到这样一个国家，它向远处看，从一般社会利益来计算资本品的边际效率，并承担更大的责任，直接组织投资。

【注】

作者建议政府在必要时加快或推迟投资项目，希望看到国家在直接投资方面肩负起更大的责任，并认为某种程度上，全面的投资社会化将是确保接近充分就业的唯一途径。他敦促政府在投资中发挥更大作用，并认为这么做很必要，因为国家机关有长远眼光，能根据一般的社会收益，计算出公共投资的长期资本边际效率。同时，他也赞同那些愿意与政府共同出资建设基础设施的私人投资者加入进来，即“投资社会化”。听起来和现在流行的“PPP”（政府和社会资本合作）项目很相似。

凯恩斯关于国家干预的构思确实很巧妙，并被很多政府借鉴。但该构思成立是有前提的，即政府部门是理性的，考虑的是社会的长期收益、整体收益。但“理想很丰满，现实很骨感”。实际上，那些西方政府往往是短视的，通常只考虑任期内的收益，不太关注国家的长远收益；各个政府部门拥有特别权力，消耗着公共资源，还与私人部门一样，具有很强的利益倾向，追求自身利益的最大化和部门利益的最大化，并且具有无限扩大各自职能、提高编制和层级的欲望。这是凯恩斯始料不及的。

【评论24】

理性经济人

与“动物精神”相对立的是理性经济人（economic man，homo economicus），又被称为“经济人假设”或“理性人假设”，意味着个体完全依照收益最大化原则进行行动和决策，比如消费者完全追求效用最大化，厂商完全追求利润最大化。

理性经济人这个术语是在19世纪晚期，被穆勒政治经济学的批评者首次使用，原文是：“（政治经济学）不将人的本性或行为看作是由社会状态而改变的，而考虑将人作为渴望拥有财富并有能力判断什么手段能够达到这一目的的个体。”①

斯密在《国富论》中也有类似描述：“我们期望的晚餐并非来自屠夫、酿酒师和面包师的恩惠，而是来自他们对自身利益的关切。我们不是向他们乞求仁慈，而是付诸他们的自利心；我们从来不向他们谈论自己的需要，而只是谈论对他们的好处。”② 人们改善自身状况的“这种愿望是冷静的、沉着的，但我们从出生一直到死，从没有一刻放弃过这种愿望……但是怎样改良呢？一般人都觉得，增加财富是必要的手段，这手段最通俗、最明显”③。斯密认为“利己心”是每个人从事经济活动的动机，“利己心”是经济人的本性，斯密经济人的概念也为西方经济学的发展奠定了基石。

20 世纪 50 年代，“理性人”假说在西方经济学发展到极致，获得纯粹工具主义的属性，放弃了道德伦理观。现代产权经济创始人、美国经济学家——阿门·阿尔钦甚至提出完全“自利性”作为一种工具主义的假设，放弃了任何利他的考虑。

综上所述，理性经济人的要义包括：人是理性的；人是追求个人利益最大化的；人是自利的。这个假设的缺陷其实很明显，比如：它过滤了利他动机；没有注意到社会习俗和传统对个人偏好和选择的影响；没有考虑人的需求的多层次性；由于不确定性、信息不对称性等问题的普遍存在，完全理性的人很难存在；等等。总之，人的理性是不完全的、有限的，我们要明白理性经济人假设的适用范畴和时空限制，不宜夸大其作用和影响。

① Mill, John Stuart. "On the Definition of Political Economy, and on the Method of Investigation Proper to It," London and Westminster Review, October 1836.

② 斯密．国富论（唐日松等译）［M］．北京：商务印书馆，2012：6.

③ 斯密．国富论（唐日松等译）［M］．北京：商务印书馆，2012：187.

第十三章
利率通论

本章提出流动性偏好，并阐释了三种形成动机：交易动机、谨慎动机和投机动机。利息是在特定时期内放弃流动性偏好的报酬，取决于货币供求关系和人们的流动性偏好。在货币市场中，名义货币供给量由货币当局决定，实际货币需求量由流动性偏好决定，两者力量均衡时决定利率水平。当利率降到极低后，无论货币当局怎样增加货币供应，货币都会被储存起来，此时利率不再变动，即遭遇“流动性陷阱”。

作者将利率引入宏观经济分析中，同经济活动联系起来，把利率作为联系货币和产出（就业）的桥梁，分析了在流动性偏好、资本边际效率、消费倾向和收入等因素的作用下，如何调节货币量来改变利率水平，进而影响经济活动。

I

【要点】

资本边际效率和当期利率是不同的东西。资本边际效率表可说成是为了新投资借入资金的人愿意支付的代价，而利率代表现行的提供资金的代价。为了理论完整，我们需知道什么决定利率。

【注】

本节从货币供求的角度分析利率，认为利率是一种单纯的货币现象，是放弃流动性偏好的报酬，把利息的来源归因于心理因素，与“忍欲”和“等待”等实际因素无关。对于凯恩斯把利率仅仅看成是一个货币现象，在西方经济学引起很大争论。

Ⅱ　流动性偏好

【要点】

要想完全体现一个人心理上的时间偏好，需要做出两种不同的决策，第一种涉及消费倾向的时间偏好。

第二种是他以何种形式来持有对未来消费的支配权……他是否准备把未来消费以具有瞬息流动性的支配权的方式（即货币或货币的类似物）来保持？……在必要的时候，他能依据何种条件，把他对某种特定物品的延期支配权（deferred command）转换为对一般物品具有瞬息流动性的支配权？换言之，他的流动性偏好程度有多大？一人的流动性偏好是指在各种不同的环境下，一人愿意以货币形式保存其资产的价值。

【注】

对于什么是“瞬息流动性”（immediate liquid），人们的理解不同，高鸿业的注解是：放弃瞬息流动性的支配权，是指持有股票、债券等不能立即用来购买商品的票据；具有瞬息流动性的支配权，是指持有活期存款、现钞等。我理解的“瞬息流动性”是指现钞等特殊商品，它能立即购买其他一般的商品或服务，没有障碍，不会形成额外的交易费用，也没有时间成本。

由于货币具有使用上的灵活性，人们宁愿牺牲利息收入，也要储存不生息的货币来保持自己的财富，这种心理倾向被描述为“流动性偏好”（liquidity-preference）。

这里有个问题值得思考：二战后各国信用卡消费兴起并风靡全球，而现在人们已很少用货币，日常购物、打车等都刷卡或刷手机，几乎不用现钞。那么，心理上的流动性偏好在今天还是规律吗？

我对流动性偏好和利率的理解是：人们大多厌恶风险，是风险厌恶者，但市场上存在严重的不确定性（即风险），从规避风险的角度考量，人们更偏爱现金，偏爱流动性强的资产。因此，我主张从风险的角度来分析利息，将利息定义为：对人们在一段时间内失去自己拥有的一定数量货币的使用权而甘冒风险的报酬或补偿。

【要点】

利率不可能是储蓄的报酬或等待的报酬。

【注】

在19世纪，英国经济学家西尼尔把利息看成“节欲”的报酬，即节制现在消费的报酬[①]。而古典学派沿袭了马歇尔的说法，把利息看成等待将来的消费的报酬，即等待的报酬。凯恩斯反对上述两个观点。

【要点】

利率是在特定时期间内放弃流动性的报酬。因为，利率不过是一笔钱去除它的报酬而得到的比例，其中的报酬来自特定时期内放弃对这笔钱的控制，来换取相应的债权[②]。

【注】

人们只有将自己的货币贷给他人，放弃货币的流动性，才能从借款者那里得到利息。我们可以这样理解，如果人们不将货币用于贷放，而是以货币的形式窖藏，那他们仍旧在储蓄、在等待、在延期消费，实际上并没有因为窖藏货币而失去流动性，所以他们就赚不到利息。

在这里，作者把“债权”当作在此期间内不能收回的支配权；还假设银行存款也是货币。

【要点】

由于利息是放弃流动性的报酬，所以利率在任何时候都能衡量持有货币的人不愿意放弃流动性的程度。……利率是能使以现金形式持有财富的愿望和现有的现金数量相均衡的“价格”——这就意味着：如果利率较低［注：低于该均衡“价格”］，即放弃现金的报酬下降，则公众想要持有的现金量就会超过现有的供给量；如果利率提高［注：高于该均衡“价格”］，则会出现无人愿意持有多余的现金。如果该解释正确，那么货币数量就和流动性偏好一起，决定既定

---

① 西尼尔（Nassau William Senior，1790－1864）认为：资本来源于储蓄，储蓄又源于“节欲”；由于“节欲”，资本才能不断增长，因而节欲是比资本更基础的生产要素。

② 凯恩斯认为，利率随期限不同而有所差别，利率最好是指对不同期限的债务的利率。

条件下的实际利率。……如果 r 代表利率，M 代表货币数量，L 代表流动性偏好函数，则：

$$M = L(r)$$

这表明一定数量的货币在何处、以何种方式进入经济体系[①]。

【注】

利率是由货币的供给量和需求量决定的。货币供给量（M）是个外生变量，一般由国家控制，数量一定，不受利率影响，是从外面进入经济体系的。因此，探讨利率水平应主要从货币需求的角度分析，而货币需求来自三个动机，即交易动机、谨慎动机和投资动机。

需要注意：《通论》将货币供给看成是外生变量；而在《货币论》中，凯恩斯继承了亨利·桑顿[②]的货币供给控制内生论，提出管理货币的思想，其分析是以收入法的货币数量论为基础，并认为只要建立了完整的、有效的货币金融体系，以利率为核心，就可以保证货币供给能控制在使价格水平处于稳定的状态[③]。总体而言，《货币论》是一部过渡性著作，许多观点与《通论》不一致甚至矛盾，我们在参考或引用时，需分清场景。

虽然我认可货币供给是外生的，但更倾向于把货币总量看作主要是金融市场内生的，因为厂商可以通过金融市场融资；银行具有很强的货币创造功能，可以通过货币市场融资；如果出现资金短缺，金融市场还能创新出各种各样的金融工具。当前，金融机构和金融市场具有很强的货币创造能力，而央行提供的货币量有限。

【要点】

假定利率从来不具有负数值，为什么人们宁可用收益很少和没有利息的形式来持有其财富，而不用能赚取利息的方式来持有它呢？……必要条件是存在对将来利率的不确定性，即不能确定将来的各种期限系列的市场利率的数值。因为，如果未来的利率能被确切地预见，则一切未来的利率，就可以根据当期

① 高鸿业将“economic scheme”译为“经济体制”，我译为“经济体系”。

② 亨利·桑顿（Henry Santon，1760－1815）：英国银行家，著作有《大不列颠票据信用的性质和作用的探讨》，被称为“中央银行之父”。

③ 方福前. 从《货币论》到《通论》[M]. 武汉：武汉大学出版社，1997：35.

不同期限的债券利率推算出来……例如，假设$_1d_r$是r年后的1英镑在现在的值，又假设在n年时，从n年算起r年的1英镑的值为$_nd_r$，则：

$$_nd_r = {_1d_{n+r}}/{_1d_n}$$

从上式可看到，n年后的任何债券的折算成现金的贴现率，都可以根据现行的利率系列中的两个推算出来。

【注】

在凯恩斯那个年代，确实不存在负利率。但现在不同了，负利率已成为现实。我的体会是：人们将钱存到银行，放弃流动性，除了获得利息，还有安全需求，因为钱放在家里怕偷、怕火、怕鼠虫损坏，很不安全，而放在银行里则安全多了。所以，即便是负利率，一部分储户（尤其是富豪）也会选择将钱放在银行，相当于向银行交了现金的保管费。当银行不是通过贷款，而是直接通过存款获益时，相当于储户通过银行窖藏现金，这与租用银行保险箱类似。此时，银行就成了吸收资金的“黑洞”。

我认为，凯恩斯从流动性偏好的角度阐释利率问题，虽然有道理，可以丰富大家对利率的认识，但不全面。我们不宜拘泥于他的利率理论，应该有自己的思考。

【要点】

假设现行的每种期限的债券都具有正利率，那么用购买债券的方式来贮藏财富就比用持有现金来贮藏财富更有利。

和持有现金相比，购买长期债券然后把它转换成现金，会冒较大的受损风险。

资本边际效率并不取决于“最好的”看法［注：专家看法］，而取决于由群众心理所决定的市场价值。与此类似，由大众心理所决定的对未来利率的估计，也对流动性偏好产生影响。相信未来利率高于市场所设定的当期利率的人们，有理由持有具有流动性的现金；相信未来利率低于当期市场利率的人们，则会借入短期款项，购买较长期债券。市场价格被决定于“空头”卖出量和“多头”买进量相等之点。

【注】

债券价格与市场利率呈反向变动。利率由供给和需求决定。凯恩斯虽然引入群众心理这个因素来分析对利率的影响，但没有完全否定古典学派的利率理论和分析利率的方法。

【要点】

流动性偏好取决于：（1）交易动机（transaction motive），即由于个人或业务上的交易而引起的对现金的需要；（2）谨慎动机（precautionary motive），即为了安全起见，把全部资源（total resources）的一部分以现金形式保存；（3）投机动机（speculative motive），即相信自己能更精确地估计未来的行情，并从中获利。

有组织的债券市场存在的必要性，给我们提出难题：在缺乏有组织市场的情况下，由于谨慎动机而形成的流动性偏好会增加；而与此同时，有组织市场的存在又为来自投机动机的流动性偏好提供大幅波动的条件。

【注】

作者将形成流动性偏好的动机分为三种，有一定道理，但这三种动机之间可能存在重叠，相互踩脚，比如在交易动机和谨慎动机之间。即便如此，这种观察事物、分析问题的方法也值得我们借鉴。

研究经济问题要想有特色、深入，有层次感，就不能停留在表面，需要抽象和提炼，否则就真成了“水面打一棍”，浅尝辄止，既留不下什么痕迹，也无法上档次。

【要点】

由于交易动机和谨慎动机的流动性偏好所吸收的货币数量，对利率的改变不太敏感。因而，货币总量减去上述被吸收的货币量余额，可用来满足由于投机动机所形成的对流动性偏好的需要……除了短暂期间外，如果来自投机动机的对货币的需求非常少，则货币数量的增加，几乎能立即把利率降至必要程度。

【注】

问题是，上面假设并不总能成立。因为在某些情况下，来自投机动机的货币需求相当大，从而导致利率很难降低。

【要点】

体现货币数量与利率之间关系的流动性偏好表，是一条平滑的曲线。该曲线表明：随着货币数量增加，利率下降。导致这一结果的原因有：

首先，随着利率的降低，如果其他条件不变，那么，很可能有较多的货币数量被来自交易动机的流动性偏好所吸引。

其次，利率的每一次下降，都会使某些人愿意增加现金持有量，因为他们对利率前途的看法与市场不同。

也会出现这种情况：货币数量即使大量增加，也只能对利率施加很微小的影响。因为，大量增加货币可造成非常大的对将来的不确定性，以致来自安全动机的流动性偏好加强。同时，对将来利率的看法可以达到非常一致的程度，以致现行利率的微小变化，就会造成大批的人转向持有现金。

【注】

以上是本节的核心内容，描述了流动性偏好曲线和“流动性陷阱”。

【评论 25】

流动性偏好曲线和“流动性陷阱”

凯恩斯认为利息是在一定时期内放弃流动性的报酬，利率由货币供给和货币需求决定，是纯粹的货币现象。货币需求量基本取决于人们的流动性偏好，如果人们流动性偏好强，愿意持有的货币数量就增加，导致货币需求大于货币供给时，利率上升；反之，流动性偏好弱时，对货币需求下降，则利率下降。因此，利率由流动性偏好曲线与货币供给曲线共同决定，货币供给 M_s 由货币当局决定，货币需求函数 M_d 的公式为：

$$M_d = L_1 + L_2 = L_1(Y) + L_2(r)$$

上式被称为流动性偏好函数，意思是：人们放在手中的货币数量是国民收入（Y）和利率（r）的函数。流动性偏好曲线描述的是货币数量和利率之间的关系，它是一条自上而下、从左往右的曲线，该曲线越向右延伸，越与横轴平行。如图 5 所示。

当货币供给曲线与货币需求曲线的平行部分相交时，利率将不再变动，这种情况被称为“流动性陷阱”（liquidity trap），由凯恩斯提出，即无论怎样增

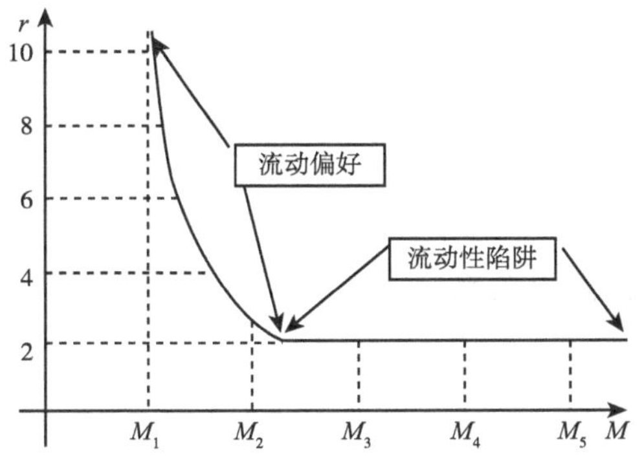

图 5　流动性偏好曲线

加货币供给，货币均被存储起来，不对利率产生任何影响。此时利率具有很强的“粘性”。后来，克鲁格曼基于日本经济衰退的研究，延伸了“流动性陷阱”理论，他认为公众的悲观预期会导致超量储蓄，央行无法通过扩张货币的政策来刺激经济。

我们也可以这样理解：当名义利率降到不能再降的地步，由于人们受“流动性偏好”的影响，宁愿以现金或储蓄的方式持有财富，而不愿意把这些财富以资本的形式作为投资，也不愿意把这些财富消费掉。此时，无论货币当局怎样增加货币供给量，都会以“闲资”的方式被吸收掉，仿佛陷入了无底洞，不会对总需求、国民收入及物价等产生影响。因此，当利率降到极低水平时，仅靠货币政策已无法刺激经济。这种极低利率和国民总支出水平不发生变动的状况，被称为“流动性陷阱”。

经济体遭遇“流动性陷阱”后，一般会出现以下问题：（1）经济增长停滞，社会总需求严重不足，消费和投资萎缩，经济衰退；（2）利率水平降无可降，CPI 在低位徘徊；（3）货币流通速度下降。此时，资本边际效率很低甚至为负，低于利率，利率也就无法作为中介目标，货币政策传导的利率渠道也就失效了。在这种情况下，常规货币政策工具已很难（甚至无法）对实体经济发挥调节作用。

“流动性陷阱”通常与经济衰退、萧条相伴，很难治理，但也有应对办法，比如：（1）更积极的财政政策。由于利率水平很低，债券融资成本低，政府部门可通过扩大债券（尤其是国债）融资规模、扩大公共支出、减税等政策，刺激总需求。(2) 本币贬值。货币当局可通过在外汇市场上购买外币、投放本币等办法，使本币贬值，刺激出口，抑制进口，进而增加净出口。(3) 非常规货币政策，比如负利率政策、量化宽松政策、质化宽松（扭曲操作）[①] 等，影响货币供给。

Ⅲ 货币和几种因果关系

【要点】

我们把货币首次引入因果关系中，并对货币数量的改变如何对经济体系发生作用做了初步窥视。然而，如果我们断言：货币是刺激经济体系活跃的酒，那么我们要清楚，在酒杯和嘴唇之间有几个很容易滑脱的环节。

【注】

货币政策调控经济之所以见效慢，时滞比较长，是因为在货币政策行动和取得效果之间，存在一段距离，需要经过很多中间环节，本节罗列了一些情况：增加货币数量能降低利率，但如果公众的流动性偏好增加，大于货币数量的增加，则不会降低利率；如果资本边际效率比利率下降得更快，则降低利率也不能增加投资；扩大投资是希望增加就业，但如果边际消费倾向也下降，则不一定能增加就业。

听起来很复杂，其实就是说货币政策不如财政政策直接、有效。我们可以这样理解：凯恩斯是货币非中性论者，强调货币对实体经济的影响，货币政策有效，但对实体经济的影响有限，不是决定性的。

其实，即便货币当局能直接调节利率，效果也不一定很好。近年来，日本用负利率治理通货紧缩，美联储用高利率抑制通货膨胀，虽然有效，但持续的时间太长，并产生了诸多不良后果。这些案例都说明：货币政策的时滞很长，单靠货币政策往往很难取得预期的调控效果。

1933 年，凯恩斯在《美国经济评论》上发表文章，认为“当短期利率和长期利率的调控双双不起作用的情况下，由政府进行直接投资以刺激经济

① 质化宽松是指通过卖出短期国债，买入长期国债，延长所持有的国债资产的整体期限。此操作能压低长期国债收益率，使国债收益率曲线在远端向下弯曲，因此被称为“扭曲操作”。

便成为必要。这种情况有可能会出现，其实它不久前就曾出现过”。一些参加过凯恩斯讨论班的学生表示：所谓的“凯恩斯革命”，就是从那个阶段开始的。

当然，凯恩斯的逻辑也有问题，非此即彼，其实除了直接投资，还有收入分配、制度创新甚至革命等，途径很多。我们不能陷入其设定的逻辑框架而故步自封，需要开动脑筋，大胆假设，小心求证。

Ⅳ　空头状态

【要点】

虽然来自投机动机的流动性偏好，相当于我在《货币论》里所说的“空头状态”，但二者绝不相同。

【注】

流动性偏好描述的是利率和货币数量之间的关系。空头状态（the state of bearishness）和多头状态描述的是资产价格（包括债券价格）和货币数量之间的关系。我认为二者比较相似，只是“空头状态”适用的场景更宽泛，涵盖各种对未来的看衰。

Ⅴ　贮藏货币

【要点】

贮藏货币（hoarding）与流动性偏好很接近。如果用“贮藏货币的倾向”（propensity to hoard）代替“贮藏货币”，则二者几乎相同。

货币数量不是由公众决定的。

【注】

作者认为，货币数量是由西方国家控制的，不是公众所能决定的。但公众有流动性偏好或“贮藏货币的倾向”，这是公众自己的事，由公众的心理决定，政府很难控制，从而抵消了货币政策的效果。

【要点】

利息通常被当作是不消费（not-spending）的报酬，事实上，它却是不贮藏货币（not－hoarding）的报酬。

【注】

不贮藏货币和放弃流动性的意思相同。一个人不花钱，把货币放在手中，他仍然拥有货币的流动性，也就不能获得利息。

【评论 26】

马克思等经济学家的利息理论

在古希腊语中，利息就是“子孙”的意思，因此利息也称为“子金”“利金”，而本金则称为“母金”。在 13 世纪，意大利哲学家托马斯·阿奎纳认为，将货币借给他人必然要冒丧失本金的风险，所以可以收取利息作为承担风险的报酬[①]。配第认为利息是一种货币租金，是因暂时放弃货币的使用权而获得的报酬，利息额等于用这么多货币量购买土地而获取的地租额。斯密认为利息是使用货币的报酬，利息是利润的一部分，随利润率的变化而变化。庞巴维克提出“时差利息论”，认为一切利息形态的产生和利率的高低，都取决于人们对于同量的同一商品在现在和将来的两个不同时间内的主观评价的差异，简单说，利息是资金的“时差”。马歇尔强调主观因素，认为利息是资本的报酬或“等待”的报酬。欧文·费雪从纯心理因素解释利息现象，提出“人性不耐说”[②]，认为人性具有一种心理，即偏好现在就能提供收入的资本财富，而不耐心地等待将来提供收入的资本财富，利息就是这种不耐心的指标，是人心不满足发生借贷行为产生的，如果没有借贷行为，也就没有利息了。凯恩斯认为利息是放弃流动性的报酬，利率由货币供求决定。总之，利息作为古老的经济问题，由于经济学家们观察视角不同，对利息的认识和理解差异较大，形成了很多利息学说。

马克思研究利息是从剩余价值在不同资本家之间的分割开始的，他认为利息是平均利润的一部分，是剩余价值的特殊转化形式。职能资本（包括产业资本和商业资本）用来生产或实现剩余价值，利润又是剩余价值的转化形式，

① 李朝民．利息本质的再探讨［J］．西安交通大学学报（社会科学版），2009（1）：25－28.

② 费雪“人性不耐说”（impatience）说明人们即使有高度的时间观念和对未来的估计，还是倾向过好今天，而不是同样地为未来着想。相对于未来消费，人们更倾向眼前消费。

借贷资本家把货币当作资本商品，暂时借给职能资本家使用，从中获得一定数量的报酬，也就是职能资本家获取的利润的一部分。

这样，利润就被分割为利息和企业主收入两个部分，利息表现为借贷资本家与职能资本家（包括产业资本家和商业资本家）之间对利润的争夺，资本和劳动的关系被歪曲为“利息在两个资本家之间的关系，不是资本家和工人之间的关系”①。而利息的剩余价值的本质就被职能资本家和借贷资本家之间的竞争掩盖了，资本关系进一步神秘化。

马克思将货币和生产流通结合起来分析利息，让我们认识到：利息从表面上看是货币的，是一种货币现象，但它本质上是资本的，来源于劳动创造的剩余价值，是剩余价值的一部分。与马克思的利息理论不同，凯恩斯是从表面上，而不是从本质上分析利息。我认为，马克思和凯恩斯观察利息的层次不同，得出了不同层面的利息理论。

我们还要注意，与利息相关的利率问题看似简单，其实很复杂。

马克思认为利率是由剩余价值率决定的，其值应介于零和社会平均利润率之间，利率的大小由借贷资本的供求决定，并指出：“在这里，竞争并不是决定对规律的偏离，而是除了由竞争强加的分割规律之外，不存在别的分割规律，因为我们以后会看到，并不存在‘自然’利息率。相反，我们把自然利息率理解为由自由竞争决定的比率。利息率没有‘自然’界限。”② 另外，由于马克思所处的时代是金属货币（铸币）时代，流通中的金属货币会自行调节，这就造成流通中的货币量从长期看是比较稳定的。在马克思那个年代，通货量、物价等因素对实际经济影响比较小，所以马克思没有把利率看作是推动经济增长的动因，他认为：“低的利息可能和停滞结合在一起，适度提高的利息可能和逐渐活跃结合在一起。利息率在危机期间达到最高水平，因为这时人们不得不以任何代价借钱来应付支付的需要。”③ 也就是说，马克思认为高利率与金融危机、经济危机相关联。

我认为在不同的货币制度下，比如金属货币和信用货币等，利率的决定因

---

① 马克思．资本论（第三卷）［M］．北京：人民出版社，2018：429.

② 马克思．资本论（第三卷）［M］．北京：人民出版社，2018：399.

③ 马克思．资本论（第三卷）［M］．北京：人民出版社，2018：404.

素会有所不同。在当今的完全信用货币时代，我们接触的大多是货币利率，无论是银行信贷的利率还是宏观调控的基准利率，大多是由货币供求决定的。马克思利率理论的核心观点在当前仍适用，但也要继续发展，毕竟其创建背景是金属货币时代。在当前的电子支付时代，各种数字货币兴起，影响货币需求的因素已发生深刻改变，利率水平的决定也更加复杂，需要不断创新利率理论。

总之，利息是一种特殊的利润，利率是利润率的一部分，利率的高低受借贷资本供求状况的影响，也受货币供求总量的影响，但不应超过社会平均利润率。金融业的重要收入来源——利息（或利差），只能享受产业资本创造的利润的一部分，这个比例不能太高，否则将吸引大量资本流向金融业。金融业的适度发展确实能增加流动性，降低融资水平，改善金融服务，但过度发展将导致金融业膨胀，衍生产品泛滥。这会反过来抑制制造业等实体经济的发展，导致一些国家工业空心化和经济虚拟化，是诸多国家从富强走向衰落的原因之一，需警惕。

第十四章
古典学派的利率论

马歇尔的利率理论又称“等待说”与“资本收益说”，认为利息是等待的收益，是牺牲“时间偏好”的报酬；利率由资本的供求决定，是资本供给的决定因素。该章对马歇尔等人的利率理论进行了回顾和批判，并在附录中做了进一步批驳。

I

【要点】

古典学派把利率当作能使投资需求和储蓄意愿达到均衡的因素。投资代表可投资资源（investible resources）的需求，储蓄代表可投资资源的供给，利率是使可投资资源的供给和需求相等的“价格”。

【注】

古典学派将利率定义为一种“价格”，是使储蓄量和投资量相等的价格；这就像商品，其价格由供给和需求决定。

我也倾向把利率看作是一种价格，是资金的价格，利率越高，钱越贵；利率越低，钱越便宜。当然，这种价格的决定因素比较复杂，远非储蓄和投资就能涵盖的。凯恩斯意识到这个问题，将流动性偏好纳入利率的分析框架，应该说，这是一种进步，但不完整。我认为“风险”也是决定利率水平的重要因素之一，在利率分析中应该赋予足够的权重。

【要点】

马歇尔《经济学原理》：利息作为在任何市场上使用资本而支付的价格，

趋向一个均衡水平，即在一定的利率水平下，市场上对资本的总需求量恰好等于在该利率下的资本总供给量。

卡塞尔①《利息的性质和必要性》认为：投资构成“等待的需求”，储蓄构成“等待的供给”；利息是一种“价格”，其作用在于使二者相等。

瓦尔拉斯②《纯粹经济学要义》：对应于每一个可能的利率，人们将有一个储蓄总量，也存在一个人们要投于新资本资产的投资总量，这两个总量趋于相等；而使二者相等的变量就是利率；因此利率处于这样一点：代表新资本供给的储蓄等于代表对该新资本的需求。

【注】

马歇尔等古典学派把利率看成一种价格。瓦尔拉斯以边际效用价值论为基础，考察了市场上所有商品的供给、需求和价格相互依存、相互制约，进而达到均衡状态的价格决定过程，创建了一般均衡论的理论体系。在《纯粹经济学要义》中，瓦尔拉斯建立的纯粹理论经济学或一般均衡理论是他的应用经济学和社会经济学的基础，但他沿用的仍是古典学派的传统和思想。

【要点】

新古典学派相信储蓄和投资实际上能够不相等，古典学派与新古典学派不同，接受了二者相等的观点。例如，马歇尔确实相信总储蓄等于总投资；大多数古典学派坚持：一个人每次增加储蓄的行为，都必然会造成投资的增加。

可以概括一个被古典学派接受而我也不反对的命题，即：假设收入水平是既定的，则我们可以推断，当期利率必须处于某一点，在该点，对应于不同利率的对资本的需求曲线，和对应于不同利率的在既定收入中的储蓄量曲线相交。

【注】

作者不同意古典学派的利率论，认为以上观点成立的假设条件是收入水平

---

① 卡尔·卡塞尔（Karl Gustav Cassel，1866－1945）：瑞典经济学家，斯德哥尔摩大学经济学教授，提出购买力平价理论。

② 里昂·瓦尔拉斯（Léon Walras，1834－1910）：法国经济学家，洛桑大学政治经济学教授，开创了一般均衡理论，边际革命领导人，著作有《纯粹经济学要义》。

是既定的；如果收入是变动的，则上述观点就很难成立。

在这里提到的新古典学派，主要是指以维克塞尔为代表的瑞典学派和哈耶克等人的利息论等。而现在我们常说的新古典学派，是指那些追随西方正统经济学的学者，比如萨缪尔森、弗里德曼等。

【要点】

古典学派的利息理论似乎是说：如果资本的需求曲线或表明利率和在既定收入中储蓄量之间关系的曲线有所移动，或两条曲线都有所移动，那么，新利率便取决于两条新曲线的交点。然而这是荒谬的，原因是：该理论假设收入不变，与它假设的两条曲线能够相互独立地移动是矛盾的。如果二者之中的任何一个有所移动，那么一般说来，收入就会改变；其后果是：建立在既定收入假设上的整个理论就要崩溃。

事实上，古典学派的理论没有想到收入水平改变所起的作用，更没有想到，收入水平实际上是投资量的函数的可能性。

【注】

如果引入收入 Y 这个变量，由于收入水平的改变，古典学派的利率理论就很难成立了，如图 6 所示。

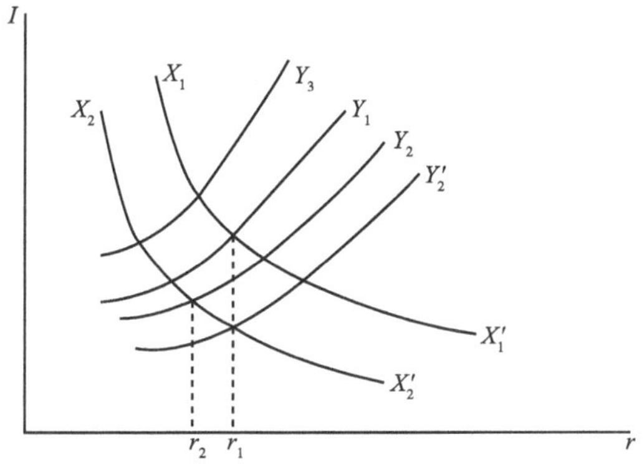

图 6　古典学派的利率曲线

在图 6 中，纵轴表示投资量 I，横轴表示利率 r，X 表示投资需求曲线，Y 表示收入水平。问题是，当投资需求曲线从 X_1X_1' 移动到 X_2X_2'，收入水平也将移动，导致我们无法确定新的收入水平到底是多少，也不知道 X 曲线应该与哪

条 Y 曲线相交，从而无法确定利率。

因此，凯恩斯认为，即便利率由投资需求和收入水平决定，那么，我们单凭 Y 曲线和 X 曲线，也无法确定利率水平。

除了凯恩斯的质疑，我们还要注意：（1）把利率、投资、收入三个变量放在一张二维图上是否合适，值得商榷；（2）影响利率的因素太多了，比如社会稳定状况、世俗成规等，几乎影响经济运行的所有因素，似乎都和利率相关，我们仅用一张平面图，很难刻画出大体的利率水平；（3）如果再引入时间因素，则至少需要一张三维图，才能粗略刻画出利率演变的大体趋势；等等。

【要点】

古典学派的错误源于把利息当作等待的报酬，而不把它看成是不贮藏货币的报酬；因而，包含不同程度风险的贷款或投资的不同收益率，应看成甘冒风险（running the risk）的报酬，而不应看作等待的报酬。实际上，这些收益和所谓的“纯”（pure）利率之间没有清晰的界限，它们都是甘冒这种或那种不确定风险的报酬。

【注】

利息是失去流动性的报酬，也是甘冒风险的报酬，二者没有什么区别，都是纯粹的货币现象。在作者看来，利率和风险是紧密关联并成正相关的，为我们提供了一条探究利率本质的重要分析线索。

我认为，与流动性偏好相比，从风险的角度分析利率可能更合理，至少是确定利率水平的重要因素之一；风险也更容易分类、刻画和度量。

【要点】

古典学派常常假设：货币数量的增加，至少在短期内具有降低利率的倾向。但他们没有说出理由，为什么货币数量的改变会影响投资需求表，或影响某既定收入中的意愿储蓄量。因此，古典学派有两套利率论，新古典学派试图在两套理论之间搭桥，却把事情引向糟糕。新古典学派推论：一定有两个供给来源来满足投资需求：（1）正常储蓄，即古典学派所说的储蓄；

（2）由于货币数量的增加所带来的储蓄（某种对公众的课征，可称“强制储蓄”或类似名称）。于是产生了“自然”“中立”或“均衡”利率之类的想法。

【注】

将储蓄分为“正常储蓄+由于增加货币数量所产生的储蓄”，主要是指当时的“可贷资金利息论”（Loanable－funds Theory of Interest）。该学说是在20世纪30年代，由瑞典学派的俄林和剑桥学派的罗伯逊提出，他们认为利率不是由储蓄和投资决定的，而是由借贷资金的供给与需求的均衡点所决定；利率是使用借贷资金的代价，影响借贷资金供求水平的因素就是影响利率变动的因素。“可贷资金利息论”还批判了凯恩斯的利率理论，成为当时比较有影响的利率决定理论。

在利率决定问题上，“可贷资金利息论”考虑了实质因素和货币因素的影响，将实体层面和金融层面结合起来，肯定储蓄和投资的相互作用，是合适的；但它忽视货币因素，是不恰当的，尤其是在金融资产规模日益膨胀的情况下。凯恩斯肯定货币因素对利率的决定作用，认为“可贷资金利息论”有两种储蓄来源和多种利率，各种概念相互验证，就像“野鸭潜到水底，死命咬紧水底的野草、蔓茎、垃圾；现在要有一只非常聪明的狗跳下去，才能把鸭子捞上来”。虽然批得有些刻薄，但很形象。

【要点】

传统分析是错误的，因为它未能把经济体系的自变量正确地分离出来。储蓄和投资是由经济制度决定的因素，而不是决定经济制度的因素。它们是经济制度的决定因素所导致的后果，这些因素是消费倾向、资本边际效率表和利率。……传统的分析觉察到储蓄取决于收入，但它忽视了收入取决于投资，其意义是：当投资改变时，收入必然做出必要程度的改变，使储蓄的改变等于投资的改变。

重要结论是：新投资的数量会被推进到资本边际效率等于利率之点，而资本边际效率曲线告诉我们，不是利率将定于哪一点，而是在既定利率下新投资的产量将被推到哪一点。

【注】

作者认为：消费意愿的减退不是增加投资的因素，而是减少就业量的因素，传统的利率分析是错误的；与利率相比，资本边际效率更重要，并决定着新投资的数量。

【评论 27】

古典学派的利率理论

古典学派的利率理论又称实物利率理论，流行于 19 世纪末至 20 世纪 30 年代，代表人物有庞巴维克、费雪和马歇尔等，他们主要从储蓄和投资等实物因素来研究利率的决定，认为利率决定于储蓄与投资的相互作用。储蓄（S）是利率（r）的递增函数，投资（I）是利率的递减函数。古典学派认为，储蓄由“时间偏好”等因素决定；投资则由资本边际生产率等决定。投资增减时，利率会发生相应的变化：

当 $S>I$ 时，利率 r 会下降，人们自动减少储蓄，增加投资；

当 $S<I$ 时，利率 r 会上升，人们自动减少投资，增加储蓄；

当 $S_e=I_e$ 时，利率便达到均衡水平 r_e。如图 7 所示。

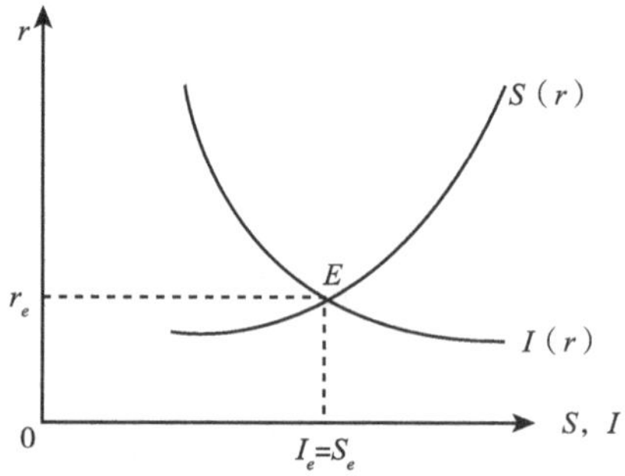

图 7　古典学派的利率理论

总体而言，古典学派的利率理论是一种局部的均衡理论，储蓄和投资都是利率的函数，利率的功能仅在于使储蓄与投资达到均衡；利率与货币无关，利率不受货币政策的影响。而凯恩斯反对该理论，他认为储蓄首先是国民收入（Y）的函数，在其他条件相同时，相对于一定量的收入，便存在一定量的储蓄。在图 7 中，S 曲线是由一特定的收入 Y 决定的，由于收入可以有不同数值，因此存在多条不同的 S 曲线。按照古典利率理论，在 Y 不确定的情况下，可以存在许多不同的利率，从而无法确定利率 r。因而，凯恩斯认为古典学派的利率理论很难成立。

【评论 28】

边际革命

在 19 世纪下半叶，欧洲资本主义出现了很多严重的社会问题，古典经济学既无法阐述也无法解决，因而酝酿出诸多思想和流派，比如行业工会主义、政府管制经济、对收入再分配和社会主义等，还催生了一个重要流派——边际主义，并对古典经济学产生了冲击，被称为“边际革命”。

边际革命（Marginal Revolution）从 19 世纪 70 年代初开始，持续到 20 世纪初，该学派的代表人物是英国经济学家杰文斯[①]、洛桑学派的法国经济学家瓦尔拉斯和奥地利学派的门格尔。边际革命使西方经济学从古典经济学强调的生产、供给和成本，转向现代经济学关注的消费、需求和效用。边际革命包含边际效用价值论和边际分析方法的广泛运用。

杰文斯从主观主义心理学出发，指出价值由最后效用决定，认为“经济学为快乐和痛苦的微积分学”[②]。门格尔指出价值由最小重要的用途决定，经济学的任务是研究“人类为满足欲望而展开其筹措活动的条件”[③]。瓦尔拉斯指出价值由最后欲望满足的程度决定。以物的最终效用去衡量价值，可称为边际效用价值论。

瓦尔拉斯认为：“如果劳动有价值并可交换，那一定因为它有用，又在量上有限，即它是稀缺的。因为，价值来源于稀缺性。”“我们呼吸的空气，不仅有用，而且必不可少。然而没有价值。为什么呢？因为它们在量上没有限制。”[④] 之后，“稀缺性”被越来越多的经济学家接受，他们运用边际分析的方法去观察经济问题，并提出边际生产力、边际成本、边际收益、边际替代率、

---

① 杰文斯（William Stanley Jevons，1835－1882）：英国经济学家和逻辑学家，边际效用学派创始人之一；用太阳黑子活动来解释经济危机的原因和周期性，著作有《政治经济学理论》。

② 杰文斯．政治经济学理论［M］．北京：商务印书馆，1984：2.

③ 门格尔．国民经济学原理［M］．上海：上海人民出版社，1959：2.

④ 汤在新．近代西方经济学史［M］．上海：上海人民出版社，1990：440.

边际消费倾向等概念和范畴。

边际分析方法实际上是一种数学分析方法，运用数学中的微积分去观察经济问题。该方法开始并不被接受，甚至连门格尔对在经济理论中使用数学的方法都表示怀疑。门格尔认为经济学理论是一种理性的、逻辑的科学，不可能用数学方法去“精确”测定，只能用演绎法或归纳法。

总体而言，边际革命的主要意义在于：（1）建立了主观评价基础上的边际效用价值论，取代了古典经济学建立的客观分析基础上的劳动—生产成本价值论；（2）从考察消费出发，通过探讨资源稀缺性和人的欲望满足之间关系的边际分析，把边际主义扩张到生产和分配，开辟了经济学研究的范式、对象和主题。

而在思想创新方面，边际革命的进步不大，基本上“穿新鞋走老路”，延续着古典经济学的理论，坚持市场配置和分配，反对工会行为、政府干预和社会主义等，没什么新意。

第十四章附录　马歇尔《经济学原理》、李嘉图《赋税原理》以及其他著作中的利率论

本附录介绍了马歇尔、庇古、李嘉图、米塞斯等人的利率理论，并指出他们的错误。

I　对利率的几种看法

【要点】

马歇尔：利息是任何市场上使用资本的代价。它趋于达到一个均衡水平；在该水平，市场对资本需求总量等于资本供给总量。

【注】

马歇尔使用的是“资本”而不是“货币”；是“供给量”而不是“贷款”。从马歇尔的定义看，利息与资本紧密关联，不是单纯的货币现象。

而凯恩斯认为，利息是放弃货币流动性的报酬，利率由货币供给和货币需求决定，是货币现象。当货币需求大于货币供给时，利率上升；当货币需求小于货币供给时，利率下降。

【要点】

庇古《工业波动》驳斥的一个观点是：由于利率取决于实际资本的供求的一般情况，所以不可能由央行或任何其他银行所控制。庇古争辩道："当银行为工商业者创造出更多信用时，实际上是向公众强迫征收实物。……虽然银行放款的利率和长期的实际利率具有严格而固定的关系，但长期放款的实际利率并不全部处于银行所能控制的范围以外。"

【注】

庇古的意思是，银行通过信用创造，可以影响和控制实际利率，尤其是长期利率，进而影响长期放款。

【要点】

我发现，马歇尔利率观点的混乱基本上是由于：他把属于货币经济领域的"利息"概念，引入他的不考虑货币的分析之中。

庇古的《福利经济学》引导我们去推断：等待的单位就是现行投资量的单位，而等待的报酬就是准地租（quasi－rent）。

然而，这些学者论述的却不是一个不使用货币的经济（如果真的存在这样的经济）。他们明确地承认：有货币使用，还存在银行制度。

【注】

在古典学派那里，货币和经济是二分的，货币和利率对经济的作用很小，但又绕不开货币和银行。因而，凯恩斯认为：利息应该属于经济学的另一个分支，不应该出现在马歇尔的《经济学原理》。

凯恩斯明确反对将货币和经济分开，认为货币通过利率对经济增长产生影响。利率对投资影响很大，因为资本边际效率大于利率时，企业家才肯投资。

凯恩斯是从研究货币起家的，对货币和利率的认识更全面，他建立的货币经济分析框架和方法，推动了现代经济学的发展。现在看，这个贡献好像很平常，但在当时却是重要的理论创新，是对传统经济学说的挑战，很不容易。事非经过不知难①。

Ⅱ　李嘉图对利率的看法

【要点】

李嘉图《政治经济学和赋税原理》认为：货币的利息并不为银行放款的利率所规定，不论其放款的利率是5%、3%或2%，而取决于使用资本时所得到的利润率，后者与货币数量以及货币价值都无关。

【注】

这是长期利率理论，认为利率由利润率决定，是一种实物利息。凯恩斯认为这种分析是假设充分就业，心理倾向和预期还得保持不变，但这种假设基本不成立。

李嘉图的论点只适用于货币数量既定的情况，但问题是货币当局能改变货币的供给数量，货币供应量增加将压低利率，利息不可能与货币数量无关。因此，凯恩斯认为李嘉图的利率理论不成立。

【要点】

李嘉图及其追随者忽视了一个事实：即使在长期中，就业也不必然是充分的，而是多变的。从而每一种银行政策都对应存在一个不同的长期就业水平。结果，对应于货币当局各种不同的利率政策，长期均衡就会处于许多不同的位置。

李嘉图忽视了资本边际效率随着投资量的增减而改变。李嘉图在理论上比他的继续者更具有前后一致性……他把一个远离现实的假想世界当作现实世界，却前后一致地置身于假想世界中。

【注】

这是对李嘉图利率理论的讽刺，嘲笑李嘉图脱离现实。问题是，对同一个事物，由于观察的视角不同，会得出不同的看法，谁也不敢保证自己的认识就

① 出自罗洪先《罗状元醒世歌》。

是真理。凯恩斯从流动性偏好的角度分析利率，是一个理论创新，但也就是分析角度的创新。做研究需兼收并蓄，不能全盘否定别人的理论成果，比如李嘉图的劳动价值论①就很有影响。

我研读《通论》有一个体会是，《通论》否定李嘉图，也在间接否定马克思。马克思的经济理论建立在劳动价值论上，他批判地发展了英国古典政治经济学的“最后的伟大的代表”②——李嘉图的学说，并在《资本论》第一卷第二版跋中指出，基辅大学尼·季别尔教授已证明：“我的价值、货币和资本的理论就其要点来说是斯密—李嘉图学说的必然的发展。”③

Ⅲ 米塞斯的利率论

【要点】

米塞斯《货币和信用理论》认为：利率的改变，实际上就是消费品价格水平与资本品价格水平的相对变动。

通过这种办法，个人储蓄增加和投资总量增加之间的关系就建立起来了。……这意味着降低利率会刺激投资。……［注：而凯恩斯则认为：］资本边际效率曲线的上升或利率的下降都能刺激投资。由于混淆了资本边际效率和利率，米塞斯及其门徒得出的结论与正确结果相反。

【注】

凯恩斯认为米塞斯的观点是错误的，因为米塞斯把资本边际效率和利率混淆在一起。而能否刺激投资，关键看资本边际效率和利率之间的对比关系。假设资本边际效率和利率同时上升，只要前者上升的幅度超过后者，照样能刺激投资（这种假设是成立的，比如在经济繁荣期）。但米塞斯的观点被哈耶克采纳了。

① 1817年，李嘉图出版了《政治经济学及赋税原理》，其核心思想是劳动价值论，可概括为：商品的价值或其所能交换的任何其他商品的量，取决于其生产所必需的相对劳动量；一切价值都是由劳动产生的，并在土地所有者、劳动者和资本所有者这三个阶级之间进行分配。

② 马克思．资本论（第一卷）［M］．北京：人民出版社，2018：16.

③ 马克思．资本论（第一卷）［M］．北京：人民出版社，2018：19.

【要点】

汉森认为：由于消费减少和储蓄增加，其结果确实会使消费品的价格相对低于资本品的价格。但实际上这意味着较低利率，而较低利率会在那些利率较高时无利可图的行业中刺激资本投资的扩大。

【注】

凯恩斯认为汉森也把资本边际效率和利率混淆了，是错误的。因为在利率下降时，如果资本边际效率下降得更严重，也不会引起投资的扩大。

另外，在经济萧条期，即便是在那些无利可图的行业中扩大投资，也不完全是坏事，因为这样干有可能扩大就业。

第十五章

流动性偏好的心理动机和业务动机

该章研究货币需求，将形成流动性偏好的三种动机进一步细分，把交易动机分为收入动机和业务动机；投机动机受利率影响，其他动机受收入水平影响；从流动性偏好函数出发，构建货币函数和货币理论。

I　投机动机

【要点】

货币流通速度增加可能是流动性偏好减退的征兆，但二者并不相同，因为个人在流动性和非流动性之间选择，是就他已积累的储蓄而言的，不是就其收入而言的。

【注】

货币流通速度是指一定时期内货币的转手次数，等于名义 GDP 与名义货币供给量之比。商品（或服务）实现交换后，一般会退出流通，进入生产或生活消费；而货币作为实现商品交换的媒介手段，则处在流通中，不断为实现商品交换服务，即同一单位货币可以为商品交换提供多次服务，实现多次周转。

当用来交易的商品和劳务总量既定时，货币流通速度加快会减少现实的货币需求量。反之，货币流通速度减慢将增加现实的货币需求量。因此，货币流通速度与货币总需求（包括流动性偏好）之间呈反向变动关系。

凯恩斯认为货币流通速度不稳定，货币需求函数也不稳定。而弗里德曼则认为货币流通速度与货币需求函数都高度稳定，他和施瓦茨对美国货币历史进行实证分析，结论是：货币流通速度是稳定的；更高的货币存量会导致更高的价格水平。因此，弗里德曼的政策主张是保持货币数量稳定增长。

凯恩斯认为“货币的收入流通速度”容易导致误解，让人们误认为货币需求量总是和收入保持一定比例，实际上只有一部分货币需求和收入有关。

【要点】

《货币论》把货币需求总量分为收入存款、业务存款和储蓄存款。……其实在持有者的心目中，未必有严格划分的必要。

【注】

《货币论》区分了货币需求，《通论》则认为没必要细分，可以把货币需求作为一个总量来研究。

【要点】

持有现金的动机有收入动机、业务动机、谨慎动机。

以上三种动机的强弱，部分取决于需要现金时，以某种暂时借款的方式取得现金的代价的大小和可靠性，特别是银行透支或类似透支方式的代价和可靠性，因为，如果需要现金时能毫无困难地获得，那么就没有持有闲置不用现金的必要。以上三种动机的强弱也取决于持有现金的相对成本。如果持有现金的代价是牺牲对有利可图的资产的购买，则会增加成本，从而削弱持有现金的动机。

还剩下投机动机：该动机在导致货币数量改变所产生的后果上，具有特殊重要性。

正常情况下，满足交易动机和谨慎动机所需要的货币量，主要是经济体系一般活动和货币收入水平的结果。然而，由于能利用投机动机的作用，所以，对货币数量进行控制（不论是有意的或偶然的）才能对经济体系施加影响。

【注】

作者把交易动机细分，区分为收入动机和业务动机，前者主要指家庭，后者主要指企业。二者其实有重叠，但都是货币收入的函数。我认为该划分意义不大。

作者认为货币政策是有效的，货币当局通过改变货币供给量，来影响满足投机动机的货币需求，可以影响利率 r 和实体经济的运行。

【要点】

经验表明，为了满足投机动机而引起的货币需求总量，随着利率改变而改变；也就是存在一条连续性曲线，它展示满足投机动机的货币需求量的变动和“债券或其他债务的价格”[①] 变动之间的关系。

若非如此，则“公开市场业务”将不可能。理由是：在正常情况下，银行体系总能通过少量提高（或降低）债券价格，来购买（或售出）债券以换取现金；在正常情况下，银行体系想用购买（或出售）债券或债务而创造（或消除）的现金数量越多，利率下降（或上升）就越大。

【注】

满足投机动机的货币需求和利率紧密相关。这里提到的“债券或其他债务的价格”就是利率 r。债券价格与利率之间存在着反向关系。在债券市场上，投资者需要密切关注市场利率的波动，原因是：由于债券（尤其是国债）的票面利率通常是固定的，那么，当市场利率上升后，新发行的债券的票面利率会大于旧发行的债券的票面利率，产生更多的利息，投资者一般会选择买入新债券，卖出旧债券，导致旧债券需求下降，进而导致旧债券价格下跌。反之，当市场利率下降后，新发行的债券的票面利率会小于旧发行的债券的票面利率，产生的利息更少，那么，投资者会选择买入旧债券，导致旧债券的需求增加，其价格上升。

【要点】

在讨论投机动机时要重点区分两种利率：一是流动性偏好不变，如果用来满足投机动机的货币供应量发生改变，则利率会改变；二是由于预期改变，影

① 原文：prices of bonds and debts of various maturities.

响到流动性偏好函数本身，导致利率受到影响。公开市场业务确实能影响这两种情况的利率，因为它不但能改变货币数量，还能引起对政府或央行未来政策的预期的改变。

【注】

作者是想说明：货币供给是外生的，银行体系可以通过改变货币供给的数量来改变利率，影响市场预期，进而影响经济运行。

【要点】

由于信息改变所产生的预期改变，导致流动性函数自身的变动具有非连续性，从而，它引起利率的相应改变也具有非连续性。

一般说来，处境或预期状态的改变会在个人之间造成货币持有量的某种程度的调整。事实上，这种改变对不同人产生不同影响，一部分原因是处境和持有货币的理由不同；另一部分原因是对新形势的认识和解释不同。

【注】

人们的一致之处大于他们的分歧，即预期具有趋同性，这是公开市场业务发挥作用的重要前提，因为改变信息后能引起利率变动，货币当局可以巧加利用。当然，如果利用过多，成了“用口调控”，则调控效果将逐渐下降，因为存在预期麻痹问题，致使货币当局利用预期的边际效用递减，甚至会引发市场对货币政策的群体性误判和逆反。

【要点】

利率变动通常是对信息改变所做出的最主要反应。正如报纸上所说的那样：债券价格变动“与债券交易量相比，大到不成比例”。因为在对消息的反应上，人们的相同之处大于他们之间的差异。

【注】

高鸿业对这段话的解释是：债券价格的变动反映利率的变动，而债券交易象征着货币在人们之间的再分配；卖债券的人得到货币，买债券的人失掉货币。这样，债券价格的变动“与债券交易量相比，大到不成比例”，意味着人们的一致之处大于他们的分歧。

我的理解是：在金融市场上，由于预期差异等问题，在对信息变动所做出的反应中，利率变动很显著，弹性大。而利率作为重要的经济变量，几乎和所有的经济问题都紧密关联，这就为央行通过公开市场业务等调控宏观经济创造了条件。因此，在宏观调控中要重视对预期的分析、引导和利用。将预期和利率纳入宏观分析框架，是凯恩斯的重要理论贡献之一。

【评论 29】

货币供给外生性原理

凯恩斯在《通论》里认为货币供给是外生的，即“货币供给外生性原理”（Exogenous Money Supply Theories），这是凯恩斯革命的重要组成部分。该理论认为：货币供给量是由中央银行决定的，是外生的，货币供应量的变化会影响经济运行，但它自身却不受经济因素的制约。虽然凯恩斯没有对货币供给进行定量分析，却为国家干预经济提供了一套政策工具，对当代货币银行学的影响很大。

货币供给外生性原理与货币供给弹性几乎等于零密切相关。货币生产是央行控制的，私人企业根本没有发言权，也无权触及。货币供应被政府通过央行牢牢掌握在自己的手中，央行可以研判经济走势，根据经济形势的变化和政府的决策，通过开展公开市场业务等进行人为调控，增加或减少货币供应量。

与货币供给外生相对立的是货币供给内生（Money Supply Endogeneity），即：货币供给的变动不取决于货币当局的主观意愿，起决定作用的是经济体系中实际变量（比如收入、储蓄、投资、消费等）以及微观主体的经济行为。如果认为货币供给是内生变量，那么，货币供给量就会被动地决定于客观经济过程，货币当局就不能有效地控制货币供给量的变动。

货币供给到底是内生的还是外生的，学术界对于这个问题争论了很久。我认为，货币供给具有内生和外生两个创造渠道。从短期看，公众的流动性偏好和商业银行的负债结构大体是稳定的，货币当局通过调控基础货币数量，可以调控商业银行的存贷款规模，进而从外部影响货币供给的数量，至少对货币供给具有绝对的影响力。但市场主体之间的经济活动与商业信用是紧密关联的，从更普遍、更长期的角度看，由于风险的普遍存在，经济主体在交易中为了降低风险，它们之间进行交易时，其商业信用需要通过银行信用来代替和清算。当货币供给量与需要升级和清算的商业信用规模不一致时，货币的支付手段职能和价值贮藏手段职能之间，能发生相互转换，各种准货币[1]与货币之间也能相互转换，从而缓解和消除上述货币供求上的差额。比如商业银行（或非银行金融机构）一般拥有超额储备金，其规模取决于它们对未来的各种预期，比如：对储户提兑存款风险的预期；对危机时期获得通货能力的预期；对运营成本的预期；对通货非储备用途的盈利机会的预期等，从而能在一定程度上对冲央行的货币调控。从这个角度看，货币供给又是内生的。

总之，观察货币的角度不同，得出的货币学说会有差异，但都能丰富我们对货币的认识和理解。这些学说应该相互补充，相互借鉴，不能非此即彼。

Ⅱ　货币需求函数

【要点】

令 M_1 表示满足交易动机和谨慎动机所持有的现金量，M_2 表示满足投机动机所持有的现金量，则：

$M = M_1 + M_2 = L_1(Y) + L_2(r)$

收入水平 Y 决定 M_1，利率 r 决定 M_2。

【注】

以上是凯恩斯货币需求函数的核心，并假设 M_1 和 M_2 不相关。其实二者有重叠。

【要点】

要想发行更多的新货币，必须首先放宽银行体系的信用条件，以便诱使某些人向银行出售债券，来换取新发行的现金。

【注】

在这里，放宽信用条件主要是指降低利率。因为在金融市场上，降低利率和提高债券价格是类似的。在一些金融市场上，基准利率就是国债收益率。

---

① 准货币（quasi－money）主要由银行定期存款、储蓄存款以及各种短期信用流通工具等构成，比如国库券储蓄存单、外汇券、侨汇券、金融卡等。

【要点】

货币的收入流通速度究竟是被定义为 Y 对 M 的比例，还是 Y 对 M_1 的比例，不太清楚。我建议将货币的收入流通速度定义为 Y 和 M_1 之间的比例：

$$L_1(Y)=\frac{Y}{V}=M_1$$

V 表示货币的收入流通速度，在短期内，V 大致是个常数。

【注】

这就是说，L_1 的形状基本上不取决于 r（利率），而取决于 Y（国民收入），即：$L_1=L_1(Y)$。

在既定的预期状态下，利率（r）下降会导致 M_2 上升。这是阻碍利率下降到很低水平的主要原因，如图 8 所示。

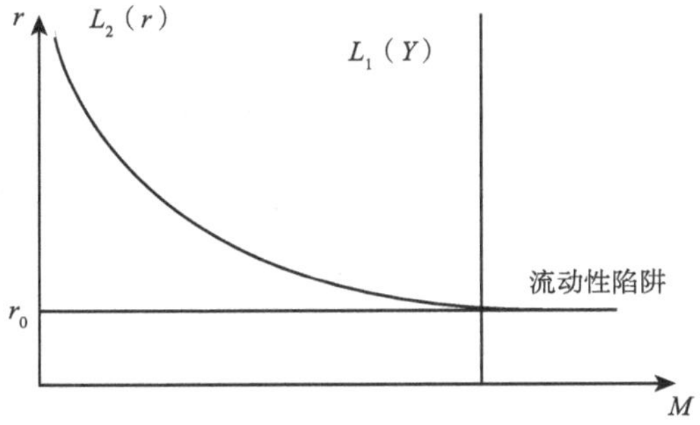

图 8　凯恩斯的货币需求函数曲线

【要点】

利率是一个具有高度心理作用的现象。它的均衡值不低于它相应于充分就业时的水平。

短期利率容易被货币当局控制，原因是：（1）货币当局不难使人们相信，其政策在近期不会有太大变化；（2）除非利息收入接近于零，否则利息收入总量大于资本的损失。但是，一旦长期利率降至某一水准，使得一般人根据过去经验和对未来金融政策的推测，认为该水准“不安全”，它便较难控制。

【注】

虽然货币当局能控制短期利率，但凯恩斯所关心的主要是长期利率，特别是长期利率太高，以致影响对机器设备等固定资本项目的投资，从而增加失业。他试图说明，通过货币政策来压低长期利率是比较困难的，尤其是实行金本位的国家，比如英国。当英国利率低于其他国家利率时，外界会认为英国经济形势不好，对英镑失去信心，英镑走低，使英国难以维持金本位；但是，当英国人为地提高利率，使其高于其他金本位国家的利率水平时，则必定加重英国国内的失业问题。在凯恩斯看来，当时的英国由于实行金本位，其货币政策的调控空间很有限。这也是他反对金本位的重要理由之一。

当代各国已基本放弃金本位，货币政策的调控空间拓展了很多。现在各国主要通过调整短期利率来影响长期利率。因为现在的金融市场更发达，货币当局能直接控制短期利率，调控手段更加灵活、多样且频繁，信息更充分，货币当局和市场的沟通也更顺畅，很多财政政策需要通过货币市场和资本市场才能实现并发挥作用，这与作者所处的年代明显不同。

【要点】

被公众认为是试验性的或易于变动的货币政策，达不到大量减少长期利率的政策目标。因为当 r 降至某一既定水平之下时，M_2 可以近乎无限增长。如果某政策被认为是合理的、切实的、符合公众利益的、源自坚定的想法，被当局不断改进，而且不轻易改弦易辙，那么，该政策比较容易奏效。

【注】

这是强调预期的重要，货币当局需要重视窗口指导和前瞻性指引的作用。政府部门的宏观调控政策需要得到市场和公众的理解和支持，要重视政策的连续性和稳定性，取信于民，这样才能取得成功。否则，无论多么完美的政策设计，如果遭到市场的普遍抵制，那也达不到预期效果。该判断很准确，到今天仍有借鉴意义。

【要点】

与其说利率是一个具有高度心理作用的现象，不如说利率是高度遵循成规的现象，它的取值，很大程度上取决于流行的观点认为它应该是多少。任何利率水平，只要公众充分相信该利率会持久不变，就将会持久不变。

社会成规决定的利率水平，被认为比社会成规更坚实，这样一来，在公众和管理当局心目中，就业量之所以没有达到最优取值，与利率所停留的不合适水平完全无关。

至此，读者应清楚：要想把有效需求维持在足以保证充分就业的水平，其困难在于：一是由社会成规决定的相当稳定的长期利率，二是易于变动而且高度不稳定的资本边际效率。

【注】

作者反复强调利率主要由成规决定，是一个很稳定的变量，是想让读者明白一个道理：由于利率很稳定，而资本边际效率由企业家的心理预期决定，很不稳定，所以投资很不稳定，这就导致有效需求不足，很难实现充分就业。因此，要想实现充分就业，首先要稳定企业家的预期，尽力提高资本边际效率；二是借助外部力量（比如货币当局、社会习俗、法制等），尽力降低利率水平。

【要点】

英国脱离金本位后长期利率下降，这例证：利率的主要变动是通过一系列间断性的下降而实现的。随着利率的每一次下降，公众的流动性偏好函数逐渐与之适应，从而在心理上做好准备，以便能对再一次下降的信息或当局的政策刺激做出反应。

【注】

从长期看，在一个没有爆发极端事件的比较稳定的社会里，比如英国脱离金本位后，利率是逐渐下降的，公众也会逐渐适应，并预期利率将进一步下降。

这种下降趋势具有普遍性，主要原因有：（1）发达经济体增长放缓，潜在经济增长率和平均利润率下降，作为平均利润率的一个组成部分，利率也趋于下降。（2）完全信用货币条件下，货币发行失去实物束缚，各国为了刺激经济频繁放水，货币供应量持续上升，资金不再稀缺，自然越来越便宜，其价格（利率）也逐渐下降。（3）死亡率和出生率双双掉头向下，人口老龄化日益严重，需要储备大量资金应对疾病、看护、康养、丧葬等需求，一方面普通民众不敢消费，企业投资欲望不强；另一方面储蓄率居高不下，市场资金供过于求，利率水平将逐渐走低。总之，低利率是个风向标，它和低生育率一样，一旦掉头向下，往往很难逆转，各类经济主体需提前设计好应对（或利用）方案。

【评论 30】

金本位制

《通论》多次提到金本位，并批评该制度，所以有必要对其做些分析。

一战期间，英国为了战争筹款放弃了金本位（Gold Standard）。一战结束后，为了维护英镑的国际信誉，英国于 1925 年按战前的平价恢复了金本位。当年 4 月 29 日，时任英国财长温斯顿·丘吉尔代表英国政府宣布，英国按照一战前平价恢复金本位，当时每盎司黄金等于 77 先令 10.5 便士，1 英镑兑换 4.86 美元①。其实，当时英国实行的只是金块本位制②，市场上流通的货币是银行券，不能直接兑换金币，只能兑换金块，并有最低额限制。例如，英国 1925 年金本位法令规定：一次至少兑换重量为 400 盎司纯金的金块，约折合 1700 英镑。这在当时是一笔巨款，普通企业和个人满足不了这个要求。

即便如此，此举仍遭到凯恩斯的激烈批评，他写了《丘吉尔先生政策的经济后果》，认为英国恢复金本位后，出口产品在国际市场价格较高，导致产品竞争力不足。因为英国实行金本位后，英镑的汇率在上升，导致币值上涨和英镑高估，英国产品相对变贵了，影响英国的出口，并诱使资本外流，阻碍了国内资本的扩张，使英国的失业问题不断恶化。在这种情况下，英国为了国际收支的平衡，被迫提高利率，此举反而抑制国内经济增长，并加重失业。当时的意大利和奥地利也面临类似情况。

早在 1923 年，凯恩斯在《货币改革论》中就指出，稳定币值的关键是稳定货币需求量，而不是货币供应量，并主张用货币管理方案取代金本位制。凯恩斯之所以厌恶金本位，一个重要原因是：一战后随着英国衰落，全世界（包括英国）的黄金（包括金币等）大量流向美国，美联储在全球金融体系中

---

① 当时，1 英镑等于 20 先令，1 先令等于 12 便士。

② 金块本位制（Gold Bullion Standard）又称“生金本位制”，是指国内不铸造、不流通金币，只发行代表一定重量黄金的银行券（或纸币）来流通，而银行券（或纸币）又不能自由兑换黄金和金币，只能按一定条件向发行银行兑换成金块。

的地位越来越重要，对英国国际经济和金融地位造成严峻挑战。凯恩斯在1933年曾承认：金本位在19世纪表现得可圈可点，但现在情况发生了变化，特别是，战争导致世界上大部分货币黄金转移到了美国。他断言，试图恢复金本位这个“野蛮的遗迹”，将导致“把管理我们价格水平以及操纵信贷周期的权力交到美联储的手中”，后者已经“在金牛犊的基座上……建立了一种美元本位制度”。世界金融控制权从伦敦转向纽约和华盛顿，是凯恩斯不愿看到的，却伴随着他的余生。

另外，凯恩斯年轻时曾在印度事务部①工作，他将印度的极度贫困和印度人对黄金的痴迷紧密地联系在一起，从而对黄金种下很坏的印象。按照他的说法，人在25到30岁的时候，经济思维就已经形成了。怎么看别人，也是在坦白自己的真实想法，毕竟言者心之声②，行者心之迹。

上面讨论的金本位制也称金本位，是以黄金为本位币的货币制度，最早由英国著名物理学家艾萨克·牛顿提出，盛行于1880至1914年。在金本位下，以一定量的黄金为货币单位铸造金币，作为本位币；金币可以自由铸造，自由熔化，具有无限法偿能力，同时限制其他铸币的铸造和偿付能力；辅币和银行券可以自由兑换金币或等量黄金；以黄金为唯一准备金。不同国家使用金本位时，各国汇率按照它们各自货币的含金量之比——金平价来决定。

在历史上，曾有过三种形式的金本位制：金币本位制、金块本位制、金汇兑本位制。其中金币本位制是典型形式，是狭义的金本位制。

由于金币数量远远无法满足日趋扩大的国际贸易的需求，只能实行没有金币流通的金本位制度，即金块本位制和金汇兑本位制③。在这两种货币制度下，虽然规定了货币的含金量，但符合一定条件才能兑换黄金。表面上看，该金本位制度解决了两个问题：（1）将货币与黄金捆绑在一起，解决了汇率标准的问题；（2）只流通纸币，不流通黄金，解决了黄金产量不足的问题。但是，金本位仍然未能解决如何约束货币发行这个根本问题，因而仅维持了几

① 印度事务部（India Office）是英属印度时期大英帝国的政府部门，由英国内阁的印度事务大臣领导。

② 出自邵雍《诗书吟》。

③ 金汇兑本位制（Gold Exchange Standard）也称虚金本位制，是国家法律规定以黄金作为货币金属，以一定重量和成色的金铸币充当本位币；但国家并不铸造金铸币，也不允许公民自由铸造金铸币，因而流通中没有金铸币，只有银行券，银行券可兑换外汇；银行券具有无限的法定支付能力。

年，就在新一轮世界经济危机中崩溃了。

金本位确实有很多缺点，但我们无法否认其显而易见的优点——能维护货币币值的稳定。2022 年俄乌冲突爆发后，在西方的打压和制裁下，卢布大幅贬值。危急时刻，俄罗斯央行将卢布与黄金挂钩，迅速稳定了卢布汇率。这再次验证了凯恩斯的那句名言：黄金作为金融市场“最后的卫兵”和紧急需求时的储备金，还没有任何其他更好的东西可以替代。

凯恩斯建议放弃金本位在经济萧条时期是适用的，可以增加整个社会的流动性，压低利率和工资水平。但黄金非货币化后，货币创造也就失去了实物约束，从此走上完全信用货币的道路，诸多国家逐渐陷入通胀的深渊。放弃金本位是凯恩斯在特定时期提出的政策主张，后人却将该项短期政策长期化、固化，直到货币创造完全失去实物约束，其后果是加重金融风险和经济波动的幅度，金融危机爆发得越来越频繁。而金融风险越严重，对金融部门越有利。因为金融业本来就是一个经营风险的行业，风险越大，利差越大，金融行业分散和转移风险的业务就越多，利润率就越高，金融部门在整个国民经济中的地位也就越重要。当然，不仅是金融部门，那些风险大、攸关国家安全、掌控着社会稀缺资源的部门和群体，收益和社会地位通常都比较高。无论是在什么年代、什么地方，皆如此。

Ⅲ　流动性陷阱

【要点】

在其他条件相同的情形下，对应于货币当局所创造出来的货币量，存在一个已被决定的利率，或者更严格地说，存在一整套已被决定的不同期限债券的利率体系。但这不限于货币数量，把经济体系中任何一个因素独立出来，都和利率有一定关系。

银行体系和货币行政当局都是货币和债券的经营者，而不是资本品（assets）或消费品（consumables）的经营者。

如果货币当局准备根据特定条件买卖所有期限的债券，或更确切地说，准备买卖风险程度不同的债券，那么，在利率体系和货币数量之间的关系就是直接的。……在货币管理的技术上，最重要的实际操作的改进或许是：由央行按照规定的价格买卖一切期限的优质债券，而不是按照单一的银行利率买卖短期票据。

［问题是:］货币当局总是不愿同等地对待不同期限的债券。在现实中，货币当局往往集中于短期债券，我们需要考虑，短期债券的现在和将来的价格对长期债券的影响。

货币当局对不同期限和风险的债券建立任何一整套利率体系的能力，存在某些限制，可概括为：

(1) 来自货币当局自身的局限，货币当局只愿意经营某一特殊种类的债券。

(2) 流动性陷阱。当利率降到某种水平时，流动性偏好几乎变为绝对的，其含义是：几乎每一个人都宁肯持有现金，也不愿持有债券，因为持有债券能得到的利率太低。在这种场合下，货币当局将失掉对利率的有效控制。

【注】

金融业和实业的关注点不同，都有自己的时间和风险偏好，都有自己的利益取向。为了更好地调控利率，货币当局在公开市场上买卖证券时，不能只专注于短期证券，形成短期利率；而应买卖各种种类、不同期限的证券，进而形成一个不同期限的利率体系，而不是形成单一的利率。

当然，即便货币当局能购买不同期限的证券，其调控能力也很有限，比如过多释放流动性不一定能促进经济增长，因为一旦进入“流动性陷阱”区间（如图 9 所示），通过货币政策降低利率的政策也就失效了，需另辟调控路径。

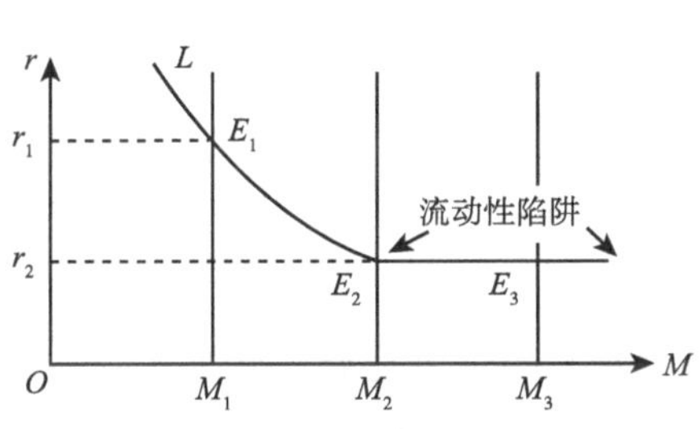

图 9　流动性陷阱示意图

【要点】

如果这种情况当真出现，它意味着政府本身可以按照极低利率，向银行系统无限制地借款。

【注】

一扇门关上，会有一扇窗打开。当融资成本很低时，也就为政府扩大投资提供了方便。尤其在经济萧条时，利率低到不能再低时，私人部门仍信心不足，不愿投资，此时扩大政府投资不仅融资成本低微，不会对私人投资产生挤出效应，还能发挥乘数效应。正所谓物极必反，货币政策的大门看似无奈地关上了，却把财政政策的窗户敞开了。

人类很聪明，只要开动脑筋，办法总比问题多。

【要点】

（3）流动性偏好曲线变成水平线，以致利率完全失去稳定性。一战后的俄国和中欧都经历过，那时人们因过度的通货危机而逃离通货，不论以什么条件，都无法诱使人们保持钱币（money）或债券。在1932年的某些时期，存在着相反的情况——金融危机或流动性危机，那时，无论条件多么合理，几乎没有人愿意被诱导着放弃他持有的钱币。

【注】

当人们面对严重通货膨胀时，最佳应对方案是将自己持有的钱币尽快花出去，换成实物，不可能傻到为了一点利息而将钱存到银行。此时利率调控就失效了。

【要点】

（4）［费用和风险问题。］压低有效利率的困难包括：把借款者和放款者拉拢在一起的费用，以及放款者所要求的、在纯利率之上还要补偿风险的费用，特别是有关赖账等涉及商业道德风险的费用。典型的借款者支付的借款利率，可以比纯利率下降得更慢。

［在风险中］商业道德风险估计占有相当比重。

借款费用是沉重的①——即使放款者的纯利率接近于零，银行还会向它的顾客索取1.5%至2.0%的费用。

① 这里的分析借款费用沉重的情况，与前面（2）所论述的情况相反。

【注】

由于存在道德风险，放款者会怀疑借款者的道德问题，即借款者是否诚实可靠，是否会恶意赖账等。这会加重整个借款者的风险水平，导致所有的借款者都要支付高额的费用；即便是那些诚实可靠的借款者也不例外。这就造成企业家的资金成本是很重的，即便纯利率①为零，企业也要被银行剥下一层皮，这个成本要达到 1.5% 至 2.0% 。

《通论》整篇都是为企业家和实体企业站台的，对金融资本很反感。

Ⅳ 货币数量论

【要点】

如果在现实中可以衡量当期资产量 O 和价格 P，则我们会得到 $Y=OP$，从而 $MV=OP$，这和传统形式的货币数量论大体相同。

货币数量论的最大毛病是：不能分清价格变动是由产量变动引起的，还是由工资单位改变引起的。这一忽略之处也许源于货币数量论的假设条件：它假设没有贮藏货币的倾向，又假设充分就业永远存在。如果情况是这样，则 O 成为常数，M_2 等于零；如果 V 也是常数，那么工资单位和价格水平都直接与货币数量成正比。

【注】

货币数量论虽然直观易懂，但争论很大。作者认为：如果不把 V 定义为 $\frac{Y}{M_1}$，而把它定义为 $\frac{Y}{M}$，那么，货币数量论就是一个不言而喻的道理。这就像讲授语言也在传播文化一样，暗指货币数量论的假设前提太多，太苛刻，现实意义不大。

【评论 31】

货币数量论

凯恩斯是著名的货币学家，在《通论》中多次提及并批判货币数量论，

① 纯利率（the pure rate of interest）又称真实利率，是指通货膨胀为零时，无风险证券的平均利率。

占用的篇幅较多。货币数量论的核心思想是：假定其他因素不变，商品价格水平涨落与货币数量成正比，货币价值的高低与货币数量的多少成反比。

法国的 J. 博丹（1530－1596）最早提出货币数量论的思想，他认为：白银的增加是货币价值低落的原因。后来，法国的孟德斯鸠①和英国的大卫·休谟也提出类似的思想。休谟将货币看成价值符号，是便利商品交换的“润滑油”。1752 年，休谟在《论货币》一文中指出：“商品增加，价格就便宜；货币增加，商品就涨价。反之，商品减少或货币减少也都具有相反的影响。”②这是对货币数量论最早的规范阐释。到 20 世纪初，又形成了多种货币数量论，比较有代表性的是：

一、费雪的现金交易论

费雪在 1911 年的《货币的购买力》一书中，提出“货币交易方程”，即：

$MV=PT$

其中，M 为货币供给量；V 为货币流通速度；P 为一般价格水平；T 为全社会商品和劳务的交易数量总和。

费雪认为：一般物价水平决定于流通的货币数量、货币的流通速度及商品的交易数量三个因素。有以下几个要点：（1）假定 V 和 T 不变，则 P 与 M 成正比；（2）假定 M 与 T 不变，则 P 与 V 成正比；（3）假定 M 和 V 不变，则 P 和 T 成反比。在上述的三个关系中，费雪认为第一个关系最重要。

二、马歇尔的现金余额说（Marshall's cash balance theory）

马歇尔认为，货币的价值与其他商品一样，由供需决定。供给是当时存在的通货量，需求是人们对于货币的需要量。货币的价值决定于全国居民用通货保持的实物价值与信用货币数量的比例。马歇尔把人们用通货形态保持的实物价值称为“实物余额”，把与保持的实物价值相应的通货数额称为“现金余额”。因此，马歇尔的这种表述被称为“现金余额数量说”。

三、庇古的剑桥方程式（Equation of Cambridge）

庇古在 1917 年提出的一种货币需求函数——剑桥方程式（又称现金余额

---

① 在《通论》的法文版“序”中，凯恩斯高度评价孟德斯鸠，认为《通论》“在生产理论上，它是对萨伊学说最终的背弃；在利息理论上，它是对孟德斯鸠学说的复归”。

② 康珂．大卫·休谟货币数量论的现代意义［J］．现代商业银行，2019（21）：21－23.

方程式）：

$M = kPy$

在上式中，M 表示全社会名义货币需求量；k 表示人们持有的现金量占名义收入的比率；P 表示一般价格水平；y 表示实际收入；Py 表示名义收入。货币需求 M 是名义收入和人们持有的现金量占名义收入比例的函数。货币供给和一般价格水平之间是正向关系，一般价格水平取决于社会货币供给量。

四、凯恩斯对数量方程式认识的变化

凯恩斯最初赞成马歇尔的现金余额说，1923 年在《货币改革论》中论证货币本身无效用，其效用完全是从所购之物得来。他还在庇古剑桥方程式基础上，提出一个“真实余额”数量方程式：

$n = pK$①

其中，n 代表社会流通的货币数量；p 代表一个消费单位的价格；K 代表人们手中用以换取消费单位的一定数量现金。若 K 不变，则 p 与 n 同升同降。从该方程出发，凯恩斯主张通过金融手段去影响物价，从而缓解或消除资本主义经济的周期波动。

到《货币论》时，他提出消费品价格水平的基本方程式及全部产品价格水平的基本方程式②，即：

$$P = \frac{E}{O} + \frac{I' - S}{R}$$

$$\pi = \frac{E}{O} + \frac{I - S}{O}$$

在上式中，P 为消费品的价格水平；π 为社会总产品的价格水平；E 为生产要素收入，即生产费用；O 表示一定时期的商品总产量；R 为其中的商品和劳务量；I' 为生产投资品的报酬，即新投资的生产费用；I 表示新投资增量的价值；S 表示储蓄量。

凯恩斯指出，若假设 W 为单位劳动的报酬率，W_1 为单位产量的报酬率即货币效率报酬率（等于 $\frac{E}{O}$），则上述方程式可改写为：

① 该式也可表示为：$n = p(k + rm)$。

② 在《货币论》中，货币价值的基本方程式虽然演化成十个方程式，但主要是下面两个。

$$P = W_1 + \frac{I' - S}{R}$$

$$\pi = W_1 + \frac{I - S}{O}$$

在两组方程式中，两种价格均由两个因素决定：一是货币效率报酬率 W_1，即生产费用；二是超过、等于或不足于本期储蓄数量，因而为正的、零值的、负的新投资费用或价值（I'或 I）。因此，要使物价稳定或货币购买力稳定于恒常的货币效率报酬率，即稳定于生产费用，就必须使新投资的费用或价值等于本期储蓄量①。

在《货币论》中，凯恩斯主张通过银行体系信用的扩缩，使货币利率与自然利率一致，从而使储蓄与投资价值相等。其物价水平基本方程式加进了一些在《货币改革论》中忽略的因素，并对物价、利率、利润等变量进行了具体划分；分析结论表明，货币数量并不直接影响物价，而是通过利率变动（使货币利率等于自然利率）影响储蓄和投资，然后才影响物价。

到《通论》时，凯恩斯首先否定了马歇尔等新古典经济学家关于充分就业的假设前提，认为货币数量影响物价，是在经济达到充分就业后的特殊情形；在充分就业之前，货币数量变动只能通过利率的变动来影响总需求和产量，而不影响物价。由于充分就业很难实现，因而凯恩斯基本否定了货币数量论。

尽管凯恩斯对货币数量论的认识不断演变，但他始终是物价稳定论者，主张管理通货制度。《通论》发表后，由于凯恩斯的货币经济理论的影响，货币数量论的势头有所减弱。但从 20 世纪 50 年代起，随着滞胀等问题的出现，凯恩斯主义的影响有所削弱，而以弗里德曼为核心的货币主义流派再次倡导现代货币数量论，并对一些西方国家的货币政策产生了影响。

五、现代货币数量论（modern quantity theory of money）

弗里德曼把剑桥方程式看作是货币需求函数，其中 PT 是货币需求中的两个变量，用 k 代表所有其他变量，因此在数值上不能看作是一个常量，而应把 k 当作包含其他变量的函数。他认为，货币是债券、股票、商品的替代品，货币需求是个人拥有的财富及其他资产相对于货币预期回报率的函数，并将其货

---

① 凯恩斯. 货币论上卷（何瑞英译）[M]. 北京：商务印书馆，1986：113－115.

币需求公式定义如下：

$$\frac{Md}{P}=f\left(Y_p,\ \eta-r_m,\ r_e-r_m,\ \pi^e-r_m\right)$$

其中，$\frac{Md}{P}$表示对真实货币余额的需求；Y_p 表示永久性收入；r_m 表示货币预期回报率；r_e 表示债券预期回报率；η 表示股票预期回报率；π^e 表示预期通货膨胀率。该货币需求函数式表明：(1) 货币需求与其决定因素之间具有很稳定的关系；(2) 货币需求独立于货币供给，需要建立一个货币供给函数，才能完善货币分析。

弗里德曼认为，货币供应量能直接影响国民收入和物价，利率对经济的影响是间接的和微小的；货币供应量的变动，既能影响物价总水平的变动，又能影响总产量或国民收入的变动。这是对各种货币理论的综合，是在继承传统货币数量论核心观点的基础上，又吸收了凯恩斯的货币需求的分析方法。在政策主张上，弗里德曼坚持自由主义，认为经济可自动恢复均衡，反对政府干预，主张建立“单一规则”的货币政策，避免通胀和经济波动。

第十六章 关于资本性质的几点考察

该章强调资本的意义在于能提供预期的未来收益，而不在于资本本身。储蓄行为并不是用未来的消费需求来代替现在的消费需求，而是直接减少现在的消费需求。

I 个人储蓄对消费和投资的影响

【要点】

个人储蓄的行为，可以说成是今天不吃晚餐（dinner）的决策。……它不是用将来的消费需求来代替今天的消费需求——而是今天需求的净减少。

储蓄行为不仅压低消费品价格，还降低现在的资本边际效率。因此，储蓄行为既减少当期消费需求，又减少当期投资需求。［注：在作者看来，储蓄行为是负面的。］

为未来消费而预订的订单，对就业可能产生的有利影响不能立即实现，而要等到今后的某个日期才能显现，因而，储蓄对就业量具有即刻（immediate）不利的作用。个人进行储蓄的决策，未必是对未来的消费下了一张订单，而只代表撤销了一张现在消费的订单。

储蓄只代表一种得到“财富”的欲望，为了获得在不事先规定之日、消费不事先规定的任何物品的潜力（potentiality）。

【注】

随着收入增长，消费倾向趋于降低，而储蓄倾向趋于升高；反之亦然。作者认为消费倾向和储蓄倾向的这种变化趋势，不仅适用于个人，也适用于企业和政府部门。对于有效需求而言，消费和储蓄的后果是不同的，消费能直接扩大有效需求，而储蓄直接减少当前的有效需求，却不一定增加未来的有效需求，对当前的消费、投资和就业等都不利。因此，为了实现充分就业，必须促进消费，同时抑制储蓄倾向。

【要点】

错误的说法来自一个看似合理的谬论：持有财富欲望的增加和增加对投资的需求，大致是一回事。对投资品需求的增加必然会刺激它们的生产，从而，个人储蓄对当期投资的推动程度等于当期消费的减少对当期投资的推动程度。

【注】

这种说法看似有道理，其实是谬误，因为在两者之间即便能建立联系，那也肯定有很多环节。这种谬误很难纠正，因为它来自一种信念，即财富所有者想要拥有的是资本资产本身。其实不然，财富所有者想要拥有的不是资本资产，而是资本资产的未来收益。

【要点】

资本资产的未来收益：完全取决于对有效需求和供给之间的将来关系的预期。因此，如果储蓄行为不能改善预期收益，那么它就不能刺激投资。

【注】

储蓄和投资不是一回事，储蓄能否转化为投资，取决于预期，还需要通过利率这个中间变量发挥作用。投资则主要取决于资本边际效率和利率之间的关系。利率能发挥调节作用，但不能保证将储蓄都顺利地转化为投资。

【要点】

读者可以问自己：当货币数量不变，为什么当个人有新的储蓄行为时，在现行利率下，人们用流动性形式持有财富的意愿会减少。

【注】

这段话让人费解。汉森的解释是：在利率不变的情况下，新出现的储蓄行为会使储蓄大于投资，从而降低国民收入。国民收入的降低至少使得满足交易动机和谨慎动机的货币需求数量 $L_1(Y)$ 下降。因此，人们愿意以流动性形式来持有的财富数量会减少①。

我的理解是：在货币供应量不变的情况下，如果储蓄增长或出现新的储蓄，与之相对应的则是消费和投资的减少，这两者都会造成整个社会的财富和收入规模缩小；随着收入减少，人们手中的流动性也将缩小。

Ⅱ　决定生产效率的因素

【要点】

与其说资本是生产性的，不如说在资本的寿命期间，其收益超过原有成本。原因在于，一件资本在寿命期间提供服务而得到的收益总和，大于它原有的供给价格，其唯一原因是它具有稀缺性，并因为有货币利率与之竞争，而继续保持资本的稀缺性。

【注】

关于资本的性质，斯密将一国或一人拥有的所有物质财富统称为“资财”(stock)，并将资财一分为二：一部分供当前消费，其性质是不提供收入和利润；另一部分能带来利润，这部分称为资本（capital）。接着，斯密又将资本分为流动资本和固定资本②。斯密是就资本谈资本，很具体，没有对资本进行抽象和升华。

马克思认为资本的本质不是物，而是在历史发展一定阶段上产生的、在物的外壳掩盖下的一种社会生产关系，是资本家剥削雇佣工人劳动的关系。马克思在《资本论》第一卷的最后一章指出：“纺纱机是纺棉花的机器。只有在一定的关系下，它才成为资本。脱离了这种关系，它也就不是资本了……资本是一种社会生产关系。它是一种历史的生产关系。”③

凯恩斯也没有就资本谈资本，他认为资本的意义在于能提供预期的未来收益，而不在于资本本身。他还从稀缺性分析资本，并认为，如果资本不再稀缺，那么资本的收益就很难大于成本，利润将减少。

---

① 汉森．凯恩斯学说指南（徐宗士译）［M］．北京：商务印书馆，2020：155.

② 斯密．国富论（郭大力/王亚南译）［M］．北京：商务印书馆，2015：261－262.

③ 马克思．资本论（第一卷）［M］．北京：人民出版社，2018：878.

我认为，凯恩斯的分析有道理，但也有不足，因为没有区分平均利润和超额利润，没有区分资本的差异性。在正常循环运行的经济体中，很多资本是必需品，即便不稀缺也要投入。比如，大多数国家的农业资本是微利的，如果任由市场调节，则会导致大量资本从农业部门逃离，从农村流向城市；但从宏观角度看，这些农业资本和农产品都很重要，各国会采取各种措施，比如财政补贴、优惠利率、政策性保险等，保障农业生产正常运行，甚至限制城市资本与农业资本的竞争。即便农产品的产量一时超出社会需求量，短期看不稀缺，也要投入大量资本改善库存条件，把多余的农产品储备起来以备不时之需，进而保证相关的农业生产能获得社会平均利润率，否则将影响整个社会的正常运行，甚至危及国家安全。

我有一种体会，《通论》的很多论述可能适用城市经济，但不一定适用农业和农村经济。这也许和凯恩斯长期生活在大城市、游走于上层社会有关。

【要点】

我欣赏古典学派以前的理论，该理论认为：每一件物品都由劳动生产出来，而协助劳动进行生产的是：技术；自然资源；过去的劳动。

最好把包括企业家和其助手（assistants）的劳务在内的劳动当作唯一的（sole）生产要素，在既定的技术环境、自然资源、资本设备以及有效需求的条件下发挥作用。这可部分解释：在货币单位和时间单位之外，我们为什么可以只把劳动当作经济体系的唯一物质单位。

【注】

凯恩斯认同劳动创造财富，延续了古典学派的价值论，没有什么创新，但他把工人视为企业家的助手，把工人和企业家看成是一体的，不是对立和矛盾的，他们的劳动都能创造财富。他认为与企业家和工人相对立的，是食利者阶级。而马克思认为资本家占有一切生产资料并雇佣工人，“一个红光满面，雄心勃勃；一个战战兢兢，畏缩不前，像在市场上出卖了自己的皮一样，只有一个前途——让人家来揉。”①

① 马克思．资本论（第一卷）［M］．北京：人民出版社，2018：205.

【要点】

某些长期的或迂回的生产过程，在物质上确实是有效率的。但某些短期生产过程也如此。长期过程不是因为时间长才有效率。某些长期过程，甚至大多数长期过程，在物质上非常缺乏效率，因为时间会造成损坏或浪费。

除去其他考虑，安排到制造机器和使用机器的劳动力之间，须保持一个应有比例。

实际上，我们会处于这样一种状态，在其中，短的生产过程必须保持足够的稀缺性，以使它们的物质效率超过因产品早产而遭受的损失。

【注】

短时间完成的产品大量进入市场后，容易造成产品滞销，造成企业的资金难以顺利回流和购买力不足，使生产难以在原有规模上进行。

我认为上面的论述是从企业或行业的角度做的分析，有些道理。另外，从宏观角度看，短期生产过程的链条短，乘数效应小，拉动经济增长的作用小，就业贡献小。短时间就能生产的产品往往技术含量比较低，比较简单，国际竞争力相对不足。因此，从国民经济的总体和长远发展看，对科技含量较低的“短平快”投资不宜过多，即便它短期内对就业和税收等都有利。

【要点】

相对于其所用劳动量，劳务和设备变得稀少，从而更加昂贵，原因有很多。例如，空气污浊的生产过程必须支付较高的报酬，否则，人们便不会从事这些工作。有风险的生产过程亦如此。……在较难令人满意的环境下制造出来的产品，应被保持在足够稀缺的程度，以便让这些物品取得较高价格。

最优迂回效果（roundaboutness）既定时，我们要选择尽可能有效率的生产过程，直到达到我们要求的比例为止。所谓最优迂回效果，就是在恰当的时间里满足消费者的延迟需求。

【注】

环境差、风险高的行业，应具有较高收益率。其实还是说稀缺的东西应获得较高的价格。问题是，如果一种东西经济效益差，但社会效益高，私人资本不愿进入，很稀缺，我认为还可以考虑其他生产和投资方式，比如公私合营、公共投资等。

【要点】

如果利率为零，则对任何一件物品，在投入生产要素生产该物品的平均时期和消费的平均时期之间，有一个最优的间隔时期，是指在此期间劳动成本是最低的。

如果利率大于零，就出现一个新的成本因素，由于这一成本因素随着生产过程的长度而增加，所以最优生产期间被缩短，当前为预备交货而投入的生产要素，也因此而减少。……如果利率下降到小于零的程度，则后果相反。

当利率上升时，今天为未来的消费需求进行生产所占的比例，也随之缩小。

【注】

这里所说的“新的成本因素”（a new element of cost）是指利息。

这段话说得很绕，不好理解，大体意思是：高利率不是好东西，利率越低，对投资和生产越有利，能拉长生产过程，对就业有利；利率越高，对消费和投资等越不利，最优的生产期间会被缩短，同时为了将来对该物品的交货而投入的生产要素会减少，包括劳动要素，对就业不利。因此，应尽量降低利率，哪怕降到小于零的程度。

Ⅲ　资本的稀缺状况

【要点】

在长期中，资本必须保持在足够稀缺的程度，以便能使其边际效率在资本的寿命期间至少等于利率，而利率由心理和制度决定。假设有一社会，资本设备已经很丰富，如果投资再增加，则资本边际效率将为零或负数。

对于我们所假设的社会，在自由放任不加干预的情况下，它的均衡处于足够低的就业量位置，而它的生活水平处于足够困难的状态，以致能使它的储蓄为零。更可能的情况是，围绕这一均衡位置做出周期性波动，原因是：资本边际效率偶然大于零，从而导致“繁荣”；在随之而来的“萧条”中，资本的存量在一段时期中可能下降得很低，低于资本边际效率在长期中等于零的水平。

【注】

在自由放任的情况下，资本边际效率从长期看，平均为零，繁荣是偶然的。

1926 年，凯恩斯发表了《自由放任主义的终结》，文中指出："自由放任主义"的法文原意是俗语"让我们自己干"；作家马克・D. 阿让松是鼓吹政府对贸易放任自流有经济好处的鼻祖，马克鼓吹管得最好的政府是管得最少的政府。

《通论》多次提及并反对自由放任，认为不加干预的自由放任的均衡位置不一定是合理的位置，失业问题仍然存在，就业量足够低；经济围绕这个位置上下波动，就会使人们的生活很困难，储蓄为零，无法保证未来的投资。这种状态可能是常态。

凯恩斯虽然反对自由放任，但他终生都拥护资本主义制度，并认为该制度很理想，但需要改进。他在《自由放任主义的终结》中写道："在我看来，资本主义在高度有效的管理下，与我们目前为止所看到的别一制度比较，的确能够更加有效地实现经济目标；不过这一制度本身，有许多方面是极端要不得的，是应当反对的。我们的问题是，如何努力设计出一个社会组织，与我们所满意的生活方式的观念既不发生抵触，而效能则可以尽可能地提高。"①

另外，凯恩斯估计长期债务利率的下限也许高达 2% 或 2.5%，如果完全自由放任，利率很难下降，经济增长将很困难，社会财富很难继续增长。因此，应放弃自由放任。

【要点】

假设有两个社会，生产技术相同，但资本存量（stocks of capital）不同，则资本存量较小的社会，可能反而比资本存量较大的社会享受更高的生活水平。当资金较贫乏的社会赶上较富裕的社会后，两种社会都要遭遇那位点物为金的米达斯国王②的命运。该令人不安的结论当然基于一个假设：消费倾向和投资数量都没有按社会的利益，进行人为地控制，而主要听任自由放任的

① 凯恩斯．劝说集（蔡受百译）［M］．北京：商务印书馆，2018：252.

② 米达斯（Midas）是希腊神话中的弗里吉亚王，他贪恋财富，求神赐予点物成金的法术，酒神狄俄尼索斯满足其愿望。最后连爱女和食物都被米达斯的手指点成金子。

支配。

【注】

作者发现了资本过于充足对于居民生活水平的抑制作用，并将其称为“米达斯国王的命运”，意思是：资本对经济的促进作用体现在资本不足的阶段；当资本过于充足时，资本就变成经济增长的拖累了。这都是自由放任的结果。因此，需要引入人为控制（政府干预）。

我认为，资本越充沛，越有利企业资本积累，加大科技投入，采用新的设备，提高技术水平，提高劳动生产率和竞争力，进而提高利润率，导致整个社会或部门的资本有机构成不断提高。而随着资本有机构成的提高，对劳动的需求总量则相对减少，对就业不利。这好像与自由放任没有直接的关系。

【要点】

当充分就业时，投资数量等于整个社会愿意进行的储蓄，利率等于资本边际效率。此时，如果利率的下降速度不如资本边际效率降得迅速，那么，即使把积累财富的欲望转向拥有实际上不提供任何经济产出的资产，也会增加经济福利。

建造巨厦容纳亿万富翁活着的肉体，建造金字塔保卫他们死后的躯体；兴建教堂、捐赠教会或国外布道使团等，为他们的罪恶忏悔，可以推迟资本充沛损害产品充沛的时间。因此，利用储蓄“在地上挖洞”①，不仅增加就业量，还增加由有用物品和劳动构成的国民收入。然而，一旦我们理解：这些缓解有效需求不足的方法不仅是偶然起作用的，而且往往是浪费的，那么明智的社会继续使用它们就是不合理的。

【注】

达到充分就业后，如果资本品过于充沛，甚至充沛到有害的程度时，可以搞些浪费式的投资，比如建金字塔、教堂等，虽然看似不合理，但能让资本不再充沛，变得稀缺，这些都是增加有效需求的办法，也可以继续使用。当然，这些浪费性投资应该是少量的、偶然的。

本节对自由放任的阐述引起诸多经济学家的重视。萨缪尔森认为，自由放任是市场经济的一种意识形态，它强调市场的自我调节，反对政府的直接干

① 原文：to dig holes in the ground.

预，并且因为其乌托邦性质，而始终能够占据自我辩护的道德高地。市场经济的极端情况称为自由放任经济，政府不对经济决策施加任何影响。受自由放任思想的束缚，政府的活动空间应被压缩在很小的范围，比如：法律和秩序维持；国防；提供私人企业不愿提供的某些公共品。

凯恩斯明确反对自由放任，主张政府有限干预，尤其是在经济萧条时应扩大政府职能，鼓励政府部门扩大公共投资，增加就业，如果没有好的项目，哪怕是“在地上挖洞”，在某些情况下也是可行的，总比无所事事强。

因此，凯恩斯的理论也被归纳为“挖洞理论”：失业严重时，公共部门先雇用100人挖洞，再雇用100人把洞填上，这叫“创造就业机会”；挖洞需要铁锨，生产铁锨的企业就能开工，接着生产钢铁的企业也能开工，这叫“扩大投资”；工人们发工资要吃饭，需要买米买面，这叫“扩大消费”；投资和消费都启动了，整个经济也就盘活了，这叫“扩大GDP”。

后来，亨利·黑兹利特在《一课经济学》中提出“破窗理论”：一个小孩打破了面包店的窗户，面包店的老板不得不花钱安装玻璃；这样玻璃工人和木匠就有活干了，接下来就会使伐木场和玻璃工厂开工，从而推动社会就业。这是典型的“破坏创造财富说”，如果该学说成立，那么战争、地震等都能创造财富。问题是：战争摧毁的东西越多，世界就会变得越贫困，战后需要的东西也就越多。

Ⅳ　资本主义变革

【要点】

[假设能控制利率，再假设能引入国家行动，] 我推测，在一个运行良好、具有现代技术所需要的资源、人口增长不太快的社会，在一代人（a single generation）内把充分就业均衡时的资本边际效率降低到大致为零的地步，应该是可能的：从而我们的社会将到达准静态（quasi - stationary）；在这里，变动和进步只来自技术、嗜好、人口和体制的改变；同时，资本产品的售价与资本需求很少的消费品的价格确定都体现相同的原则，即价格与包含在产品中的劳动等成比例。

【注】

这是凯恩斯构想的、经过改良的资本主义，制度稳定，社会稳定，资本品生产和消费品生产达到平衡，这两个部门的配置也达到平衡，价格和劳动成比例。凯恩斯预测，只要不操之过急，那么，经过一代人的努力，就能达到这样的理想社会。

该预测太乐观了！现在《通论》出版已近百年，英美等发达的资本主义国家也未能实现该目标。

【要点】

我推测，使资本充沛到资本边际效率为零的地步，是比较容易做到的。如果该推测正确，这也许是最理智的方式，逐步消除资本主义的许多不良特征（objectionable features）。被积累的财富逐渐丧失增值力，我们稍微想一想，这是多么重大的社会变革！人们仍然有自由积累收入，以备日后使用，但积累的财富不再增值。他们会像博普之父（Pope's father）那样，从商业经营中退休，携带一箱金币到他的家乡特威克南的别墅，并以此来支付日常开支。

【注】

资本边际效率为零都能实现充分就业，前提是利率更低甚至为负，这就要求信用极其充足，资本不再稀缺。当资本不再稀缺时，资本主义的弊端也就消除了，财富因极其丰裕而丧失了增值力。此时的社会已不是纯粹的资本主义，而是变革后的资本主义。

我对这段话的理解是：资本主义确实有弊端，需要改革，但不要采取极端的方式，不要没收资本家的财富。可以通过扩大资本供给的方式，使资本品不再稀缺，进而逐渐弱化资本的功能和地位，让资本丧失增值能力，丧失在资本主义社会中至高无上的统治地位。总之，要让资本家等食利者不再占据统治地位，让他们远离城市和名利场，去安度晚年，就已经是很大的社会变革了，不用采取革命、“剥夺剥夺者”那种极端的社会变革方式。

【要点】

虽然食利者将消失，但仍存在企业活动（enterprise）和经营才能发挥作用的空间，来对预期收益做出不同的估计。这主要是对纯利率而言的，而不是指已经把风险方面的报酬包括在内的资本资产的毛收益。

【注】

即便资本主义变革了，食利者消亡了，仍然需要企业家和企业家精神，需要经营才能等专业知识。

【要点】

如果规避风险的态度普遍存在，那么带有风险和不带有风险的资产加总，会在一段时间后取得正收益。然而在该情况下，由于人们过分热衷于从不确定的（doubtful）投资中获得收益，所以这种投资的净收益的总和可能为负数。

【注】

规避风险比冒险的收益高，规避风险能获得正收益，热衷冒险的净收益总和为负。本来情况还可以，却由于冒险使情况变差。这是凯恩斯估算的，没有经过论证和精确计算。

我对这段话的理解是：当时守成的没落的英国可能不崇尚冒险，而美国等新兴大国崇尚冒险和创新。1912 年熊彼特出版了《经济发展理论》，该书提出"创新"及其在经济发展中的作用，在美国影响很大，也是对美国工业经济增长最快、焕发勃勃生机的那个时代的反映。这让凯恩斯有种紧迫感，极力劝说人们要规避风险，不要冒险。

凯恩斯的同事兼好友——琼·罗宾逊曾有一句名言："学习经济学的主要目的就是不受经济学家的欺骗。"我想，这句话可能也适用于那些经济学大师们。

"青山遮不住，毕竟东流去。"① 一战后，英国国力严重受损，自治领的离心力加强。1931 年底，英国议会通过《威斯敏斯特法案》后，确定各英属自治领都获得完全独立的主权，曾经风光无限的大英帝国已经名存实亡。凯恩斯智慧如斯，也无力逆转英联邦的颓势，落寞且无奈。

在长期的经济学研究中，我逐渐形成了一种认识：经济学等社会科学即便有力量，其能量和作用也有限，不像凯恩斯鼓吹得那么厉害。经济学者需要把握好时代潮流，顺势而为，才能更好地实现自己的学术价值。

---

① 出自辛弃疾《菩萨蛮·书江西造口壁》。

第十七章
利息和货币的特性

货币的性质可概括为：具有零值的或很小的生产弹性；替代弹性接近零；保管成本为零或很低；能满足流动性偏好。人们对财富的需求集中在对货币的需求上。

《通论》刚出版时，有人对该章着迷，然而仔细挖掘后，发现并不是金矿。汉森认为该章多余，可以去掉。我认为：凯恩斯将“货币自己的利率”作为宏观经济学和货币理论的基础，能把货币和资产紧密联系起来，货币成为影响经济增长的重要变量，从而建立了自己的货币经济理论和模型，也是一种研究思路和理论创新，值得一读。

I 利率的一般特征

【要点】

货币利率（rate of interest on money）在限制就业量上似乎起到特殊作用，因为货币利率定了一个标准，如果有新资本资产生产，那么它的资本边际效率必须达到这个标准。

货币利率：不过是一笔契约合同所规定的、将来支付的款项超过其现值的百分比，以差数为分子，以现在价格为分母，换算成百分比而已。如此说来，似乎每一种资本资产都有货币利率的类似物。……每一种耐久性商品，都有它自身的利率，例如小麦利率、铜利率、住房利率，甚至炼钢厂利率。

小麦利率为每年负 2%。

在各种商品自己的利率中，真正起作用的很可能是其中最大的利率，而货币利率往往是其中最大的利率（因为某些能减少其他商品自己利率的力量，对货币利率不起作用）。

从事外汇交易者都知道，两种不同的货币，比如英镑和美元，它们的利率并不相同。因为用英镑计量的外国货币的“现货”价格和“期货”价格的差异，对不同的外国货币来说，一般是不同的。

货币利率并不比其他利率更具有代表性，而是处在和其他利率相同的地位。那么货币利率的重大意义究竟来自它的哪些特殊之处？为什么产出量和就业量与货币利率更加密切，而不是和小麦利率或房屋利率有关？

【注】

货币利率的重要性来自货币以下特点的共同作用：（1）通过流动性偏好动机的作用，货币利率可以在相当程度上不对货币数量的改变做出充足反应；（2）货币具有零值的生产弹性和替代弹性，由国家控制。

货币利率之所以最高，是因为货币的流动性最强。人们进行投资，比如种小麦、建炼钢厂等，投资的收益率至少要超过货币利率，这是衡量投资的基准，否则就不如直接持有货币了，因此货币利率很重要。

该节分析得很绕，我的理解是：货币和其他资产有很多共性，不能将它们严格分开；不管投资什么，其收益率需要超过货币利率；货币、利率和经济是密切关联的，是融合在一起的，不是“两张皮”，不能将货币和经济分开。

不仅是货币，各种商品都有自己的利率，虽然听起来富有哲理，但也有些玄幻。凯恩斯这方面的理论“创新”没有受到足够重视，可能是因为他对货币和利率都不太友好，没有被占据统治地位的“金融资本”接受吧。

【评论32】

货币的本质

货币是很古老的经济问题，它的本质到底是什么？这引发了众多经济学家的思考。配第认为金银珠宝虽然也是商品，但和一般的商品有区别，他在《政治算术》第一章指出：“金、银、珠宝不易腐朽，也不像其他物品那样容易变质，它们在任何时候，任何地方都是财富。然而酒品、谷物、鸟肉、兽肉之类的东西尽管很多，它们却只是一时一地的财富。”[①] 配第还提出“货币脂肪说”，认为“货币不过是经济的脂肪，如果过多，就会使经济不灵活；如果过少，会使经济发生问题”[②]。

约翰·穆勒等人倡导的“货币面纱论”（monetary veil）认为：货币与商品的交换，实质上是商品与商品的交换，货币本身没有价值，它只不过是便利交换的手段，对经济不发生实质性影响，货币就像罩在实物经济上的一层面纱。其核心是“货币政策无效、不影响实际产出”。问题是，有了货币之后，从商品到货币（W－G）和从货币到商品（G－W）明显不对称，W－G才是商品整个生涯中一次“惊险的跳跃”，很不容易。

约翰·洛克认为，金银具有耐久性和稀少性，并且难以伪造，因而“人们一致同意给它们以一种想象的价值，使它们成为共同的保证物”[③]。詹姆斯·斯图亚特认为：“货币……是一些可让渡的最适合的等价物。”[④] 德国经济学家纳普在《国家货币理论》的英文版序中认为“排除国家的概念研究货币是过时的，更是荒谬的”[⑤]，他认为现实使用的货币和票券凭证类似，与制造货币的材质没有什么关系。

马克思也认为货币是商品，是固定地充当一般等价物的特殊商品，是“作为价值尺度并因而以自身或通过代表作为流通手段来执行职能的商品”[⑥]，反映了商品生产者之间的社会关系。马克思在《资本论》第一卷中指出：“等价形式同这种独特商品的自然形式社会地结合在一起，这种独特商品成了货币商品，或者执行货币的职能。在商品世界起一般等价物的作用就成了它特有的社会职能，从而成了它的社会独占权。”[⑦] 在《政治经济学批评（1857－1858年手稿）》中，马克思将货币看作“同各种商品本身相脱离并且自身作为一种

① 威廉·配第．政治算术（陈冬野译）［M］．北京：商务印书馆，2014：25.

② 黄刚等．我国货币供应与经济增长关系的实证研究［J］．金融教育研究，2013（4）：36.

③ 约翰·洛克．论降低利率和提高货币价值的后果（徐式谷译）［M］．北京：商务印书馆，1982：19.

④ 詹姆斯·斯图亚特．政治经济学原理研究（金镝等译）［M］．北京：华夏出版社，2009：302.

⑤ Knapp，G. F.（1923）．The State Theory of Money. London，Macmillan and Co.，Limited，1924 English Edition. Pp. viii－ix.

⑥ 马克思．资本论（第一卷）［M］．北京：人民出版社，2018：152.

⑦ 马克思．资本论（第一卷）［M］．北京：人民出版社，2018：86.

商品又同这些商品并存的交换价值”①，货币除了以自然属性满足人们的特定需要外，还具有表现和衡量其他一切商品的价值和直接进行交换的能力，具有价值尺度、流通手段、贮藏手段、支付手段、世界货币等职能。

凯恩斯对货币的认识与马克思有相似之处，也认为货币是一种商品，除了流动性升值偏高外，和小麦等商品没有什么特别之处。当然，二人认识上的差异也很明显，马克思主要从交换流通的角度看货币，凯恩斯主要从投资生产的角度看货币。

我是研究金融的，在研读《通论》时有一种贯穿始终的感觉，即：货币不是什么好东西，是很多罪恶的源泉；只要货币不稀缺，它的罪恶也就消除了。问题是，如果货币不再稀缺，那么整个金融业也就没落了。凯恩斯对货币和金融资本的敌意和冷漠，他的理论对金融既得利益者的威胁，都是显而易见的，金融资本自然也不喜欢他的论调。

需要注意的是，马克思所处的年代是金本位时期，凯恩斯所处的年代是信用货币的前期，货币都属于有形货币的范畴。进入信用货币后期，货币就从有形货币阶段跨入了无形货币阶段。当今，各国陆续步入后信用货币时代，出现了一些新的货币概念，比如电子货币、虚拟货币和数字货币等。随着货币形式的演变，对货币本质的认识也不断演变，有的将货币抽象为一般等价物、一种索取权或债务关系；有的将货币抽象为一种契约关系或一种共同体认可的隐形合约；等等。不管怎样演变和抽象，货币仍然充当一般等价物，反映着各种社会关系，比如个体之间的关系、个体与国家之间的关系、国家与国家之间的关系等。

Ⅱ　不同资产的利率

【要点】

在一段时期内，拥有一件资产可预期得到的总收益，等于该资产的收益减去它的保管费，再加上它的流动性升值。

【注】

高鸿业将“liquidity – premium”译为“流动性升值”；徐毓枬译为“灵活

① 马克思恩格斯全集（第30卷）［M］. 北京：人民出版社，1995：94.

升值”；我虽然选择前者，但认为译成“流动性溢价”更合适。

一般而言，流动性差的资产的预期收益高，而流动性好的资产的预期收益低。因为流动性差的资产涉及较高的交易成本，卖出该资产要承受较大的价格折扣，所以市场价格应该比流动性高的资产低，或者说，投资者对流动性差的资产要求较高的预期收益。比如，国债的流动性好，其预期收益较低（比如3%）；普通公司债券的流动性差，其预期收益较高（比如5%）。这种流动性差的资产与流动性好的资产的预期收益之间的差额，就是流动性溢价。

【要点】

任何商品自己的利率 $= q - c + l$

q：收益；c：保管费；l：流动性升值；q、c、l 都以该商品本身作为衡量单位。

对货币而言，它的 q 为零，c 可忽略，但 l_3 相当大。

住房的收益为 q_1，但 l 和 c 可忽略不计。

小麦的保管费 c_2 为负，q 和 l 可忽略不计。

就是说，q_1 是住房利率，$-c_2$ 是小麦利率，l_3 是货币利率。

【注】

货币利率并不比其他利率更具有代表性，和其他利率的地位相同。对于每一种耐久性的商品，都有一个用该商品计量的利率。

凯恩斯审视利率的视角比较独特，也是一种思路，可以丰富我们对利率的认识。但他把收益、保管费和流动性升值放在一起比较，我认为不甚合理，起码决定这三者的因素不同，有些风马牛不相及。如果凯恩斯关于利率分析的逻辑成立，那么，我认为至少还要加上一项，即交易成本。货币的交易成本最小，小麦次之，而房屋的交易成本最大。

另外，各种商品都有效用，而且在不同的时期，它们的效用明显不同，按照凯恩斯的逻辑，我们在计算各种商品的利率时，是否应该把“效用”或“效用变化”这个重要因素也考虑进去？

【要点】

货币利率对产量施加限制的说法不完全正确。应该是：当资产数量普遍增加时，有一种资产的利率下降最慢，这最终使其他资产的生产无利可图。

如果货币只是作为价值标准，那么，货币利率并不必然是造成上述困难的原因。……如果有任何资产，当它的产量增加时，它自己的利率难以下降，同样的困难仍然存在。例如，黄金会继续在一个国家充当利率下降相对缓慢的资产，而该国已实行不兑现的纸币本位（an inconvertible paper standard）①。

【注】

凯恩斯描述的是经济萧条时期，各种资本资产普遍过剩，它们的收益率普遍下降，但货币利率下降最慢，致使其他投资无利可图，大家都很谨慎，纷纷持有货币，从而使投资受阻，经济难以复苏。如果货币仅仅是个价值尺度，那么，它不会造成这种困难。

其实不仅是货币，只要存在一种资产，其利率随着产量的增加而难以下降，那么上面描述的困难就会存在，比如黄金。在大萧条期间，人们都竭力持有黄金，不敢投资，经济复苏极其困难。那时有必要推动黄金非货币化，让持有黄金无利可图甚至是负担，让货币生产失去黄金束缚，大量增加货币供给。罗斯福新政就是这么干的。1933 年 4 月 5 日，罗斯福政府宣布 6102 号行政命令，禁止私人储存黄金和黄金证券，让美元与黄金脱钩；4 月 19 日，禁止黄金出口；6 月 5 日，公私债务废除以黄金偿付；1934 年 1 月 10 日，发行以国家有价证券为担保的 30 亿美元纸币。罗斯福将黄金视为“那些所谓国际银行家的迷信”，他采取以上措施，就是为了让黄金退出流通，让黄金贬值，以博取“增加美元供给、降低黄金和美元利率、让美元贬值、增强美国商品国际竞争力”的四重政策效果。

古典学派的经济和货币理论是苍白的，而剽悍、生猛的罗斯福新政是鲜活的，对凯恩斯原来所信奉的传统经济思想冲击太大，大到崩溃。这也是诱发他撰写《通论》、思考黄金价值、探究货币和利率性质的重要原因。

现在有些人读本章时，感觉凯恩斯对利息和货币理论的分析很乱，让人费解，甚至有故弄玄虚之嫌。这可能没有考虑到罗斯福新政对凯恩斯的震撼，没有体会到他原有信奉的经济思想崩溃时的慌乱，没有意识到他急于建立新经济理论体系的那种脑洞大开的冲动。

① 纸币本位也称“不兑现信用货币制”“不兑现纸币流通制”。

换位思考，当你意识到被自己奉为金科玉律的货币和利率理论不符合现实，甚至背离现实、完全错误，你却在大学里将这些理论作为教材，向青年学子们传授了很多年，那将是一件何等尴尬的事！

Ⅲ 货币利率的特殊性

【要点】

货币利率是唯一重要的利率，导致该结论的特点是：

(i) 就私人企业的能力而言，货币具有零值的或很小的生产弹性①。

货币不能很容易地生产——当用工资单位衡量的货币价格上升时，企业家不能随意增雇劳动力，转而增加货币生产。[注：对于小麦、钢材等商品，当其价格上升时，企业家可以通过增加劳动力和资本设备等，来扩大生产规模，而货币则不行。否则就是违法。]

货币自己的利率很难下降。如果货币能像谷物那样生长，或像汽车那样制造，那么，经济萧条将会避免或缓和。[注：能把更多的劳力转移过来生产货币，扩大生产和就业。]

(ii) 货币第二个能加以区别的特点是：它的替代弹性等于，或几乎等于零，即：当货币的交换价值上升时，没有其他生产要素或者商品有替代它的倾向。[注：小麦等普通商品则不行，如果小麦价格上涨过快，大米等粮食可以替代它。]

货币的效用完全取决于它的交换价值，而货币的交换价值会和其他商品的交换价值同时涨落，于是货币和其他地租要素（rent－factors）不同，当货币的交换价值上升时，人们并没有用其他要素来代替它的动机或倾向。

因此，当货币价格上升时（用劳动计算），不仅不可能使用更多的劳动把它生产出来，而且，无论货币的价格如何上涨，人们都不会像对待其他地租要素那样，减少对货币的需求，转而需求其他商品。因此，当对货币的需求增加时，货币还是吸收购买力的无底洞［注：无限制地容纳购买力］。

【注】

货币生产不容易，企业家不能像生产其他商品那样、用增雇劳动的办法来

① 生产弹性是用于生产货币的劳动量的比例的改变除以单位货币所能购买到的劳动量的比例的改变。

增加货币的产量。因为货币生产和供给是由国家控制的，不是私人部门可以改变的。其含义是：既然国家控制货币发行，那就应该发挥更大作用；只要国家放松货币生产条件，大量释放货币，压低利率，就能避免经济萧条。

当然，这只是凯恩斯的设想。其实，经济危机和萧条是由资本主义经济内在矛盾决定的，不是货币的问题。即便是，也是次要因素。比如，现在货币生产很容易，开动印钞机甚至记个数就行了，比种地和造车容易，实现了《通论》的构想，但经济危机、衰退和萧条依然无法避免。由此可见，《通论》提出的利率货币理论和那些治标不治本的政策主张，有局限性，既无法阐释也不能解决资本主义经济的主要矛盾和问题，当然不可能根治经济危机和失业的病症。

【要点】

(iii) 货币数量不能通过转移劳动力于货币生产而得以增产。但认为货币供给量固定不变也不太正确。因为当工资单位降低时，一部分现金（cash）会从其他用途中释放出来，去满足流动性偏好动机；而且，当［物品的］货币价值降低时，货币存量在社会财富总额中会占有一个较高比例。

【注】

上面三条分析了货币利率与一般商品利率的区别，也分析了货币利率之所以重要的原因。简单说，货币供给数量是货币当局控制的，市场上的其他力量无法对其发挥影响。

【要点】

货币利率难以做出适度下降的理由：

(a) 应该考虑到工资单位的下降对用货币计量的其他资产的边际效率的反作用……如果工资率下降的影响，是产生一种它以后再度回升的预期，则结果会完全有利于我们的论点；如果相反，影响是产生进一步下降的预期，则对资本边际效率的反作用可以抵消利率的下降。

(b) 以货币衡量的工资趋于粘着（sticky），即货币工资比实际工资更稳定，会对以货币衡量的工资单位的下降施加限制。……正是由于货币的其他特点——特别是使它具有流动性——所以，被固定在货币之上的工资才具有粘性。

【注】

货币工资具有粘性，比实际工资稳定。更加具有粘性就是更加稳定的意思。另外，如果其他商品，比如小麦（或小米）等被当作工资单位后，也能增加其流动性升值。比如在小米计酬制下，小米的流动性就大大增强了。

【要点】

（c）货币能满足流动性偏好的特点。……超过某点以后，货币由于流动性而得到的利率，很难随着货币数量的增加而下降。即使下降，也达不到其他类型的资产由于数量同等程度增加而导致的收益下降幅度。

在上述情况中，很低的（或可忽略的）货币保管费（carrying - costs）发挥关键作用。

【注】

上面分析了货币利率难以下降的原因，尤其是货币和工资相互绑定，让货币利率也具有很强的“粘性”。有时，即便货币当局增加货币数量，也不一定能降低利率。货币利率难以下降，是导致有效需求不足和失业的重要原因之一。

【要点】

因此，货币利率的重要性来自其特点的共同作用：（1）由于流动性偏好的作用，当货币数量相对其他财富（以货币计算）增加时，利率也许不大起反应；（2）货币具有零值（或可忽略不计）的生产弹性和替代弹性；（3）人们对财富的需求，主要集中于对货币的需求。

由于货币生产缺乏弹性（除了官方采取行动），所以，想通过对货币供给量的自然调节来降低利率是不现实的。

【注】

当其他代表财富的资产（比如住宅、小麦等）的需求增加时，供给的增加会减少住宅等资产的资本边际效率，从而能减少对该资产的需求量。然而，货币由于利率的下降程度轻微，甚至不变，所以即使货币的供给量随着需求量的扩大而上升，利率则由于比较稳定，很难发挥抑制需求的作用。

由于货币供给由官方控制，要想降低利率，必须由官方采取行动——增加货币的供给量。靠市场的自由调节是做不到的。这是从货币和利率的角度，论证了国家干预的必要性。

【要点】

失业之所以产生，是因为人们所需要的是像月亮那样可望不可即的东西［注：就像海市蜃楼］；当人们渴望的东西（例如货币）不能生产，而对此东西的需求又不容易抑制时，人们便不可能被雇用。唯一的解决方法是：说服群众，使他们理解，纸钞也是货币；然后，建立一个在国家控制下的纸钞工厂（即中央银行）①。

值得注意的是：传统上被认为是使黄金特别适合充当价值标准的特点，在于它的供给缺乏弹性，最终恰恰成为造成问题的根源的特点。

【注】

货币的最大特点是流动性，因为流动性偏好太强，尤其是在经济低迷时，所以，想通过增加货币供给来降低利率是不可能的，原因是存在“流动性陷阱”。如果让黄金充当货币，问题将更严重，困难丛生，因为黄金生产比纸币更困难，金币的流动性偏好更强，放弃金币的流动性偏好的利率会更高，我们很难通过增加金币供给来压低利率。因此，为了促进经济增长，应该让黄金非货币化。

让黄金非货币化是在经济极度萧条时提出的，但后来被固化了。从此，各国货币可以很容易地生产出来，受到的约束也越来越小。现在货币已严重泛滥，全世界陷入信用货币的“海洋”。信用货币过多，就容易形成“热钱”和“国际游资”，再加上套利和杠杆，“游资”急剧膨胀并在全球游荡。当“游资”追逐某国生息资产时，那些被追逐的资产的价格会大幅上涨；当“游资”离开后，又导致那些资产的价格大幅下跌，引发金融市场的剧烈动荡，加重整个国际金融市场的系统性风险。

---

① 原文：to have a green cheese factory（i. e. a central bank）under public control.

【要点】

结论：假定消费倾向不变，当所有现有资产自身的利率中最大者，等于所有资产的边际效率最大者时，投资量不可能再增加（用自身利率最大的资产来计量）。

在充分就业状态，上述条件必然会得到满足。但如果存在着某种资产，它具有零值（或相对小）的生产弹性和替代弹性，而在产量增加时，它自己的利率又比以它本身衡量的各种资产的资本边际效率下降慢，那么在达到充分就业以前，上述条件也会得到满足。

【注】

意思是，当资产数量普遍增加时，货币资产的利率下降最慢，最终会使其他资产的生产无利可图，无法实现充分就业。听起来很费解，联系现实可能好理解些，因为和当今一些发达国家面临的情形相似。比如前几年，一些发达国家的基准利率即使达到零乃至为负，货币已经不稀缺了，供给很充裕，但与此同时，其他资产供给也很充裕，不再稀缺，收益率极低，投资诱导几乎为零，经济增长极其缓慢，陷入了通缩。这种状态与其说是“丰裕”，还不如说是生产过剩或相对过剩的结果。

【评论 33】

小米计酬制

在新中国成立初期，我国曾实行小米计酬制，那时小米（即脱壳的谷子）的流动性明显增强了，并成为重要的价值尺度和计价单位。资料显示，1949年我国财政收入为303亿斤小米，财政支出为576亿斤小米，财政赤字为273亿斤小米。在那时，不仅财政收支以小米计算，就连职工工资、办公经费、货物交易、邮政资费等，也是按小米价格折合而成的。1949年10月27日，中央人民政府政务院财经委员会决定：国内信函每重20克，按小米12两（16两制，合0.75市斤）来核定邮资。1950年1月20日，政务院第16次会议通过了《关于中央直属机关新参加工作人员工资标准的试行规定》，根据不同情况分别实行供给制和薪金制，以小米市斤为计量单位。该规定把全国政府机关工作人员的工资标准分为25个等级，中央人民政府主席最高为1级，每月为

3400 斤小米，勤杂人员最低为 25 级，每月 120 斤小米。

谷子在中国老百姓心目中的信用很高，比如江山社稷中“稷”字，有一种说法就是指“谷子”。将谷子作为货币在中国有悠久的历史，从春秋到唐初就实行过“谷禄制”，比如孔子在鲁国当司寇时，其“奉（俸）粟六万”。新中国成立之前，在解放区就实行过小米计酬制，主要是因为常年战乱使纸币通胀严重，而用小米进行“以物易物”虽然不方便，但起码可以保值。另外，谷子的贮藏期很长，即便存上 50 年也能吃，这也在某种程度上赋予了小米些许“货币”的职能。

这张晋察冀边区的“行军小米证”（见图 10）表明：1937 年 5 月，八路军在行军打仗或公务活动时不用带军粮，凭借此类票证，就能在边区解决粮食问题。

图 10　晋察冀边区行军小米证

【评论 34】

工资粘性

工资粘性或工资黏性（wage stickiness），是指工资不能随着劳动供求的变动而及时迅速地变动。

凯恩斯认为，相对工资的下降会降低部分工人的相对经济地位，会损害他们的利益，因此工人会抵制这种相对工资的下降，从而使货币工资在向下的方向上失去了弹性，即只能升不能降。此后，又形成了多种解释工资粘性的学说，比如新凯恩斯主义的“内部人—外部人”模型、“工资指数论”、隐形合同、索洛[①]的效率工资模型、二元劳动力市场模型等[②]。其中围绕劳动合同对名义工资粘性的解释是：名义工资不是在即时交易中决定的，而是由劳资双方以明确（或隐含）的合同确定的；由于签订工资合同有成本，还存在信息不对称等问题，所以劳资双方都倾向签订期限较长的劳动合同，期限通常为3—5年，时间比较长，这就造成名义工资水平不能随着劳动市场的供求状况而及时调整，从而形成了“名义工资粘性”。

索洛曾从六个方面分析了工资粘性的成因：工人反对名义工资的下降，因为这会影响不同行业工人在工资结构中的相对地位；厂商为了提高劳动生产率，情愿在非市场出清水平上支付工资，这能迫使工人多干活，即“效率工资理论”；经济以外的社会因素可能使工人团结起来，共同抵制工资的下降；工人可能会从雇主那里得到默许，以粘性工资率来补偿不断增加的失业危机，即“隐性合同理论”；工资合同的指数化是不完善的，经常跟不上通胀的步伐；由于改变工资的代价高，所以工资呈粘性状态，即“交易成本理论”。

从降低工资粘性的角度看，应鼓励企业采用多种雇佣形式，比如临时工、季节工等，这有利于工资对劳动力的供求状况做出及时反应。

Ⅳ　货币利率的重要性

【要点】

一种商品被用作价值标准，并不构成该商品的利率成为唯一重要利率的充分条件。使货币利率成为唯一重要利率的那些特征，有多少是因为货币是债务与工资的计算标准才具有的呢？这可分两方面讨论：

1. 契约关系用货币标准加以规定；用货币计量的工资又通常比较稳定。这两点与货币具有很高的流动性升值有很大关系。

---

① 罗伯特·索洛（Robert Solow，1924－2023）：麻省理工学院教授，因研究资本理论和增长理论而闻名；获诺贝尔经济学奖。

② 陈钊．西方“工资粘性”理论及其对劳动力市场建设的启示［M］．中州学刊，1998（2）：29－33.

2. 人们预期用货币为衡量标准的产品价值，比用任何其他商品计量的产品价值更稳定。

人们之所以预期以货币为衡量单位的工资具有相对大的粘性，原因是：流动性升值超过保管费的差额部分，货币比任何其他资产都大。

种种特征联合起来使货币利率成为唯一重要的利率；各种特征又以累积的方式相互加强。

【注】

货币利率之所以重要，是因为货币的流动性升值最大。另外，工资是用货币衡量的，而工资具有粘性，这会反过来增加货币的稳定性，相互成就。如果用货币（或金银）之外的商品作为标准来签订契约或工资，那么，它们的价格只能随着商品价格的波动而波动，很不稳定，难以形成稳定的预期。

【要点】

庇古（还有其他人）总是假设实际工资比货币工资稳定。然而，该假设只有在假设就业量也比较稳定时才能成立；而且还有一个困难，即工资品具有高额的保管费用。的确，如果人们企图把工资固定在工资品上以稳定实际工资，其影响只能是引起用货币计量的价格发生剧烈波动，因为消费倾向和投资引诱很小的波动，就会使价格在零和无穷大之间剧烈波动。货币工资比实际工资稳定，是经济体系保持内在稳定性的条件之一。

【注】

反对庇古的理由是：如果想稳定实际工资，则货币工资必然要随着物价指数的升降而做出相应的改变。这样，由消费倾向和投资诱导的改变而引发的物价升降，会引起货币工资相应的升降。货币工资的升降反过来又会加强实际工资升降的幅度。二者的相互作用，使物价在零和无穷大之间剧烈波动。

凯恩斯的结论是：实际工资不稳定；而货币工资由于粘性，相对稳定。从该结论引出的政策主张是：应追求货币工资的稳定，而不是追求实际工资的稳定。

V　地租和利率的相似性

【要点】

所谓“流动性”和“保管费”都是个程度问题，而“货币”的特点只是前者相对高于后者。

“流动性”没有一个绝对的标准，只有程度的大小……其内涵有点含糊不清，它随着时间的变化而变化，并取决于社会成规和制度。关于流动性，在任何既定时间，存在于财富所有者的头脑中并显示出来的偏好程度，都是固定的，这对我们分析经济体系的行为而言，就足够了。

【注】

“流动性”描述的程度问题，其属性并不独立于低生产弹性和低替代弹性这两个特点之外。因为在财富持有者的头脑中，如果一种资产（比如小麦）的供给量可以轻易地增加，或者对这种资产的需求可通过相对价格的改变，轻易地被转移到其他资产上（比如大米），那么在财富所有者的头脑中，小麦这种资产不太可能具有很强的“流动性”。

【要点】

在某些历史环境下，财富所有者认为，持有土地具有很高的流动性升值。土地由于很低的生产弹性和替代弹性，与货币类似。所以能够设想，在历史的片段中，持有土地的欲望和现在持有货币的欲望一样，把利率维持在过高的水平。[注：拥有土地和持有长期债券类似，地租和利息类似。]

抵押土地的高利率，经常高于种植土地可能得到的净收益，这在农业经济中常见。禁止高利贷法律主要在于阻止这种借款。这很正确。

经历数千年连续不断的个人储蓄后，世界在资本资产的积累上还很贫乏，我认为：这既不因为人类不愿节俭，也不因为战争破坏，而是因为过去对土地、现在对货币所赋予的高额的流动性升值。

【注】

土地曾因高流动性而获得高地租，与货币很相似。高利息和高地租类似，都是阻碍资本积累的元凶，应想方设法地打击高利息和高地租。

当然，土地无法像货币那样，通过增加供给来降低地租，所以只能由国家出手，通过出台法律等来禁止土地的高地租。这给我们的启示是：降低货币利率也需要国家出手，可由国家规定货币利率及其上下浮动区间；与降低土地的地租相比，降低货币利息的难度应该比较小，也更容易做到。

【要点】

我不同意马歇尔的看法。马歇尔《经济学原理》认为：财富的积累之所以受到抑制，利率之所以能维持住，其原因在于大多数人都偏爱满足现在的欲望，而不是满足未来的欲望；因为他们不愿意“等待”。

【注】

马歇尔认为利率由资本的供给与需求决定：资本的边际生产力是资本需求的决定因素，即资本需求是由资本的收益性决定；抑制现在的消费、等待未来的报酬，是资本供给的决定因素。利息是人们等待（储蓄）的报酬。

凯恩斯反对马歇尔的看法，他认为利率与流动性相关，由货币供求决定。

Ⅵ 自然利率和中性利率（对本节的内容略做调整）

【要点】

维克塞尔所谓的自然利率，是使某种价格水平保持稳定的利率，至于是何种价格水准，他并没有明确规定。

【注】

维克塞尔是第一个反对萨伊定律的经济学家，反对资本主义经济机制能自动实现均衡，他的利率理论又称为“自然利率学说”。在《利率与价格》一书中，维克塞尔将利率分为货币利率和自然利率。自然利率相当于资本的预期收益率；现实市场的利率是货币利率。维克塞尔认为，价格波动起源于实际利率和银行货币利率之间的差异①，货币利率与自然利率相等是实现经济均衡的重要条件；如果货币利率低于自然利率，企业会竞相投资，扩大生产，形成经济积累性扩张；如果货币利率高于自然利率，则形成经济积累性

---

① 维克塞尔．利率与价格（蔡受百等译）［M］．北京：商务印书馆，2009：70.

收缩。

维克塞尔将货币分析与商品市场和债券市场分析融合在一起，这是他对利率理论的贡献，被《货币论》借鉴了。

【要点】

《货币论》把唯一利率称为自然利率，对其定义是：能使储蓄量和投资量相等的利率。该定义是对维克塞尔"自然利率"的发展和明确化。

然而，当时我忽视的事实是：根据该定义，任何社会在每一就业水平，都会有一个不同的自然利率。同样，对应于每一个不同的自然利率，都有一个使该利率成为"自然利率"的就业水平。

对于我们的分析，"自然利率"这个说法不会有多大用处和重要性，因为它不过是维持现状的利率，而我对维持现状的东西没兴趣。

如果存在唯一和重要的利率，它似乎应称为中性利率，就是在既定条件下，在一系列自然利率中符合充分就业的那个数值的利率，或称"最优利率"(the optimum rate)。

古典学派的利率理论假设实际利率总是等于中性利率；也可以假设，实际利率总是等于能把就业量维持在某一不变水平的利率。如果这样阐释古典理论，则我们对它的结论很少或没有异议。

【注】

《货币论》延续并发展了维克塞尔的"自然利率"。《通论》则认为利率成为决定企业资金成本高低和就业水平的重要因素。前后认识不一致，变化较大。

所谓中性利率，是一种特殊状态下的利率，在这种状态下，产量和就业量所达到的水平使整个经济制度的就业弹性为零。如果古典学派定义的实际利率总是等于中性利率，则古典学派的利率理论能够成立，但问题是，实际利率往往很难等于中性利率，只有在很极端的情况下，二者才可能相等。比如，14世纪在欧洲爆发了一场黑死病瘟疫，大量人员死亡造成劳动力短缺，在这种很极端的情况下实现了充分就业。与这种充分就业相匹配的利率，可能才算作是中性利率。

由于前提太苛刻，很难成立，因此古典学派的利率理论很难成立。

【评论 35】

名义利率和实际利率

经济学经过几百年的发展，门派林立，学说和观点众多，有些就是在否定他人观点的基础上创立起来的，所以在很多基本问题上尚未达成共识，比如利率。庞巴维克曾如此评价：利率理论是各类相左观点的大杂烩，没有任何一个观点能主导这一理论，但也没有任何一个观点甘愿屈服。

将利率进行分解在经济学上具有悠久历史。费雪在《利率理论》（1930年）一书中将利率分为名义利率和实际利率，认为实际利率等于名义利率扣除物价变动率。换算公式是：

$$1+R=\frac{1+i}{1+\pi}$$

其中 R 为实际利率，i 为名义利率，π 为通货膨胀率。当以上变量较小时，可大体认为：

$$R=i-\pi$$

实际利率 = 名义利率 − 通货膨胀率

在没有风险的环境下，实际利率可以从名义利率中将通胀预期抽离而得，但实际上通胀很难预测，不确定性的存在使费雪的分解很难进行，因为存在不可预测的通胀溢价问题。很多研究也发现，在实际利率和通胀风险溢价之间，存在很强的负相关关系。所以，我赞同将名义利率做如下分解：

名义利率 = 实际利率 + 通胀预期 + 通胀风险溢价

凯恩斯的利率理论侧重名义利率，从短期看货币是非中性的，将利率理解为不囤积现金的补偿，利率是一种货币现象，是对在一定时期内放弃流动性偏好（或控制权）的补偿，而不是对储蓄的补偿。

马歇尔、维克塞尔、费雪等人的利率理论则侧重实际利率，从长期看货币是中性的，真实利率由实际经济活动决定，储蓄与投资的均衡决定利率水平。

在当今金融领域，名义利率是指借贷资金的价格或回报，通常用百分比来表示，是在合同或协议中确定的利率，不考虑通胀或其他因素的影响；实际利率是指调整后的利率，考虑了通胀或其他因素对资金价格的影响，是指扣除通胀率后的名义利率。由于实际利率在许多经济活动中发挥决定性作用，所以在经济政策制定中更受重视。政府通过财政和货币政策可以调整名义利率和实际利率，低利率刺激投资，而高利率则降低借款和投资的吸引力。

第十八章
就业通论复述

本章是全书的核心，是对前面论述的归纳和总结，并利用前面的定义和概念，用消费倾向、资本边际效率曲线和利率作为自变量，用国民收入（或就业量）作为因变量，构建就业理论和模型。

弗里德曼认为，十八章之后的内容“与《通论》所做出的贡献完全无关”。我认为该判断有失偏颇，只是十八章之后的理论贡献不如前面大，主要是用前面的理论分析诸多经济问题，比如经济周期、价格、工资等。

I 既定因素、自变量、因变量

【要点】

既定因素：现有技能和可用劳动量、设备的质量和数量、技术水平、竞争程度、消费者偏好和成规、劳动负效用、监督与组织活动的负效用、社会结构等。

【注】

以上因素在短期内变动缓慢，对研究的问题影响小，可以看作是稳定的，或者说不是本书分析的对象。问题是，如果这么多内容都不分析，都被舍弃，那经济学会不会太单薄?《通论》是从宏观角度重点分析了就业、利息和货币等经济问题，这些都是当时的理论热点。我认为，该书的主要贡献不在于具体内容，而是开辟了经济学研究的新领域、新方法和宏观体系，相当于“跑马圈地”，为之后的经济学开拓了广阔的播种空间。对于凯恩斯这方面的贡献，我们要肯定。

“组织活动”主要是指工会等组织的活动。我的体会是：只要是对企业家不利的，比如工会等，凯恩斯都会反对。而在“富强经济学”的框架中，我认为工会、农协等劳动者自己的合作组织，能将分散的工人和小农户等组织起来，提高他们在市场经济中的谈判地位和抗风险能力，降低交易费用等，有利于维护广大劳动者的利益，是积极因素，应该予以支持和强化。

【要点】

自变量：消费倾向、资本边际效率表、利率。

【注】

自变量是对研究问题施加决定性实际影响的因素。《通论》将最终自变量确定为：（1）三个基本心理因素，包括心理上的消费倾向、心理上对流动性的态度、心理上对资本资产预期收益的估计；（2）工资单位，由雇主和被雇佣者之间的讨价还价决定；（3）货币数量，由央行决定。

利率水平则取决于流动性偏好和货币供给量，由货币供求决定。

【要点】

因变量：用工资单位衡量的就业量和国民收入（或国民所得）。

国民收入取决于就业量，即取决于当期用于生产的劳动量，二者之间存在唯一的相互关系。

【注】

虽然不同物品的就业函数具有不同的曲度，国民收入增量对不同行业就业增加的拉动有所不同，但在现阶段的论述中，为了研究方便，作者先略去了这些复杂的关系，只分析国民收入和就业量之间具体的统计学上的关系。

作者认为国民收入和就业量几乎相同，可以从就业总量来判断一国的经济总量。在这方面，他延续了斯密的传统，但又不同。

斯密认为，“劳动工资的上升，不受国民财富的实际多少所影响，它是国民财富的不断增长所造成。所以，最高的劳动工资不是在最富的国家里，而是在发展最快或者说致富最快的国家里。"① "丰厚的劳动报酬既是国民财富增长的必然结果，又是国民财富增长的自然征兆。"② 斯密是从工资水平的动态变化来判断一国的经济发展状况，并认为工资水平是由国民收入增量决定的，而不是由总量决定的。现在看，斯密的判断有问题。比如 20 世纪八九十年代，中国的经济增速很快，但那时工资水平并不高。

【要点】

目标是：寻找在任何时期内，什么因素决定一个既定的经济体系的国民收入和（几乎为相同事物的）就业量。

最终任务是：在我们置身其中的经济体系中选出几个变量，可以由中央当局按照意图加以控制或管理③。

【注】

在经济制度不变的前提下，确立既定因素、自变量和因变量，这些都是为建立国民收入和就业函数服务的。从《通论》的研究目标看，宏观经济学的主要任务是为政府管理服务，为政府部门解决问题提供建议和可操作的方案，具有很强的政治性。西方经济学强调技术性和纯粹性，在微观领域可能成立，但在宏观领域很难成立，因为宏观经济理论与政府部门紧密关联，并深受政府影响，有些学说就是为阐释政府行为合理性服务的，为已有的政府行为提供理论依据，比如《通论》等。

Ⅱ 就业理论纲要

【要点】

投资引诱推动新投资量增加到某一点时，使每种类型的资本资产的供给价格达到一定数量，并和资本资产的未来收益一起，使总的资本边际效率大致等于利率。即：资本品行业中供给的物质条件、对预期收益的信心状态、心理上的流动性偏好和货币数量，一起决定新投资量。

---

① 斯密．国富论（唐日松等译）［M］．北京：商务印书馆，2012：36.
② 斯密．国富论（唐日松等译）［M］．北京：商务印书馆，2012：39.
③ 原文：be deliberately controlled or managed by central authority.

【注】

上面提到决定投资的四个因素，而按照《通论》的逻辑，新的投资量取决于投资诱导、资本边际效率、利率、流动性偏好、货币数量等。在上述的影响新投资的五个变量中，前四个变量由市场行为决定，自由放任是主流，只有货币供给量是由政府控制的，但也需要通过影响利率这个中间变量来发挥作用。总而言之，那时的西方政府影响市场的渠道和手段比较少。而现在的政府干预经济运行的空间很大，可以从多条渠道对以上五个变量施加影响，政府也成为国民经济运行的一个重要部门，并发挥不可或缺，甚至是日益重要的作用。

【要点】

但投资量的增加（或减少）会带来消费量的增加（或减少）。……消费量的改变和收入的改变大体保持相同的方向（虽然前者的数值较小）。

假设就业乘数等于投资乘数，则可以用投资乘数去乘以投资的增加量，以便推知就业的增加量。

然而，就业量的增加会提高流动性偏好曲线。就业率的增加会增加对货币的需求量。

现实事件的运行是极其复杂的，但把这些自变量孤立出来，似乎还是有用和方便的。

【注】

就业量是因变量，但就业量变化后，不仅会反过来影响货币需求等自变量，还会影响流动性偏好等。因此，在本章提到的自变量和因变量之间的关系，是相互关系而不是因果关系。由于现实情况过于复杂，这就导致前面建立的国民收入和就业模型不仅过于简单，还有可能不太符合现实情况。也就是说，《通论》提供的是一种理论框架，是一种大概的、粗略的总量研究方法，不是很精确。

凯恩斯承认自己在很多具体概念的使用上不够明确，还遭到哈耶克等人的诘问。可是，凯恩斯并不看重他的体系是否完备、概念是否精准，只在乎这些理论能否描述和分析现实状况。我认为，《通论》虽然比较粗糙，但能为我们提供一套分析宏观问题的工具，能简化分析变量，避免我们凭直觉和预感去分析复杂的宏观经济问题。这是开创性成就，值得肯定、尊重和借鉴。

Ⅲ 经济稳定的条件

【注】

该节关于经济稳定条件的论述比较乱，重复且含糊，可大体整理如下：

【要点】

经济体系的一个突出特点是：它的产量和就业量虽然有剧烈波动，但整体而言不是非常不稳定，似乎可以长期停留在次正常状态下，既不显著趋向复苏，也不显著趋向崩溃。此外，例证表明：充分或甚至大致充分的就业量是少有的和短暂存在的现象。……既非绝望又非满意的中庸情形才是正常状态。

【注】

徐毓枬将“intermediate situation”译为“庸庸碌碌之境”，高鸿业译为“中庸情况”，我译为“中庸情形”。

【要点】

根据上述分析，要想解释对现实世界的观察结果，需要下列稳定条件：

(1) 边际消费倾向必须处于如此状态，以致当社会产出由于使用较多的既定量的资本设备而使就业量增加（或减少）时，表明产量和就业量之间比例的乘数值大于1，但不甚大。

第一个稳定条件，即乘数大于1，但又甚大，作为人类本性的一个心理特征，似乎很合理。

第一个条件可以保证，温和的投资量改变不会引起对消费品需求的无限的巨大改变。

【注】

如果乘数非常大，则一定量的投资改变会引起消费量的巨大改变。乘数大的社会，比如穷国，边际消费倾向大，投资乘数大，但经济运行很不稳定。

另外，与发达经济体不同，穷国的经济体系不甚完善，诸多制度不成熟，很容易发生变革，这也是导致穷国不太稳定的重要原因之一。

【要点】

（2）当资本的未来收益和利率有变化时，资本边际效率表（或曲线）必须是：新投资量的变化和前两个因素的变化，不会过于不成比例，即：资本的未来收益或者利率的温和变化不会引起投资量很大的变动。

该条件可以保证，资本资产的预期收益的温和改变或利率的温和改变，不会引起投资量的无限的巨大改变。

【注】

预期收益的迅速变动来自商业心理的急剧波动，或来自划时代的新发明。如果不是这些情况，那么投资量会比较稳定，不会有很大的变动。

【要点】

（3）当就业量变动时，货币工资趋于同方向变动，但和就业量的变动不会过于不成比例，即：就业量的温和改变不会造成巨大的货币工资改变。这实际上是有关价格稳定的条件。

该条件符合人类本性所具有的经验：维持货币工资的斗争基本上是维持高额的相对工资的斗争；……劳动者不会由于就业量增加而企求过多的货币工资增加；也不会由于避免失业而容忍货币工资大量削减。

工资单位可以无限地下降，一直到达如此的水平；在该水平下，以工资单位衡量的货币数量的巨大改变所引发的压低利率的作用，足以恢复充分就业。这样，除了充分就业，不可能存在其他稳定不变的位置。

【注】

意思是，为了恢复充分就业，要维持货币工资稳定，同时增加货币数量，压低利率。只要能实现充分就业，经济体系就会稳定不变。如果不能实现充分就业，则经济体系不会持久稳定。

【要点】

(4) 补充第四个条件，该条件与其说是经济的稳定条件，不如说是经济体系的波动，在向着一个方向变动到适当程度后、自行扭转方向的条件，即：一个时期的投资量高于（或低于）前一个时期。如果这种情况在一个时期（用年计量）还继续的话，就会对资本边际效率产生不利（或有利）的反作用，但不是很大。

第四个条件不是关于稳定的条件，而是关于萧条和复苏为什么交替存在。该条件不过是以这个假设为基础，即：资本资产属于不同的年代，随时间流逝而损耗，并非所有资产都有很长使用寿命，因此，如果投资量下降到低于某一最低水平时，那么，只要其他因素没有大的波动，资本边际效率就会上升到足够程度，以使投资量恢复到最低水平之上，就只是个时间问题。同样，如果投资量上升到比前一个时期还高的水平，则除非其他因素发生补偿性变动，资本边际效率下降到足以导致一次萧条发生的水平，也只是时间问题。

基于这个理由，复苏和萧条能够在前三个条件所规定的限度内发生，如果这些有限度的复苏和萧条能够持续足够长的时间，而又不受到其他因素干扰，那么，即便是这些有限度的复苏和萧条，也会造成方向相反的逆转运动，直至相同的因素使其再次发生方向相反的逆转运动。

以上四个条件在一起，足以解释我们现实经验中的突出特点——即我们的制度会上下震荡（oscillate），但又在上下两个方面避免就业和价格处在极端状态，而只是围绕一个中线位置（intermediate position）行进。此中线位置虽然比充分就业水平低很多，但也比最低就业水平高得多；如果低于这个最低就业水平，则该制度的生存将受到威胁。

【注】

我对这段话的理解是：经济体和人类相似，都有一种自愈能力。即便患病，只要不是很严重，靠自身的愈合能力，有时也能康复，虽然达不到最佳状态。

充分就业是经济体的最佳运行状态，这是很少见的。比较常见的中线位置位于充分就业之下，经济体的运行围绕这个中线位置上下波动。但这个中线水平不能太低，否则会损害社会制度的稳定。

反过来说，要想维持制度稳定，必须提高就业水平，尽量接近充分就业。

如果能实现充分就业，那么经济体系也就稳定了。因此，政府经济当局为了维护社会稳定，需要以充分就业作为政府管理的目标，并努力实现它。

【要点】

但我们不能因此就下结论：中庸之道（mean position）既然是由“自然的”趋势所决定，而且这种“自然的”趋势如果我们不是有意设法矫正，大概会继续维持下去，因此，该中庸之道是建立在必然性的规律之上的，是无法改变的。以上四个条件历来通行无阻，只是观察到的现实世界的过去和将来的状况，而不是一个不能改变的必然性的原则。

【注】

在该章最后一段中，作者提到“中庸之道”，论述得比较含糊，又是自然的（natural）又是必然的（necessary），它到底是指什么也引发争议。我理解的“中庸之道”是介于竞争和干预之间、自由放任和管制之间、个体和集体之间的中间道路，让市场和政府共同发挥作用，以实现充分就业，进而维护制度和社会稳定。“中庸之道”追求的是稳定和平衡，尽量维持现有制度，不能太偏激。同时，现实世界又是能够改变的，可以有所作为，进行适度的调整和更改，比如体制创新，发挥政府的更大作用，弥补市场不足等。

在凯恩斯看来，英美等西方国家的社会制度是好的，没有什么大问题，应尽力维持它的稳定，即便出现了一些病症，有时还很严重，比如经济危机等，也能通过正确的治疗方法进行医治。《通论》提供的药方是拯救资本主义制度，而不是推翻或毁灭它。仅就革命性而言，《通论》明显不如《资本论》。

当然，这也是《通论》受到资本主义统治者青睐的重要原因之一，因为对于统治者而言，维持现有经济社会制度的稳定和连续是第一位的，这是开展其他工作的前提，否则什么事都干不成。

【评论 36】

IS－LM 模型

在《通论》的理论框架中，国民收入决定于有效需求，影响有效需求的四个变量是边际消费倾向、资本边际效率、货币需求和货币供给。但凯恩斯没能用一种模型把这四个变量联系在一起。1936 年 10 月，希克斯提出用 IS－LL 模型解读《通论》，后来汉森和希克斯用 IS－LM 模型把这四个变量放在一起，构成一个产品市场和货币市场之间相互作用、共同决定国民收入与利率的理论框架，即 IS－LM 模型。在该模型中，外生变量是财政政策、货币政策和物价；内生变量是均衡利率和国民收入。其中 I－S 是指“投资－储蓄”；L－M 是指“流动性偏好－货币供给”。

在封闭的产品市场上，国民收入 Y 主要取决于消费 C 和投资 I，其中 $C=C(Y)$，消费水平与收入正相关；投资需求受利率 r 的影响，$I=I(r)$，利率由货币市场的供求决定，投资水平与利率负相关；Y 又会影响货币需求，从而影响 r。IS 曲线的斜率为负，斜率大小受投资与利率敏感度及投资乘数影响，曲线位置受自主性支出决定。

LM 曲线是描述货币市场均衡的模型，根据等式：

$$\frac{M}{P}=L_1(Y)+L_2(r)$$

通常将 $\frac{M}{P}$ 视为由中央银行确定的定值，利率和货币量呈负相关，而收入和货币量呈正相关，从而得出一条收入 Y 与利率 r 之间斜率为正的直线，斜率大小由货币供应量对利率和收入的敏感度决定，曲线位置由货币供应量决定。

将 IS－LM 移至同一图上，二者的交点反映产品市场和货币市场同时达到均衡时的利率水平（r_0）和收入水平（y_0），如图 11 所示。

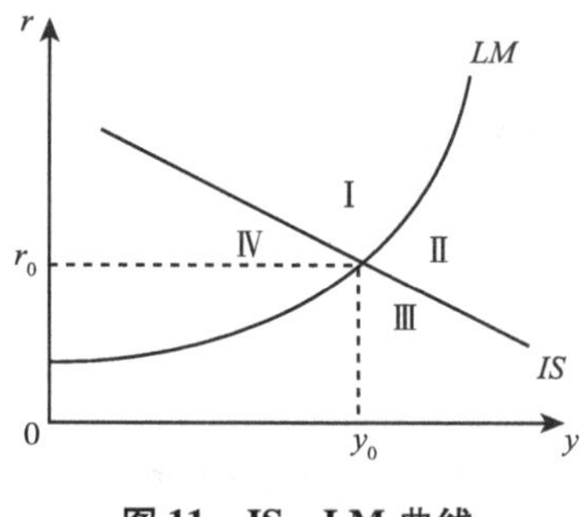

图 11　IS－LM 曲线

IS－LM 模型对分析宏观经济问题很有意义，但也有缺陷，比如：它比较机械，没有显示不确定性的重要作用；它是一种同步均衡分析，分析的是产品市场和货币市场的短期均衡，无法研究信息不对称情况下的动态调整；它认为货币市场只能通过利率来影响实际产出，而实际上货币能够通过多种渠道影响经济运行；它缺少微观基础，无法解释通货膨胀和工资刚性等问题；等等。后来，托宾、佛朗哥·莫迪利亚尼、帕廷金等修正了 IS－LM 模型，蒙代尔等提出 IS－LM－BP 模型，伯南克等提出 CC－LM 模型等。IS－LM 模型也逐渐淡出经济学分析和应用的前沿，宏观经济研究越来越依赖于数据提取和以行为人为基础的模拟分析。

【评论 37】

马克思的失业理论

读完前第十八章，我们可大体了解《通论》的理论框架。下面，我们再看看马克思的失业理论，这种对比能使我们更理性地看待《通论》的核心——就业理论。

马克思从“劳动力是特殊的商品”的观点出发，认为资本主义社会之所以会产生失业问题，主要原因在于资本家对剩余价值的追求和对无产阶级劳动力的压榨。在资本积累过程中，资本有机构成提高意味着不变资本增加，可变资本相对下降，资本对劳动的排除越来越强，对劳动力的需求逐渐降低，相对过剩人口逐渐增多，失业问题日趋严重。“因为对劳动的需求，不是由总资本的大小决定的，而是由总资本可变组成部分的大小决定的，所以它随着总资本的增长而递减，而不像以前假定的那样，随着总资本的增长而按比例增加。对劳动的需求，同总资本量相比相对地减少，并且随着总资本量的增长以递增的速度减少。”[①] 由于可变资本相对减少，社会对生活资料的需求相对下降，长期下去会形成生产生活资料的工人失业，这样，“劳动资料一作为机器出现，就立刻成了工人本身的竞争者。资本借助机器进行的自行增殖，同生存条件被机器破坏的工人的人数成正比。”[②]“机器不仅在采用它的生产部门，而且还在没有采用它的生产部门把工人抛向街头。被经济学上的乐观主义所歪曲的事实

① 马克思．资本论（第一卷）［M］．北京：人民出版社，2018：725－726.
② 马克思．资本论（第一卷）［M］．北京：人民出版社，2018：495.

真相是：受机器排挤的工人从工场被抛到劳动市场，增加了那里已可供资本主义剥削支配的劳动力的数量。"① 由此可见，马克思侧重从投资的长期效应（供给）来分析失业问题，这与凯恩斯有所不同，凯恩斯侧重从短期效应（需求）来分析失业问题。

失业让无产阶级忍受贫困和奴役，同时作为劳动力的"蓄水池"，对资本主义生产方式产生促进作用。马克思指出："工人阶级的一部分从事过度劳动迫使它的另一部分无事可做，反过来，它的一部分无事可做迫使它的另一部分从事过度劳动，这成了各个资本家致富的手段，同时又按照与社会积累的增进相适应的规模加速了产业后备军的生产。"②

在马克思看来，资本主义条件下失业的本质是劳动力商品的相对过剩，"资本主义积累不断地并且同它的能力和规模成比例地生产出相对的，即超过资本增殖的平均需要的，因而是过剩的或追加的工人人口。"③

总之，马克思认为造成失业的根源在于资本主义私有制，是由于资本主义生产关系与其不断发展的生产力不相容，生产资料的集中与劳动的社会化不相容。因此，解决失业问题的根本途径在于消灭私有制，建立公有制。与《通论》为企业家代言迥异，《资本论》是为工人阶级服务的，是"工人阶级的圣经"。

【评论38】

"看不见的手"和"看得见的手"

"看不见的手"（the invisible hand）也称"无形之手"，是一个隐喻，即"于个人行为的非故意的结果，一种能产生善果的社会秩序出现了"。各自追求自己目标的众多经济参与者在市场这只"看不见的手"的引导下，会不由自主地走向实现社会福利最大化的目标。作为"看不见的手"的对称提法，经常有人拿"看得见的手"④（或"有形之手"）来比喻凯恩斯主张的政府干

---

① 马克思．资本论（第一卷）[M]．北京：人民出版社，2018：507.

② 马克思．资本论（第一卷）[M]．北京：人民出版社，2018：733－734.

③ 马克思．资本论（第一卷）[M]．北京：人民出版社，2018：726.

④ "看得见的手"（the visible hand）是指政府干预、宏观管理或计划管理等，该术语最早（1957年）由杰斯·伯林纳提出，1966年由伊·纽伯纳作为论文题目的一部分，之后便流行了。

预和宏观调控，以便与斯密主张的“看不见的手”做对比。在众多经济学教材中，这是一种通行解释，既形象又简单，被大家认可。

可是，在整篇《通论》中，凯恩斯根本没有提及现在很流行的“看不见的手”，更没有提出什么“看得见的手”。这就容易产生疑问，难道这两种说法都是后人杜撰的?

其实，对于“看不见的手”这种说法，即便是斯密本人，在其所有著作中，也只提到三次：一是在《道德情操论》中，原文是：“他们被一只看不见的手引导着去进行生活必需品的分配，这种分配差不多同假设土地在其所有居民中分割成相等的部分时所能有的分配一样；这样，没有打算去作，没有真正去作，却促进了社会的利益，为人类的繁衍提供了生活资料”①；二是谈到早期宗教思想时，斯密幽默地写到希腊神话中朱庇特“这只看不见的手”；三是在《国富论》② 中，斯密说：“由于宁愿投资支持国内产业而不支持国外产业，他只是盘算他自己的安全；由于他管理产业的方式目的在于使其生产物的价值能达到最大程度，他所盘算的也只是他自己的利益。在这场合，像在其他许多场合一样，他受着一只看不见的手的指导，去尽力达到一个并非他本意想要达到的目的。”③

总之，在《国富论》及其他著作中，斯密对“看不见的手”的论述并不多，偶尔提到几次，也没有定义其本质。关于“看不见的手”，在李嘉图、马克思的著作中没有提及；1876 年，在西方纪念《国富论》出版 100 周年时，没有人提及；马歇尔在其《经济学原理》的各个版本中，没有提及；凯恩斯在《通论》中没有提及；在 20 世纪前的经济学文献中，很少有人引用。直到 20 世纪中后期，才把“看不见的手”确立为斯密经济思想体系的象征。之后，“看不见的手”的思想才被刻意放大了。

我的理解是：斯密没有过分强调市场机制这只“看不见的手”的作用，而是要有所节制，因为在现代工商业中，企业家和商人以及他们从事的经济活

---

① 斯密．道德情操论第四卷（蒋自强等译）［M］．北京：商务印书馆，2020：305.

② 《国富论》又称《国民财富的性质和原因的研究》，1776 年首次出版。该书认为人的本性是利己的，追求个人利益是人们从事经济活动的唯一动力；同时人又是理性的，能在个人的经济活动中获得最大的个人利益。《国富论》奠定了资本主义自由经济的理论基础，被称为西方经济学的“圣经”。

③ 斯密．国富论（郭大力/王亚南译）［M］．北京：商务印书馆，2015：428.

动，才是推动国民财富增长的真正动力，是决定性因素；而市场这只“看不见的手”发挥的是辅助作用，在过去并未受到重视，现在也不宜过分强调。

第五编　货币工资与价格

本编主要论述货币工资的刚性，分析货币工资的改变和就业函数等；讨论货币工资和物价理论；分析货币数量与价格水平之间的关系；探讨有效需求的改变与就业量、与物价改变之间的复杂关系。

第十九章 货币工资的改变

本章强调货币工资具有刚性，很难下降；降低货币工资会造成支出减少；主张“保持物价稳定同时让工资缓慢上升”。

I 古典学派货币工资理论的错误

【要点】

古典学派一向假设经济体系具有自动调节的特点，依赖于他们所假设的货币工资的自由伸缩性。而货币工资一旦具有刚性，古典学派就把失调的责任推给工资刚性。

货币工资变动的后果是复杂的。

古典学派的论点是：其他条件相等，货币工资的减少通过制成品价格的降低，刺激需求，从而增加产量和就业。……这种解释很粗俗，等于假设：货币工资降低时，需求不受影响。

【注】

古典学派认为工资具有充分灵活性，能根据市场供求状况及时做出调整，从而实现劳动力市场均衡。马歇尔认为：工资同其他商品的价格一样，是由供给价格与需求价格共同决定的，其中决定供给价格的包括劳动力的生产成本和劳动的闲暇效用，决定需求价格的是劳动的边际生产力。当然，该观点成立的前提是总需求不变，且仅适用于微观个体的分析。

【要点】

我不同意古典学派的分析。

因为价格的改变，肯定不与货币工资的改变保持相同的比例。

争论的问题恰恰是，减少货币工资能否改变以货币来衡量的总有效需求。

【注】

按照作者的逻辑，减少货币工资肯定会抑制消费，进而压缩有效需求，影响总需求。因此，他认为古典学派的假设不成立。

【要点】

古典学派把具体行业（industry）的结论以类推的方式，扩大到整个经济[注：这是错误的做法]，如果不允许这么干，那么该理论就无法回答：当货币工资降低时，就业会受到什么影响？

【注】

研究经济问题需要区分微观和宏观，因为从不同层面看问题，得出的结论往往不一致；那些在微观层面得出的结论，不能简单地类推和应用到宏观层面上。比如，降低货币工资对单个企业或行业有利，能降低工资成本，增强企业竞争力；但从宏观层面看，大范围、普遍地降低货币工资，会压缩整个社会的总需求，对就业反而不利。

【要点】

庇古的《失业论》没什么用处，因为它无法回答减少货币工资对就业的影响，也无法回答什么决定整个社会的实际就业量。

【注】

这话很伤人，同样的意思完全可以说得委婉些。

庇古在《失业论》中提出一些扩大就业的建议，比如：通过扩大失业工人的产出水平，提升该行业失业人口的劳务质量；适当放宽信贷政策，尤其是防止出现基础产业类企业倒闭；加强职业介绍所，在行业间调剂劳动力；政府可通过调整行业政策、直接雇佣劳动力、采购大宗商品或服务等，从生产和消费两方面对劳动力需求进行积极干预。我认为这些建议是可行的、有用的。

另外，庇古的失业理论对计划经济可能有借鉴意义，比如加强劳动力在行业间的计划调剂等。这也表明，解决经济问题和治病类似。对于同一类病情，不同的医生（比如中医和西医）探寻病因的方法不同，开出的治疗方案有差异，但只要能治病就行，不用非得分出个优劣和对错来。

【评论39】

工资刚性

按照古典学派的理论，在劳动力市场中，工资应该像所有其他商品一样，由劳动力的供求关系决定，对劳动力的需求量大，工资就高；对劳动力的需求量小，工资就低。然而，当需求曲线向左移动时，工资不能下降到新的均衡工资水平，这就是工资刚性（wage rigidity）。工资刚性是指工资确定之后不易变动的特性，尤其是指不易下降的特性，即工资的弹性不足。导致工资刚性的原因比较多，比如工会、合同与政府最低工资法规等，都会限制工资向下波动。

工资刚性是凯恩斯就业理论的重要组成部分。由于工资刚性的存在，只能升不能降，使劳动力市场不会自动出清，导致失业成为常态；也使工资在经济运行中不能充分发挥分配机制的动态功能，失去经济杠杆应有的作用。同时，由于货币幻觉[①]等问题的存在，工人通常会奋力抵抗价格水平不变下的货币工资的下降，但不容易发现、也不会轻易抵抗货币工资不变时价格水平的提高。其政策含义是：与其制定一个货币工资有伸缩性的政策，不如制定一个货币工资有刚性的政策；与其降低工资，让货币数量不变，还不如增加货币数量，在保持货币工资大体稳定时让货币相对贬值。

希克斯[②]在1935年曾接触过凯恩斯，那时《通论》尚未出版，他认为工资刚性对于凯恩斯理论来说，是“他的体系的基石”。

马克思认为，工资是劳动力商品的价格，是劳动力的价值和使用价值的体现，由劳动力再生产的社会必要劳动时间决定，资本家付给工人的工资勉强能够维持工人的生存，工资标准被资本主义的经济规律和法律制度决定。由此我

---

① 货币幻觉（money illusion）是费雪于1928年提出的，是指货币政策的通货膨胀效应，即人们只对货币的名义价值做出反应、而忽视货币实际购买力变化的心理上的错觉。

② 希克斯（John Richard Hicks，1904－1989）：英国经济学家，提出IS－LM分析，获诺贝尔经济学奖；著作有《价值与资本》。

们可以推论：如果劳动力再生产的社会必要劳动时间不变，则工资不会变，也就形成了本章所说的“工资刚性”。

需要注意的是，在马克思撰写《资本论》的年代，由于资本的残酷剥削，工资水平很低，工人的工资除了维持生存外所剩无几，几乎没有储蓄和积累。在凯恩斯撰写《通论》的年代，西方国家失业问题极其严重，工资水平很低，工人找工作很困难，生活也很贫困。马克思和凯恩斯分析工资理论的经济和社会背景比较相似，得出的结论也有类似之处。

当然，在二战后，随着科技进步和生产力提高，居于全球价值链高端的发达国家可在全球范围内获取垄断利润，其人均收入大幅提高，再加上工会的维护作用和福利政策的推行，发达国家劳动者的工资水平大幅提高，劳工阶级逐渐拥有储蓄和积累，劳资矛盾也有所缓和。这与马克思和凯恩斯生活的时期都不同，因此，工资理论也需要不断发展和创新，在新形势下，需要构建能更好地代表和维护广大劳动者利益的工资理论，我将其纳入“富强经济学”的研究。

Ⅱ　货币工资的政策选择

【要点】

就业量和以工资为单位衡量的有效需求，具有唯一的相关关系，有效需求则是预期消费和预期投资的总和。如果消费倾向、资本边际效率和利率不变，则有效需求不可能改变。在这三个因素不变的情况下，如果企业家还要增加总就业量，那么，全体企业家的收益必将小于他们的总供给价格。

除了对整个社会的消费倾向、资本边际效率和利率施加影响外，减少货币工资不会持续增加就业量。减少工资的主要作用有：

（1）减少货币工资会或多或少降低价格。……它很可能降低消费倾向，而不是提高。

【注】

降低消费倾向，会降低总消费，对总体就业不利。

【要点】

（2）如果在一个开放的经济体系，货币工资的减少又是相对于外国货币工资的减少（两种货币工资的减少均以相同的单位计量），那么这种减少有利于投资，因为它趋于增加贸易顺差。其假设是：有利之处没有被关税、限额等改变所抵消。

【注】

该假设实际上很难成立。在开放经济条件下，一国经济增长往往会产生溢出效应，对进口国产生影响，也会遭到进口国关税等政策的抵制。

【要点】

（3）在开放体系中，减少货币工资虽能增加贸易顺差，但也可能恶化贸易条件。这除了新增雇员，还会降低原就业者的实际收入，可能趋于增加消费倾向。

【注】

降低工资水平虽然能降低投资成本，增强国际竞争力，增加顺差，但会引发国际矛盾，恶化贸易环境。

【要点】

（4）如果货币工资的减少被认为是相对于将来的货币工资的减少，则该减少有利于投资……如果减少货币工资导致出一种预期，认为将来的工资会进一步下降，那么它具有相反的作用。因为它会降低资本边际效率，使投资和消费都被推迟。

【注】

降低货币工资会影响消费者的预期，工资降低的预期一旦形成并强化，则对未来的消费和投资都明显不利，很有可能加重失业。因此，作者极力反对降低货币工资。

【要点】

（5）工资总额的减少会缩小货币需求，降低流动性偏好曲线，降低利率，有利于投资。如果预期工资和价格将来还会上升，则对长期贷款的有利作用远小于短期贷款。

【注】

高鸿业的注解是：在货币数量不变时，工资和价格的下降相当于增加货币数量，从而使利率降低，后者的降低有利于贷款的数量。然而，如果人们认为工资和价格还要继续上升，那就意味着利率的降低是短暂的，在将来会恢复原状。

我的理解是，降低工资的好处主要体现在短期，不会产生长期效果，还会使预期变差，这很可能增强流动性偏好，提高利率。

【要点】

（6）一般而论，没有方法能使各行业的货币工资同时削减，而且削减程度相同，那么所有的劳动者为其本身利益考虑，都要抵抗其本行业中货币工资的削减。事实上，在劳资双方进行工资协议时，与抵抗物价上涨造成的实际工资逐渐和自动的下降相比，［劳动者］对雇主们削减货币工资的抵抗要更加强烈。

【注】

这是凯恩斯工资理论的核心。降低工资的方法有很多，各种方法受到的阻力明显不同，阻力最大的莫过于直接削减劳动者的货币工资，此举肯定会遭到工人和工会的强烈反对和抵抗，因此很难推行。

【要点】

（7）如果工资和价格下降到很低的程度，那么大量负债的企业家的财务困境，可能很快到达破产的地步——这对投资具有极其不利的影响。

【注】

工资和价格的下跌意味着货币越来越值钱，对债权人有利，对债务人明显不利。因而，负债企业的财务将更加困难，加重偿债负担，可能很快就破产了。

【要点】

严格固定工资并使人们相信工资不会再有多大变动，比工资在萧条状态中逐步下降要好很多。

在当前世界的现实实践和制度下，比较可取的目标是货币工资固定不变的政策，而不是随着失业量的改变而轻易做出反应的有伸缩性的工资政策。

【注】

削减工资即便行得通，肯定会动摇信心，对经济复苏不利。因此，在经济萧条期应尽量保持货币工资不变，稳定人们的预期，恢复资本边际效率。

【要点】

其一为保持货币数量不变而降低工资；其二为保持工资不变而增加货币数量。

没有理由相信，有伸缩的工资政策可以使充分就业持续存在——正如没有理由相信，通过公开市场业务而执行的货币政策，在没有其他辅助办法的条件下能达到同一目标。两条途径都不能使经济体系具有自我调节的功能。

【注】

“通过公开市场业务而执行的货币政策”是指有伸缩性的货币政策。

以上两个方案都不理想。在《通论》中，前后提出几套关于工资和物价的方案，我的理解是：“保持货币数量不变而降低工资”是最差方案，应摒弃；强一些的方案是“保持工资不变而增加货币数量”；次优方案是“保持工资温和上涨同时增加货币数量”；最优方案是“保持工资缓慢上升同时保持价格稳定”。在这四套方案中，理想的是最优方案，当然，次优方案也是务实选择，但物价很可能上涨。

此时作者更偏好物价稳定，可能是因为几年前的德国恶性通胀让他记忆犹新吧。

【要点】

有伸缩的工资政策和有伸缩的货币政策一样，都不能使经济体系具有自我调节的功能，两者存在巨大区别：

(i) 考虑到人类的本性和现有体系，除非能指出伸缩性的工资政策优于伸缩性的货币政策，只有蠢货才会选择前者而不是后者。此外，其他条件相同，一个简单易行的政策应该优于难以执行的政策。在斗争中，那些讨价还价力量最弱的人会遭受最大的损失。

（ii）如果货币工资是非弹性的，则一部分价格的变动将主要对应于当期设备由于增加产量而导致的边际生产率的下降。这样，在劳动者和其他生产要素之间将保持一种实际上最理想的关系。其他生产要素所有者的报酬是由契约用货币规定的，特别是食利者阶层和那些在永久性企业、机关或者政府里领取固定薪金的人们。如果主要阶层［注：掌握实权的阶级］在任何情况下都具有固定不变的货币收入……只有无正义感的人［注：没有头脑的人］才会选择有伸缩性的工资政策［注：得罪很多人的政策］，而不是有伸缩性的货币政策［注：难度小的政策］。

（iii）考虑到许多种类的债务，其负担已经很重，只有缺乏现实经验的人［注：书呆子］才会选择前者［注：有伸缩的工资政策］。

（iv）如果利率的下降是通过工资水平的下降而得以实现，则会从两个方面压低资本边际效率，从而构成双重理由，来抑制投资和推迟复苏。［注：降低工资即便能降低利率，也会压低资本边际效率，这两者对投资和经济复苏都不利，并有叠加效应。］

【注】

凯恩斯在英国政府部门干过多年实务，比如在财政部当顾问，在科学院任院士等，主要工作是出谋划策，是一位高级智囊，他对英国的政策选择很了解，绝顶聪明且通透练达，很清楚哪些政策能给大家带来福利、阻力小、容易推行，哪些政策得罪人多、阻力大、很难推行。至于古典学派提出的降低货币工资的政策，他认为是最不务实、最难推行的政策，因此列出种种理由，极力反对。

给我们的启示是：政府制定新政策、推进改革时，应照顾大多数人的利益，争取给大家带来福利；尽量不要让大家受损，不要得罪大多数人，尤其是不要得罪掌握实权的群体；否则将事倍功半，很难推行和落实。

Ⅲ　刚性工资

【要点】

把有伸缩性的工资政策当作一个自由放任经济体系所应有的、必要的附属品，这种说法恰恰与事实相反。只有在高度集权的社会中，政府一纸法令，便可做出突然、大量、普遍的改变，有伸缩性的工资政策才能运用自如。我们可以想象，这种政策能在意大利、德国、俄罗斯运用，但在英国、美国、法国则行不通。

【注】

在凯恩斯心目中，意大利、德国和俄罗斯都是集权国家，能通过法令改变工资，工资能伸缩。

面对纳粹领导下的德国经济的强劲复苏，凯恩斯曾如此评价：“德国现在由一帮不受约束的、不负责任的人控制着”；“带着破碎的肉体和精神，他们将倒退到即使不是依赖奥丁神，也是在中世纪的那套方式中寻找出路”；“人们不久将面临这样的选择：要么完全允许德国重新武装，如果它想这么做的话；要么就是在德国一旦开始这么做的时候，就向它发动进攻。可怕极了！”在他看来，纳粹德国的迅速强大，对英国来说是巨大的威胁，具有很强的预见性，很难得，可能与其开阔的国际视野有关。

【要点】

像在澳大利亚，人们试图通过立法来规定实际工资，［没有做到的］部分原因是立法手段难以达到既定目标，部分原因在于澳大利亚不是封闭的经济体系……同时，贸易条件对实际工资有重要影响。

维持稳定的货币工资是在封闭经济体系中最应采取的政策。……货币工资应尽可能维持在稳定水平，至少在短期内应如此。

采取刚性工资政策，在短期内要想稳定价格，必须避免就业量波动。但在长期中，我们可以在两种工资政策之间选择：（1）使工资稳定，而让价格随着技术和设备进步缓慢下降；（2）使物价稳定，而让工资缓慢上升。我倾向选择后者，原因是：预期未来工资较高要比预期未来工资较低，更容易把实际就业量维持在充分就业的范围内；逐渐减少债务负担对社会有益；在衰落行业与新兴行业之间比较容易调整；货币工资温和上升的趋向可能给人们带来心理上的鼓舞。

【注】

作者反对有伸缩的货币工资政策，并认为这种工资政策在自由放任的市场经济中根本行不通；他支持货币工资缓慢上升同时保持物价稳定的政策，而不是通货膨胀的政策，因为这种政策更加鼓舞人心，并稳定人们的预期，从而尽快摆脱萧条。

但在现实的政策选择中，为了应对工资刚性和失业问题，诸多国家采取了增发（甚至是超发）货币这种比较简单的方式，来平衡物价和工资之间的联系，从而在排除科技等因素外，实现物价与工资之间的大体对等。

打个比方，在50年前，E国普通工人的月工资约30镑，每公斤牛肉0.3镑，一月工资能买100公斤牛肉；现在每月工资2000镑，每公斤牛肉20镑，一月工资还是买100公斤牛肉。这意味着货币工资看起来不断上涨，而实际工资变化不大。当然，如果把科技因素考虑进去，就另当别论了。因为伴随着科技进步和劳动生产率的大幅提升，单位商品的价值量是不断下降的，现在1公斤牛肉的价值量，要低于50年前1公斤牛肉的价值量。当然，现在20镑代表的价值量（或购买力）也低于50年前0.3镑代表的价值量（或购买力）。这样，在货币工资不断上涨的情况下，工人的实际工资水平很可能不是提高了，而是下降了。这对E国的企业家有利，能激励企业增雇工人；但对工人明显不利，会降低工人阶级的总收入和在整个国民收入中所占比重。

第十九章附录　庇古教授的《失业论》

凯恩斯之所以选择庇古的《失业论》作为批判对象，并不是说它值得批判，主要是因为庇古把古典学派的失业理论表达得更准确。

【要点】

在《失业论》中，庇古认为就业量取决于两个基本因素：（1）劳动者要求的实际工资；（2）对劳动的实际需求函数的形状。工人所要求的不是实际工资率，而是货币工资率，该书没有忽视；但该书认为：用工资品价格除以实际货币工资率得到的值，可以作为工人所要求的实际工资率。

庇古把社会上的各个行业区分为："从事在国内制造工资品，包括制造能在国外换取工资品的出口货的"行业，以及"其他的"行业，他假设前者雇用x人，后者雇用y人。

劳动总量的实际需求弹性为：

$$E_r = \frac{\phi'(x)}{\phi(x)} \cdot \frac{\phi'(x)}{F''(x)}$$

n 是当实际工资为 $F'(x)$ 时的劳动供给量。

庇古的分析相当于从下面两个方程式中找出实际就业量：

$$x + y = \phi(x)$$

$$n = \chi(x)$$

上面有三个未知数，却只有两个方程式。庇古规避困难的办法是假设：

$$n = x + y$$

这就相当于假设不存在非自愿失业。在这一场合，x 的数值可以通过下列方程式求得：

$$\phi(x) = \chi(x)$$

$n = x + y$ 这一假设条件意味着，劳动总是处于能决定自己的实际工资的地位。

这就等于假设：利率总能自行调节它与资本边际效率曲线的关系，以维持充分就业。如果没有这个假设，庇古的分析就要崩溃，从而提不出决定就业量的办法。

《失业论》名不副实，该书并不讨论失业问题，而论述：当充分就业的条件满足以及劳动供给函数为既定时，就业量将是多少。

如果庇古教授否定我前面定义的非自愿失业，也仍难看出他的分析如何运用于现实。因为他疏忽了什么决定 x 和 y 之间联系的讨论，即工资品和非工资品行业各自就业量之间的联系，这是致命伤。

【注】

因为，$n = \chi(x)$ 代表劳动的供给函数或供给曲线，按照西方学者的解释，处于该曲线上任何一点的劳动者所得到的实际工资，都正好补偿他劳动的负效用。补偿劳动的负效用意味着劳动者愿意为此时的工资而进行劳动。

【要点】

此外，庇古同意在一定限度内，劳动者事实上所要求的不是给定的实际工资水平，而是给定的货币工资水平。但在这种情形，劳动的供给函数就不单是

$F'(x)$ 的函数，还是工资品货币价格的函数，这样一来，他前面的分析就崩溃了，并且引进了一个追加因素，却没有引进一个追加的方程式来解决这个追加的未知数。虚假的数学方法的危险在于：除了使每一事物成为一个单独变量的函数，然后使所有的偏导数等于零，它不会取得任何成果。

一个理论，除非它在货币工资固定不变或者在改变的情形中都能运用，才能说成是通论。政治家们固然有资格抱怨货币工资应该具有高度的弹性，但理论家必须对具有和不具有伸缩性的各种事例做出冷静的考虑。一个科学的理论不能要求事实去迎合其假设条件。

【注】

政治家和经济学家的追求是不同的。对于政治家追求的目标，经济学家不能盲从，要做出自己的客观、冷静的分析。

对于经济学领域的数学运用，要慎重对待。因为能求偏导的前提是：各个因素相互独立，互不影响。而一旦各种因素之间相互独立的假设不能成立，则那些数学函数公式就会失去说服力和权威性。即：庇古失业理论的假设过于苛刻，与现实差距较大。

【要点】

我认为庇古就业理论的假设条件是：任何生活费用相对于货币工资的上升，不论上升得何等轻微，都会导致一部分劳动者从劳动市场退出，而且退出的人数大于现有的全部失业人数。[注：该假设与现实不符。]

庇古相信：在长期中，失业问题可以通过调整工资来解决。

庇古似乎认为，“对劳动的实际需求”的波动和工资政策未能对此做出敏锐的反应在一起，是造成经济周期的主要原因。

庇古教授所谓的“劳动的实际需求”，只是两个因素的函数，即 $F(x)$ 及 $\phi(x)$，前者是工资品行业的生产情况，后者是工资品行业的就业量与总就业量之间的函数关系。……$F(x)$ 只能慢慢改变，而且在生产技术逐渐进步的社会中，只能向前改变；至于 $\phi(x)$，除非工人阶级突然倾向于节俭（或消费倾向有突然变化），否则是很稳定的。如此说来，在整个经济周期中，对劳动的实际需求几乎保持不变。我再重复说一遍：投资量波动往往是就业量波动现象的基本原因，而庇古的分析忽略了这个不稳定因素，即投资量波动，而这一变动往往是就业量波动现象的根源。

【注】

庇古把失业问题归结为工人要求的工资太高，他提出解决失业的主张是通过降低工资来增加就业，而忽视了投资问题。该主张遭到凯恩斯的极力反对。凯恩斯认为，由有效需求决定的就业量是剧烈波动的，增加就业的办法是扩大有效需求，即增加消费和投资，尤其是投资。在经济萧条、失业问题严重时，要想方设法扩大投资，因为投资能发挥乘数作用。如果私人不愿投资，就应该增加公共投资，不能把投资的责任完全放在私人手中。在批驳庇古的《失业论》的基础上，凯恩斯建立了自己的就业理论，并提出一套就业主张。

【评论 40】

凯恩斯理论体系的构建及启发

早在 1924 年 5 月 24 日，凯恩斯就在《民族》周刊上发表了《失业需要猛剂吗?》[①] 一文，提出治愈失业的终极举措是英国政府拿出 1 亿英镑，用在公共住房、兴建道路、改善电网方面；此后又于当年 5 月 31 日和 6 月 7 日在《民族》周刊上发表《英国政府和失业》和《对付失业的一帖猛剂：对批评意见的答复》，进一步论证实施大规模公共工程计划的必要性。大萧条期间，凯恩斯最初的应对建议是让消费者多购买东西，尤其是家庭妇女。他曾这样鼓动妇女购物：“爱国的主妇们，明天一早就出发，跑到大街上去，那里到处是广告，到处是五花八门的货物，任你选购。”[②] “你买这些便宜货，是在促进就业，是在为国家增进财富。”他还主张各级政府多兴办公共工程，比如修路等。

凯恩斯应对经济危机的最初设想是通过扩大居民消费和政府公共投资来增加就业，这是当时比较认可的办法，比如在 1931 年，一些美国经济学家就提出在经济衰退期间，政府应该用公共项目来推动需求，就业和总需求之

---

① 有的译为《失业需要大力补救吗?》。

② 凯恩斯．劝说集（蔡受百译）［M］．北京：商务印书馆，2018：129.

间存在直接关系。因为那时人们已普遍感受到经济危机的破坏力，失业问题极其严重，普通民众陷入绝对贫困。在那个“褴褛时代”，大家能真切地感受到危机的危害和严重性，有的也能看到市场经济和自由放任的弊端，所以在当时支持政府扩大公共投资促进就业的人很多。但客观讲，那些都是很朴素的想法和直觉，简单且粗糙。另外，这些主张和搞计划经济很相似，而在西方资本主义世界缺乏有信服力的理论依据，引发了人们对资本主义和市场经济的信任危机。

凯恩斯敏锐地捕捉到这个问题，使其成为撰写《通论》的动因和出发点。从该点出发，他以超乎寻常的天赋、视角、逻辑思维和努力，构建了一整套在国民收入总量的框架下论述失业问题的有效需求理论体系，奠定了当代宏观经济学的基石，也为资本主义国家更普遍的国家干预提供了理论支撑。

凯恩斯的理论创新和构建也告诉我们：在经济学专业研究领域，思想火花并不稀缺、不值钱，真正稀缺的、宝贵的是将那些思想火花概念化、系统化、条理化，并为之建立一套完整的经济理论体系，然后再用现实检验经济理论，不断地丰富和完善它。最高境界是将经济理论付诸实践，改造现实世界。

第二十章 就业函数

本章运用公式较多，看起来挺复杂，其实就是一些弹性公式。第二十和二十一章主要说明货币数量的变动对价格水平的影响，增加有效需求可部分影响产量，部分影响价格，就业函数是说明该影响的一个必要环节。

I 就业函数和就业弹性函数

【要点】

就业函数和总供给函数的唯一不同是：前者实质上是后者的反函数，而且是用工资单位衡量的。就业函数（N_r）表示有效需求与就业量之间的关系。……如果 D_{ur} 为一家厂商或一个行业面临的有效需求，该厂商或该行业的就业量为 N_r，则就业函数为：

$$N_r = F_r(D_{ur})$$

当有效需求为 D_w 时，r 行业提供的就业量为 N_r：

$$N_r = F_r(D_w)$$

假设消费倾向既定，再假设相应于一个既定的总有效需求水平，存在着唯一的该有效需求在不同行业的分解。……整个社会的就业函数等于各个行业的就业函数之和，即：

$$F(D_w) = N = \sum N_r = \sum F_r(D_w)$$

某一既定行业的就业弹性（elasticity of employment）为：

$$e_{er} = \frac{\mathrm{d}N_r}{\mathrm{d}D_{ur}} \cdot \frac{D_{ur}}{N_r}$$

e_{er}衡量：当预期用于购买该行业产品的工资单位的数量有所变动时，该行业雇用的劳动单位的数量对之做出的反应。

整个社会行业的就业弹性可表示为：

$$e_e = \frac{\mathrm{d}N}{\mathrm{d}D_w} \cdot \frac{D_w}{N_r}$$

该弹性表示：当以工资单位衡量的对某一行业的有效需求增加时，该行业做出的产量增加的反应，即：

$$e_{or} = \frac{\mathrm{d}O_r}{\mathrm{d}D_{ur}} \cdot \frac{D_{ur}}{O_r}$$

如果能假设价格等于边际直接成本，则可得到：

$$\Delta D_{ur} = \frac{1}{1 - e_{or}} \Delta P_r$$

在这里，P_r 为预期利润。由此可见，如果 $e_{or} = 0$，即：如果该行业的产量完全缺乏弹性，则有效需求的全部增加量皆被当作利润，归企业家所有，即：

$$\Delta D_{ur} = \Delta P_r$$

假设 $e_{or} = 1$，换言之，假设产量弹性等于1，那么在有效需求的全部增量中，丝毫不变成利润，全部增量被进入边际直接成本的因素所吸收。

古典学派假设，实际工资总是等于劳动的边际负效用，而当就业量增加时，后者也随之增加，因此，如果实际工资减少，那么，其他条件相同，劳动的供给量会降低。以此而论，古典学派实际上假设：要想增加用工资单位计量的总支出，是不可能的。

【注】

我们可以从庇古的就业函数看古典学派的假设，该函数为：

$$N = q \frac{Y}{W}$$

其中 Y 为国民收入，N 为就业量，W 为货币工资，q 代表 Y 中支付给劳动者的比例。按照古典学派的假设，当 N 增加时，W 也要增加，同时，Y 会做出相应的增加。因此，当 q 为常数时，要想通过 Y 的增加来增加 N，是不可能的。

【要点】

e_{or}的数值通常介于0与1之间，其中 e'_{pr} 表示预期价格 p_{ur} 对有效需求变动做出的反应，即：

$$e'_{pr}=\frac{\mathrm{d}p_{ur}}{\mathrm{d}D_{ur}}\cdot\frac{D_{ur}}{P_{ur}}$$

$$e'_{pr}+e_{or}=1$$

就是说，当有效需求（以工资单位衡量）改变时，价格弹性和产量弹性的和等于1。根据该规律，有效需求的作用可分解为两部分：一部分用在影响产量，一部分用在影响价格。

【注】

上面的论述是本章的重点，意思是：如果一个行业的产量完全没有弹性(比如急救产业等)，那么有效需求的增量，将全部成为企业家的利润；如果一个行业产量弹性等于1（比如供给严重过剩的租房产业)，那么增加的总有效需求的任何部分，都不会变成企业的利润，因为那些企业即便赔钱，也得把产品尽量卖出去，以减少损失。上面这两种情况都是特例，很少见，通常情况是：增加有效需求可部分影响产量，部分影响价格。

【要点】

假设 W 代表单位劳动的货币工资，而 p 代表整个社会的单位产量的预期价格，则对有效需求（用货币来衡量）的变动做出反应的货币价格弹性为：

$$e_p=\frac{D\mathrm{d}p}{p\mathrm{d}D}$$

对有效需求（用货币来衡量）变动做出反应的货币工资弹性为：

$$e_w=\frac{D\mathrm{d}W}{W\mathrm{d}D}$$

可以证明，货币价格弹性公式为：

$$e_p=1-e_o(1-e_w)$$

该方程是货币数量论一般化的第一个步骤。如果 $e_o=0$，或 $e_w=1$，则产量不会变动，价格将和有效需求作同比例上升。否则，价格上涨比例将更小一些。

【注】

这一节分析的还是有效需求与价格、货币工资之间的关系，是用数学公式对前面得出的结论进行演绎推导。这是把经济学结论用数学公式来推演，以证明该结论的合理性。

其实，如果我们略过这一节，不影响全书的阅读。

Ⅱ 有效需求和价格弹性、产量弹性的关系

【要点】

就业量只取决于总有效需求（用工资单位来衡量）。有效需求的增长量在不同行业中的分解方式，可以在很大程度上影响就业量。

如果对有效需求扩大的最初冲击来自消费的增加，则与来自投资增加的情况相比，其就业弹性的最后均衡值小，而其初期的就业弹性则更小于其最后均衡值。[注：投资的冲击更大，更重要。] 此外，如果对就业弹性太低的物品增加需求，那么，需求增量的大部分将变成企业家的收入，只有少部分变成工资和其他要素的收入，其结果可能对消费不利。因为与工资收入者相比，企业家很可能要储蓄他们收入增加的较大部分。

【注】

企业家需要增加储蓄以追加投资，所以储蓄率较高，上述假设成立。问题是，企业家的消费有限，如果他们储蓄过高，对社会总消费和有效需求都不利。

【要点】

在一个经常处于变动状态的经济体系中，价格具有完全稳定性是不可能的——除非存在某种特殊机构，该机构能使消费倾向暂时做出应有程度的变动。

在一个经常处于变动的社会中，这种稳定政策不可能完全取得成功。但不能据此认为：价格每一次脱离其稳定性的暂时的微小变动，都必然造成累积的非均衡。

【注】

由于价格是不断变动的，很不稳定，除非有机构（比如计划体制中的物价部门）硬性规定价格，否则价格很难完全稳定。因此，政府在挑选政策目标时不应追求价格稳定，而应追求充分就业。只要能实现充分就业，价格即便有所波动也是能承受的，不会造成很严重的问题，尤其是在萧条期。

Ⅲ 物价和 MV 的关系

【要点】

当有效需求不足时，就存在劳动者的就业不足。……因此，随着有效需求增加，就业量会增加，一直到达一种状态：没有更多的劳动者愿意为这时的实际工资而劳动，也就是，除非货币工资上升得比价格快，否则没有更多劳动者（或劳动单位）愿意从事劳动。……如果达到这种状态，则宽泛的货币数量论完全适用；因为产量不变，而价格和 *MV* 以完全相同的比例上升。

【注】

这种状态就实现了充分就业，此时的产量不再发生变化，价格恰好和 *MV* 成比例上升，即只涨价格，不增加就业。

作者接着分析了该结论成立的两个限制条件：（1）物价上涨会使企业家迷惑，低估边际使用者成本，继续增加就业量。（2）由于企业家把部分利润作为租金，付给租金收取者，因而价格上升，即使没有产量变化，也将使收入再分配有利于企业家，而对租金收取者不利。这种收入再分配可能对消费倾向产生影响，进而影响投资乘数和就业。该过程在达到充分就业前，就已经开始了。

这就使产量不变的假设较难成立，导致价格难以和 *MV* 按相同比例上升。

Ⅳ 通货膨胀和通货紧缩的非对称性

【要点】

在通货膨胀和通货紧缩之间存在明显的非对称，也许使人们感到有点困惑。因为有效需求收缩到充分就业要求的水平以下，会压低就业和价格；而有效需求膨胀到这一水平以上时，将只影响价格［注：不再增加就业量］。然而这种非对称性正是事实的反映：虽然当实际工资低于一定就业量的劳动边际负效用时，劳动者总是可以拒绝工作，从而使该就业量不能实现；但当实际工资不低于一定就业量的劳动边际负效用时，劳动者却不能要求别人提供就业。

【注】

按照作者的逻辑，有效需求扩张比收缩好；通胀比通缩强，起码对就业的危害小。在就业方面，劳动者是比较被动的；当经济形势不好、失业严重时，劳动者不能强行要求企业家提供就业机会。

该分析有道理，即便到今天仍适用。在市场经济中，通缩在一般情况下比通胀难对付，因为一旦价格下跌，人们便会预期价格将进一步下跌，不敢买入，严重影响企业投资和居民消费的信心，会进一步压低消费和有效需求。通缩还会造成实际利率上升，使货币越来越贵，加重债务负担，使债务人（尤其是企业）在财富分配中处于劣势地位。通缩通常伴随着经济走弱，银行惜贷，减少货币供应量，将收缩整个市场的流动性，对经济增长不利。

第二十一章 价格论

本章着重分析“货币数量和价格水平之间的关系”，提出经济分析的二分法。货币数量是通过利率、资本边际效率和流动性偏好三个因素，传导到价格水平，最终又通过价格水平和工资之间的关系来影响就业。核心观点是：长期看，物价变化取决于工资与生产效率的变动。

I 经济体系的划分

【要点】

经济学家在讨论所谓的价值论时，习惯上说：价格取决于供给和需求的情况，特别是边际成本和短期供给弹性的变化，发挥重大作用。……但讨论货币和价格理论时又说：价格取决于货币数量、货币的收入流通速度、流通速度与交易量之比、货币贮藏、强迫储蓄、通货膨胀、通货收缩等。

【注】

作者认为传统价格（价值）论的分析比较深奥，让人迷惑，在影响价格的因素中，有时有货币，有时没有货币，让人有时处在月亮的一面，有时处在月亮的另一面，还不知道连接这两面的具体路径和旅程。该批驳很辛辣，找到了古典学派价格论的弱点。但只攻击别人的缺点是否公允？会不会把古典学派的合理成分也抛弃了？比如商品价格波动主要受供给和需求的影响等。

【要点】

经济学分为两部分：一部分是价值论和分配论，一部分是货币论，实在是错误的分法。我认为正确的二分法（dichotomy）应该是：一方面是单个行业或厂商的理论，以及关于既定数量的资源在不同使用上的报酬和分配；另一方面是关于整体产量和就业量的理论。只要我们假设就业资源的总量不变，又暂时假设其他行业或厂商的情况也不变，而把我们研究的范围限于单个行业或厂商，那么我们确实可以不用顾及货币的重大特性。而一旦进入什么决定整体产量和就业量的问题，我们就需要有一种货币经济的完整理论。

【注】

这段话很重要！从这段阐述和构想出发，凯恩斯比较明确地将经济学划分为宏观经济学和微观经济学，扩大了经济学的外延，丰富了经济学的内涵尤其是对国民收入的研究，是重大理论突破。作为著名的货币学家，他观察货币经济问题的眼光独特，思路开阔，抛开其政治立场，这种观察问题的方法和视角值得我们学习。

在微观领域研究单个厂商时，我们不用顾及货币的重大作用，可以把货币看作是定量；但在宏观领域则明显不同，需要重视货币的作用，需要引入货币供给这个外生变量，将货币和经济紧密联系在一起，建立一套有关货币经济体系的完整理论。我认为这是凯恩斯革命的精髓。

在凯恩斯之前，重商主义、重农学派，以及以斯密、李嘉图、马歇尔为代表的古典学派等，也研究过宏观经济问题，比如法国魁奈的《经济表》和马尔萨斯的《人口原理》等，就比较典型；维克塞尔在20世纪初构建了“国民经济学”，认为国民经济学是国家的“家务”或国家“家务”理论，“家务”是用公共财政的科学来管理的①；甚至连“宏观经济学”这个概念，都是挪威经济学家拉格纳·弗里希于1933年提出的。但他们的研究都有局限，简单、朴素、零散且不成体系，只有在凯恩斯这里，才发起并建立了宏观经济学的框架。

【要点】

或者我们也可以这样划分：一方面是静态均衡论；一方面是移动均衡论。在使用后者的经济体系中，对未来的不同看法能影响目前的情况。如此划分，

① 维克塞尔．国民经济学讲义上卷（解革/刘海琳译）［M］．北京：商务印书馆，2017：18.

是因为货币的重要性主要来自它是联系现在和将来的环节。

经济体系可细分为二：一种是没有变动的经济体系；另一种是变动的经济体系，但一切在事先都能预料到。……在现实世界中，我们以往的预期不一定应验，而今日对将来的预期，又可以影响我们今日的行动。当我们做出进入现实世界的转变时，货币作为联系现在和将来的环节的特性，必须进入我们的考量。

货币最主要的特质是联系现在和将来的一种微妙手段；从而，除非使用货币，我们甚至无法讨论：当预期改变时，对当前活动有何影响。即使取缔金银以及法定偿债物，我们也无法摆脱货币。只要存在任何具有货币属性的耐久性财物，它便会引起货币经济所特有的问题。

【注】

这里所说的“特有的问题”，我认为是指由于引入货币而使经济体系“蕴含着风险和危机”。“耐久性财物”（durable asset）可理解为金、银、铜、贝壳等一干具有货币特点的商品。

在讨论预期对经济活动的影响时，我们需要引入货币，进而把过去、现在和将来联系在一起。因为货币很重要，绝不像“一层面纱”“薄膜”或“润滑剂”那么简单。

这段论述与马克思的看法有相近之处。

马克思在《资本论》分析了商品交换形式：（1）简单的直接的商品交换形式 $W-W$（即商品换商品）；（2）以货币为中介的商品流通的商品交换形式 $W-G-W$（即商品—货币—商品）①；（3）以商品为中介的货币流通的商品交换形式 $G-W-G$（即货币—商品—货币）②。马克思认为，在生产力低下的直接产品交换，不具有供给和需求严重脱节的可能性，但随着产品交换发展到以货币为媒介的商品交换时，商品内在的使用价值和价值的矛盾外化为商品和货币的矛盾；货币的流通手段职能使商品的买卖在时空上发生了分离；货币的支付手段职能形成了蕴含货币危机的债务链条。马克思还指出，商品流通“这种内在的矛盾在商品形态变化的对立中取得了发展的运动形式。因此，这些形

① 马克思．资本论（第一卷）[M]．北京：人民出版社，2018：127.

② 这一过程的完整形式是：$G-W-G'$。其中的 $G'=G+\Delta G$，这个增殖额 ΔG 是剩余价值。

式包含着危机的可能性，但仅仅是可能性”①。

由此可见，马克思和凯恩斯都认识到：货币的引入，引发了经济运行的特有问题——危机，即便是可能的、潜在的；而危机要发展为现实，则必须具备一系列条件。

Ⅱ 决定价格水平的因素

【要点】

对单个行业而言，它所具有的价格水平，部分地取决于进入它的边际成本中生产要素的报酬，部分地取决于它的产量规模。当我们论述整个行业时，不用修改这一结论。一般价格水平部分地取决于进入它的边际成本中生产要素的报酬，部分地取决于整个产量的规模，即（在既定设备和技术条件下）取决于就业量。

【注】

一般价格水平不仅取决于生产要素的报酬，即工资单位，还取决于总就业量。总就业量取决于总需求，而总需求是变化的，所以在分析价格水平时，就需要引入总需求这个变量了。这是一种总量分析和需求分析，是凯恩斯的创新。

Ⅲ 价格水平和货币数量的复杂关系

【要点】

一般价格水平（在既定设备和技术条件下）部分取决于工资单位，部分取决于就业量。因此，货币数量的改变对价格的影响，是两种影响的总和：一是对工资单位的影响；二是对就业量的影响。

假设：(1) 所有失业资源在生产所需要的产品的效率上，都是同质的，是可以互换的。(2) 进入边际成本的生产要素，只要有多余的未就业的，它们就不会要求增加现行的货币工资。在这些假设下……只要有失业，供给就有完全弹性；而一旦达到充分就业，供给就完全无弹性。又假设有效需求与货币数量同比例的变动，则货币数量论可以阐明如下：“只要存在失业，就业量和

① 马克思．资本论（第一卷）[M]．北京：人民出版社，2018：135.

货币数量作同比例的改变；而当充分就业时，价格水平和货币数量作同比例的改变。”

【注】

以上是作者的简单价格论，其含义是：当经济萧条时，大量人力和资源闲置，增加货币数量不会推升物价，因而可以采取扩张性的财政和货币政策。

【要点】

通过引进足够多的简单化假设，我们满足传统，使货币数量论成立后，我们还要考虑在现实中可能影响事态的复杂因素：（1）有效需求不和货币数量作同比例的改变；（2）资源不完全相同；（3）资源不能相互替代；（4）在充分就业到达前，工资单位将趋于上升；（5）进入边际成本的生产要素的报酬，并不按相同的比例改变；等等。

一般说来，有效需求的增加会部分增加就业量，部分提高价格水平。……实际上，价格水平随着就业量的增加而逐步上升。

【注】

有效需求不足时，增加货币量会增加就业量，也会缓慢推升物价；达到充分就业后，增加货币只能拉升价格，不影响产出。这是凯恩斯的简单货币数量论。当然，现实情况要复杂得多，在分析货币数量变动和价格水平变动之间的关系时，要充分考虑上面提到的各种复杂因素。

【要点】

对具体问题提出解决之道，需要系统和有秩序的思维方法。把使问题复杂化的因素一一分离出来，得出暂时结论后，还要回过头来，尽量顾及各因素之间可能的相互作用。

【注】

这里涉及经济学思维和方法论。先对现实抽象，把复杂问题简单化，抽象出简单的函数，之后再把更多变量加进去，建立更加复杂的函数，并使这些函数更符合现实。当然，这是一种静态分析的思维。我们在分析复杂的经济运行问题时，要重视“时间”因素，区分“时点”和“时期”，进行动态分析。

【要点】

用虚假的数学方法把一个经济分析的体系公式化和形式化，并假设所包含的各因素之间严格地相互独立，其最大弊端在于：一旦各因素严格地相互独立的假设不能成立，那么它就失去说服力和权威性。

【注】

作者对误用数学的批评是中肯的，我们要慎重对待数学在经济学的运用。数学确实是很有用的经济分析工具，正确运用能清晰地说明问题，但错误运用则会掩盖问题。比如在现实中，各个经济变量之间是相互依赖的，不是独立存在的，如果用偏微分求导，导数通常为零，这很可能把问题简化，脱离现实，成了“拼凑之物”。

Ⅳ 进一步讨论上述复杂因素

【要点】

（1）货币数量的改变主要通过它对利率的作用，而对有效需求的数量发生影响。影响的大小来自三个因素：流动性偏好曲线；资本边际效率曲线；投资乘数。这三个因素也和后面的（2）、（3）、（4）、（5）几个复杂因素有关系。……我们会得出：当货币数量的增加额为既定时，在照顾到一切事项以后，与该增加额相应的、与之保持均衡的有效需求的具体增加量，应该是多少；只有在非常例外的情况下，货币数量的增加才引起有效需求量的减少。

【注】

货币数量的改变需要通过利率（r）这个中间变量来对有效需求（总收入）发挥作用。货币总体而言不是经济增长的内生因素，而是一个外生变量。货币政策虽然有用，但作用有限。

【要点】

（2）一般说来，当既定设备的产量增加时，供给价格会上涨。这样，不论工资单位是否改变，产量增加总会伴随着价格上涨。

【注】

在通常情况下，增加产量会拉升相关要素的价格，带动整个物价水平的上涨。

【要点】

（3）当失业普遍存在时，有效需求的温和变动可能使价格的提高很小，主要是增加就业量。而如果有效需求变动很大而且是没有预见到的，则会造成某些暂时的“瓶颈”，使价格上升，而不是增加就业量。这种后果的程度是初大后小。

【注】

失业问题严重、有效需求不足时，采用宽松的货币政策增加货币供给，其主要作用是增加就业，而不是拉升价格。但接近充分就业时，由于某些资源遭遇瓶颈因素，导致一些商品的价格会快速上涨，此时再扩大有效需求，其作用主要是拉升价格，而不是扩大就业。

【要点】

（4）在充分就业到达前，工资单位可能趋于上升。……有效需求的任何增加，大概有一部分被工资单位的上涨趋势所吸收。

【注】

当接近充分就业时，增加货币供给会推升货币工资水平，拉升物价，而不是全部增加就业。按照凯恩斯的逻辑，此时要谨慎，不宜再采用宽松的货币政策，而应重视供给端问题，着力解决各种资源约束和“瓶颈”。

【要点】

在最终到达充分就业的关键点之后，作为对货币衡量的有效需求增长的反应，货币工资必须和工资品的价格保持同比例上升，而且在此点以前，早已存在一系列的半关键点（semi－critical points）；处于这些半关键点，有效需求的增加还是趋于提高货币工资，虽然提高的程度并不完全等于工资品价格上升的比例。从实际经验看，并不是有效需求每有微小改变，工资单位就随之变动；

工资单位的变动是非连续的。决定这些非连续点的，是工人的心理以及雇主与工会的政策。

半通货膨胀（semi – inflation）状态和绝对通货膨胀有类似之处（虽然类似很不完全）；所谓绝对通货膨胀，就是在充分就业状态下，有效需求的再度增加必然导致的后果。

【注】

有人从“半通货膨胀”理论出发，提出“温和的通货膨胀有益论”。对于这个观点我们要注意，因为凯恩斯把“半通货膨胀”和“绝对通货膨胀”区分开来，目的是为“增加货币能提高有效需求和就业”的政策主张服务。实际上，该政策是从维护企业家利益出发，精心设计出来的，它对企业家、政府和扩大投资很有利，但对靠工资生活的工人和公共部门的职员明显不利；对债务人有利，对债权人明显不利。因为短期内大量增加货币供给后，货币将贬值，企业工人和公共部门职员的货币工资即便能略微增长，但货币工资的购买力很可能不增加，甚至会缩水。

【要点】

(5) 价格水平取决于两个因素：工资单位和就业数量。

成本单位是进入边际直接成本的一切要素报酬的加权平均数。

在既定技术和设备条件下，价格水平部分取决于成本单位，部分取决于产量规模。当产量增加时，价格水平的增加比例要大于成本单位，因为在短期内边际产品递减。当产量增加到一个水平，在该水平，各生产要素的一个代表单位的（a representative unit）边际产品等于维持该水平产量的生产要素所要求的最低报酬，此时，我们就达到充分就业了。

【注】

当各种生产要素的价格都上涨而产量不再增加时，就达到充分就业了，会出现完全的通货膨胀，此时需要收缩货币政策，否则会产生不良后果。但在管理通胀的实际工作中，货币当局通常偏好币值稳定，而政治家则偏好充分就业，如何平衡二者的关系，掌握政策实施的关键点或临界点，对具体执行者而言，往往是个难题。

V 通货膨胀的定义

【要点】

当有效需求再增加时，不能进一步增加产量，仅使成本单位随有效需求作同比例上涨，此种情况，大致可称为真正的通货膨胀。

在真正通货膨胀到来以前的临界水平的两边，存在一种不对称现象。当有效需求缩减到这个临界水平以下时，如果用成本单位计量，它的数量要减少；而当有效需求扩大到这个临界水平以上时，如果用成本单位来计量，它的数量一般不会增加。

【注】

有效需求增加时，如果只涨价格，不增产量，就算是真正的通货膨胀了。按照这个逻辑，只有在实现充分就业后，才会出现真正的通货膨胀。

【要点】

要想使货币经济体系能有任何稳定性，则必须有若干要素，这些要素用货币计量的价值即便不是固定的，也至少是粘性的。

【注】

在该节中提到的“货币经济”是指现实中的市场经济；“粘性”是指价格不容易发生变动，或变动比较缓慢。

《通论》不仅分析了工资粘性，还分析了价格粘性，是指市场经济中，商品的价格不容易发生灵活变动的一种现象。其含义是：名义价格设定后，往往保持不变，即便供给和需求的基本条件发生变动，价格也不能充分反映相应的冲击。按照凯恩斯的理论，有效需求下降最初会导致产出和就业减少，而不会引起价格水平的下降，只有在经济非常萧条时，才会发生通货紧缩。

其实，早在20世纪初，经济学界就开始了价格粘性的研究，比如Mills（1927）对美国劳工局200多种商品价格的调整动态进行分析，发现一类商品的价格变化很频繁，另一类商品的价格调整比较缓慢。Means（1935）把后者称为“有管理的价格”，其实就是“价格粘性”的前身。此类研究遭到当时的新古典学派的猛烈抨击，新古典学派认为价格是灵活的，价格粘性理论缺乏微观基础。

而真正将价格粘性理论发扬光大的是凯恩斯，尤其是他的《通论》，这为后来经济学的发展留下一条重要线索。20 世纪 70 年代以后，凯恩斯的继承者们又聚焦价格粘性问题的研究，形成了一批阐释学说，比如菜单成本论（Barro，1972）、尾数定价论（Kashyap，1995）、公平定价论（Rotemberg，2005）、信息成本论（Mankiw，2002）等，尽力为价格粘性理论构筑微观基础。现在“价格粘性”已经成为一个广泛使用的术语，用于解释市场在短期内难以达到均衡的原因，还成为分析经济周期和货币政策的标准构件。

【要点】

古典学派的基本假设：货币数量的任何增加都会造成通货膨胀。该假设条件认为，我们总是处于一种情况，在该情况下，生产要素的实际报酬减少时，它们的供给将减少。

【注】

这意味着，要想提高供应量，生产要素的报酬（从而价格）必须和货币数量做出同比例增长。这样就造成生产要素和价格的螺旋上升。古典学派的说法很难成立，比如经济萧条时，即便降低实际工资（劳动的实际报酬），劳动的供给量也不会下降。

在我们所经历的一轮轮经济萧条中，有时即便央行增加货币供给，也不一定能拉升物价，甚至会出现通货紧缩。

Ⅵ　货币数量论的一般描述

【要点】

令：$MV = D$

M 为货币数量，V 是货币的收入流通速度，D 代表有效需求。

有效需求对货币数量做出反应的弹性：

$$e_d = \frac{M\mathrm{d}D}{D\mathrm{d}M}$$

货币数量论的一般描述：

$e = e_d(1 - e_e \cdot e_0 + e_e \cdot e_0 \cdot e_w)$

在上式中，e_d 代表流动性因素；e_w 表示劳动因素（确切说是进入直接成本的因素）；e_e 和 e_0 则代表物质因素。

$e\left(=\frac{M\mathrm{d}p}{p\mathrm{d}M}\right)$衡量货币价格水平对货币数量改变所作出的反应。

一般情况下，e 小于 1。

以上推导的价值不大，还暗含着把某些变量当作自变量的假设条件（偏微分被全然忽视）。……推导方式写在纸面上的最大用处，也许是说明：当我们把价格水平和货币数量之间的关系用公式化的形式表达时，这一关系的极端复杂的性质可以被明显地表示出来。

【注】

关于 e 的推导是：

$$e = e_p \cdot e_d = \frac{D\mathrm{d}p}{p\mathrm{d}D} \cdot \frac{M\mathrm{d}D}{D\mathrm{d}M} = \frac{M\mathrm{d}p}{p\mathrm{d}M}$$

$$\frac{M\mathrm{d}p}{p\mathrm{d}M} = e_p \cdot e_d$$

这个公式总结了凯恩斯的货币数量论的基本内容，衡量货币价格水平对货币数量改变所做出的反应，也就是当货币数量变动 1% 所引起的价格变动的百分比。

我们要注意，各种数学公式即便能表达价格水平和货币数量的关系，也只能说明价格水平和货币数量之间的相关性。凯恩斯再次表达了对滥用数学和推导公式的反感。虽然他在大学时曾主修数学，是著名的逻辑学家，数学功底深厚，但在运用数学工具分析经济问题时，还是非常谨慎。因为影响经济问题的变量太多，且各变量之间存在复杂的联系，很难用单纯的数量关系描述，尤其是在宏观领域。

Ⅶ　货币数量对价格的长期影响

【注】

货币数量的改变如何影响价格，有短期和长期之分。本节分析长期影响。

【要点】

在长期中，如果货币数量非常不足，那么，解决之道是改变货币本位或货币制度以提高货币数量，而不是压低工资单位以致加重债务负担。因为，从很长的时期看价格几乎总是上升的，原因是：当货币相对充足时，工资单位上升；当货币相对稀缺时，［人们］总有增加货币的有效数量的办法。

【注】

从长期看，价格上升主要是由货币数量增加引起的。该看法与弗里德曼有相近之处。

弗里德曼认为："在短期内，如5—10年间，货币变动会主要影响产出；另一方面，在几十年间，货币增长率则主要影响价格。"① 1963年，在弗里德曼和施瓦茨合著的《美国货币史（1867—1960）》一书中，通过对美国1867—1960年的数据研究，发现在周期内，货币存量的周期变动与实际国民收入或商业活动的周期变动存在密切关系②。总体而言，弗里德曼坚持：货币在短期是非中性的，在长期则是中性的。

【要点】

有证据表明，在大概150年的时期内，大金融中心的典型的长期利率约为5%，优质债券（gilt - edged securities）利率在3%和3.5%之间；这些利率是低微的，在此利率下的投资量，还能使平均就业量维持在能令人容忍的水平。

工资单位通常是稳定上升的，然而，劳动效率也在增加。因此，各种力量相互作用的结果是：使价格具有相当程度的稳定性——根据索贝克价格指数，在1820—1914年，5年平均指数的最高值仅比其最低值高出50%。这不是偶然现象，它被正确地解释为那个年代各种力量均衡的结果。那时，由单个雇主构成的群体的力量很强大，足以阻止工资单位的上升高于生产效率的过分提高；当时

① 黄达．金融学［M］．北京：中国人民大学出版社，2003：831．

② 米尔顿·弗里德曼，安娜·施瓦茨．美国货币史（1867－1960）（巴曙松等译）［M］．北京：北京大学出版社，2009：289．

的货币体系既灵活又保守，提供了一个用工资单位计量的平均货币供给量，使银行利率处于财富所有者在流动性偏好的影响下所能接受的最低平均水平。当然，这时的平均就业量水平低于充分就业很多，但未低到难以忍受，以致引发革命。

【注】

上面的分析较乱，我认为作者是想说明：经济体系是稳定的，利率、工资单位和价格水平等是比较稳定的，货币制度也是灵活的，就业量虽然低于充分就业，但也不是特别低。总之，上面这些变量都不是影响投资的关键因素。

【要点】

在今天和预料的将来，由于一系列原因，资本边际效率表远低于它在19世纪的数值。

在当前经济体系中，最稳定、最难于改变的因素是：财富所有者一般愿意接受的最低利率。

［除了扣除利率，］资本边际效率代表借款者预期能从借款中得到的收益，从该收益中，还必须减去：（1）把借款者和放款者拉拢在一起的费用；（2）所得税和附加税；（3）补偿放款者的风险和不确定性的费用。这个净收益很低微，那么，老一套的解决办法可能无效。

【注】

英国经济面临的主要问题是资本边际效率。由于经济整体缺乏活力，其资本边际效率比19世纪低很多，如此低的资本边际效率还要扣除各种费用，剩下的净收益更低。而作为资本边际效率的比较对象，英国的利率水平很稳定。由此可见，当时英国的就业问题和有效需求不足问题，主要是因为资本边际效率太低，而不是利率等问题。

作者认为，英国的利率已经比较低，他引用了19世纪的一句成语："约翰牛（即英国）可以经受住许多事情，却经受不住百分之二。"意思是说，利率不能再低了，货币政策的调控空间很有限，不能再从货币数量这个很传统的办法来考虑问题了，要想增加投资，需要着力考虑如何提升企业家的资本边际效率。

总之，随着资本数量的增加，资本边际效率不断降低，而利率比较稳定，具有粘性，已经很难下降了，二者一比较，就导致投资的吸引力越来越小。

马克思的看法与凯恩斯相近，不过马克思认为：由于各资本家追逐超额利润和在竞争中取胜，就要不断地采用新技术，提高劳动生产率，使各企业、各部门的资本有机构成不断提高，从而引起全社会资本有机构成不断提高，与此相对应的平均利润率就出现下降的趋势，投资吸引力也逐步下降。

【要点】

在长期内，国民收入和货币数量的关系取决于流动性偏好。而在长期内价格稳定与否，则取决于工资单位（确切说是成本单位）上升速度和生产效率增加速度二者之间的对比。

【注】

长期看，物价的变化取决于工资与生产效率的变动。这是本章的主题和结论。

【评论 41】

凯恩斯的药方

在价格论中，凯恩斯认为在实现充分就业之前，有效需求的增加一部分会增加就业，一部分会提高价格。然而，在 20 世纪 60 年代中期以后，“滞胀”成为西方国家的普遍现象，也就是在失业问题比较严重时，增加货币供给量只提高价格却不增加就业。这说明他的价格论有局限，不符合现实。

很多人把“滞胀”归结为西方国家长期推行凯恩斯主义的后果，《通论》也受到质疑和挑战。我认为，即便“滞胀”和凯恩斯的经济理论存在某种联系，我们也不能全怪凯恩斯本人，因为他说得很清楚：《通论》是医治经济萧条的短期药方。在这个药方中，占主导地位的是财政赤字政策。其实不仅是《通论》，早在 1933 年 12 月 31 日，凯恩斯就在《纽约时报》发表了《致罗斯福总统的一封公开信》，并主张：“无论如何，提高物价的正确方法是提高总购买力以刺激生产，而不是其他办法。答案是：赤字开支。”立场很明确。在大萧条的背景下，凯恩斯的这些主张是合适的。

然而二战后，西方国家逐渐走出萧条，经济增长较快，他们还按《通论》的药方长期吃药，政府干预经济运行的力度越来越大，手法不断翻新，甚至把赤字财政当成家常便饭，陷入宏观调控的路径依赖，政府的职能也随之不断扩大，机构日益庞杂，公共支出也水涨船高。那些西方国家的政客误用《通论》的药方，还乐此不疲，自己吃坏了身体，又怎能怪凯恩斯呢？

正所谓“日中则昃，月盈则食”①。无论何种经济金融政策和手段，都存在边际效用递减甚至为负的问题，过度利用必定产生负面效应，凯恩斯的经济政策也不例外。另外，诸多政策的制定和执行过程，也是利益分配的过程，很容易形成利益共生或寄生群体。既得利益者通常会通过各种手段和渠道，竭力维持现有政策的连续，即便该项政策已过时，成为阻碍社会进步的桎梏。这是基本的政策常识，那些精明的把个人、机构、党派利益盘算得清清楚楚的政客们，能不晓得？

另外，凯恩斯虽然声名远扬，听起来很厉害，其实就是英国政府的一位高级经济顾问，或者说是一位智囊，他本人并没有决策权。他提出的方案仅供政府部门参考，最终用不用、用到什么程度、由谁执行等，都是政府部门自己决定的。那些西方政府控制通胀打了败仗，老百姓怨声载道，政权岌岌可危，就转移公众的视线，把责任归咎于已去世二三十年的老顾问，真的让人很无语。这种转嫁矛盾和危机的娴熟手法，也让一众活人为凯恩斯感到悲凉。

① 出自《易传·彖传下·丰》。

第六编　《通论》引起的几篇短论

本编主要讨论经济周期问题，对重商主义给予正面评价，还分析了高利贷、节俭与消费不足、投资社会化、食利者阶级消亡、战争与和平等问题，算是对诸多经济问题的哲学思考。

第二十二章 略论经济周期①

本章核心观点是：通过影响资本边际效率，某些因素导致经济社会中存在每隔一段时间就会爆发危机的周期。还评判了一些经济周期学说。

【要点】

经济周期的基本特征，特别是能称为周期（cycle）的时间顺序和时间长短的规律性，主要是由资本边际效率的周期性变动造成的……当然，其他重要短期变量使经济周期变得更加复杂和严重。

【注】

凯恩斯将经济周期分为繁荣、恐慌（危机）、萧条和复苏四个阶段，并认为影响经济周期的因素很多，也很复杂，比如消费倾向波动、流动性偏好波动等，但他认为：经济周期主要是由资本边际效率的周期性变化造成的，即主要是由心理因素决定的，而心理因素很不稳定，所以经济运行也很不稳定，呈现周期性变动，其他因素（比如消费倾向、流动性偏好等）使经济周期更加复杂化。

I　经济周期与资本边际效率

【要点】

周期运动（cyclical movement）是指：当经济体系向上前进时，使其向上前进的力量开始逐渐扩大，相互具有累积效应，继而逐渐不支，到某一点时，

① 该章题目的英文是“Notes on the Trade Cycle”，徐毓枬直译为“略论商业循环”，高鸿业译为“略论经济周期”，从当前看，后者更合适。

向下的力量取而代之，后者也是初期逐渐扩大，互相加强，达到最高度，然后逐渐衰退，最后也让位于相反的力量。……此外，周期运动还指变动的时间序列以及上升与下降的期间，具有某种可识别的规律性。

【注】

经济运动具有周期性和规律性，我们可以做出初步研判，并分析其大体趋势。但影响经济周期的因素太多、太复杂，历史往往不会重演，因此，我们只能做出近似的描述，并尽力探寻经济周期运动的一般规律。

【要点】

要解释经济周期，就需要解释危机现象——下降倾向代替上升倾向的过程，转变得非常突然、剧烈；而当上升倾向替代下降倾向时，却一般没有类似的急剧转折点。

【注】

经济复苏很缓慢，需要很长时间；而经济危机的爆发往往突然且猛烈，超乎人们的预期。

我的体会是，只要搞市场经济，经济危机就难以避免。经济危机爆发前通常会出现一段光鲜的繁荣期，资产价格上涨，越来越多的投资者入场，投资越来越不理性，加入推动价格上涨的投机行列，完全不考虑资产的实际价值，一味沉浸在对其他投机者发迹的羡慕和赌徒般的兴奋中。这种投资热情通过人与人之间的相互影响不断扩散，酿成非理性繁荣，资产价格严重脱离基本面，系统性风险日益严重。而危机往往爆发得很突然，有时一个很小的意外事件，比如一场飓风、一个石油钻井平台起火等，就能让投资者们信心崩溃。一般情况下，资产价格涨得越高，摔得就越重，就像“雪崩”一样，让人们猝不及防。这就是我提出的“金融危机雪崩说”。因此，我们有必要在平时就全面深入地研究经济危机的形成机理和救助问题，设计好预防、应对和救助预案，为迎接经济危机的“雪崩”做准备。

【要点】

任何投资量的变动，如果没有相应的消费倾向的变动与之相抵消，当然会造成就业量的波动。由于投资量受高度复杂情形的影响，所以影响投资量本身或影响资本边际效率的一切因素，不大可能全部具有周期性特点。

【注】

投资对经济波动的影响很大，但影响投资的因素并不全都具有周期性的特点。意思是其他因素也影响经济波动，但需要通过资本边际效率来发挥作用。影响经济波动的最重要因素，还是投资量和资本边际效率。

【要点】

以发生于19世纪环境中的典型工业经济周期而论，资本边际效率波动应该具有周期性的特点。

【注】

《通论》的研究对象是工业国而不是农业国，用资本边际效率这个心理因素分析工业国的经济周期，可能有些道理，但对农业国不太适用。通常情况下，气候、环境、土地、人口等客观因素，对农业生产波动的影响较大。比如，农业是在大自然环境中进行物质性生产的部门，由于没法控制气候多变等带来的各种自然灾害，使得农业实物产量经常出现歉收的年份，进而影响农业年产值的变化，并对农业经济周期产生显著影响。

Ⅱ 经济衰退的根本因素

【要点】

最好是从繁荣阶段的后期，“危机”的来临谈起。

对于耐久性资产，在决定新投资的适度规模上，对将来的预期发挥主导作用。由于预期的依据捉摸不定，所以它们面临的是骤然而剧烈的变动。

【注】

通过耐久性资产，预期对经济周期发挥主导性影响，造成经济剧烈波动。在繁荣阶段的后期，人们一般会对资本品的未来收益做出乐观预期，同时成本和利率也随之上升，此时再增加投资，将导致资本边际效率下降，在意外因素的触发下会突然崩溃，导致投资的吸引力减弱，而对货币的流动性偏好增强，大家追求现金，投资（尤其是净投资）大幅下降，信心崩溃，危机到来。

我认为这种分析比较片面，因为引发经济剧烈波动的因素太多，绝非预期和耐久性资产所能涵盖的。凯恩斯强调信心和预期的作用，在大萧条之后的特殊历史背景下是合适的，而在正常情况下，经济波动主要是由各经济体的内在因素驱动的。

【要点】

对“危机”的解释，习惯上强调利率上升的倾向，利率上升确实可以使事态恶化，偶尔可能发挥导火索的作用（an initiating part）。但我认为，起因基本上不是利率上升，而是资本边际效率的突然崩溃。

繁荣阶段后期，是以对资本品未来收益的强烈的乐观预期为特征。这种乐观预期强大到足以补偿资本品日益充沛、生产成本上涨和可能出现的利率上涨。有组织的投资市场的性质是：当过度乐观和过度购买的幻想破灭后，市场价格会以突然和灾难性的巨大力量下降。此外，还导致利率上升。资本边际效率崩溃再加上利率上升，会严重加剧投资的下降。造成这种情况的实质性因素，还是资本边际效率的崩溃，特别是在前期大量新投资中曾对繁荣出过力的那类资本的边际效率的崩溃。

【注】

根据上面的论述，我们可将经济危机的形成机制归纳为：

资本边际效率崩溃→恐慌、不确定→流动性偏好急剧增长→利率上升→投资严重下降→爆发危机

【要点】

正是由于资本边际效率的崩溃，所以萧条非常难治理……以致无论怎样降低利率，都无济于事。……要想恢复资本边际效率并非易事，因为资本边际效率是由无法控制和不顺从的工商业界的心理状态所决定。用平常话说，在个人行为自己做主的资本主义经济中，信心的恢复远非控制所能奏效。

【注】

引发经济危机的最重要因素是资本边际效率，它由人们的心理状态所决

定，敏感且不稳定，一旦崩溃就很难恢复。货币当局刺激经济复苏的手段和作用有限，即便能降低利率，但无法控制由心理决定的资本边际效率。资本边际效率会下降到如此之低，甚至变成负数，以至于无法通过降低利率，来使投资达到令人满意的数量。

【要点】

经济萧条的这方面特点能够正确地被银行和工商界人士强调，反倒被经济学家低估，因为他们相信“纯货币”的救治方法。

【注】

工商和金融等实务部门高度重视信心等心理因素对经济萧条的作用，作者予以肯定；而那些经济学家则重视从货币等纯理论的角度分析经济萧条，低估心理因素的影响。其实，当资本边际效率崩溃后，市场信心也就丧失了，无论如何降低利率，都无法刺激经济复苏，单纯的货币政策失效了。此时，就不能再打货币政策的主意了，需要开辟新方法，着力恢复市场信心。

【要点】

解释经济周期的时间因素，即解释为什么在经济复苏前，通常需要一段比较固定的期间，要从影响资本边际效率恢复的那些因素中去找。原因有二［注：对下文略做整理］：

（1）在既定时代与正常增长率相关的、耐久性资产的寿命长度。

幻灭到来的原因：有关将来收益的可靠性突然受到怀疑……一旦怀疑开始，它会迅速扩散。

【注】

在繁荣后期，即使资本边际效率已经很小，人们仍然盲目乐观，直到有人怀疑当前的生产成本是否比随后的生产成本高。如果人们普遍认为当前的生产成本高于随后的生产成本，便会争相停止投资，此时会爆发经济危机。一段时间后，由于停止投资，生产设备老化、腐蚀等原因，资本出现短缺，于是资本边际效率开始上升，人们逐渐参与投资，更换老化的资本品，如此不断循环往复。这是从群众心理的角度分析经济的周期波动，虽然有些道理，但也比较片面。

【要点】

如果时代的特征变了，标准的时间间隔也会改变。例如，如果我们从一个人口增长的时期进入一个人口减少的时期，那么经济周期的萧条阶段就会延长。上面给出实质性理由来说明：为什么萧条阶段的长短，与耐久性资产寿命和既定时代的正常经济增长率，存在确定的关系。

【注】

该判断有道理，具有预见性，尤其是那些老龄化严重、人口减少的国家要警惕。随着人口老龄化，消费不振，经济下行，一旦陷入萧条，刺激经济复苏的难度将很大。

老龄化形成后一般很难逆转，它会通过一系列的中介因素影响经济增长，传导路径很多。从供给层面看，老龄化会对劳动力供给、资本投入以及技术进步等因素产生影响，进而影响经济增长；从需求层面看，老龄化通过消费、投资以及进出口等因素影响经济增长。总之，老龄化的影响是多方面的，很复杂，甚至与一些国家的衰落相关，需高度重视，早作应对预案，比如鼓励生育、加强社会保障、发展老年产业等。

【要点】

（2）多余存货的保管费。

危机后多余存货堆积起来，这种存货的保管费一般不少于年率10%……存货被吸收的过程代表负投资的过程，而负投资又进一步损害就业。只有当这种吸收过程结束时，就业才会明显改善。

【注】

存货是企业投资的一部分，企业卖出自己的存货需要一个过程，这会抑制投资，对就业不利，这个过程被称为“存货负投资”（disinvestment）。

因素（2）也是影响经济复苏的重要因素。在经济繁荣时，人们忽视资本边际效率的下降，继续增加投资，产生大量过剩产品，而保存过剩产品有成本，因此，除非爆发革命性的产品创新，否则工厂后续生产的产品的成本要大于剩余库存产品的成本。由于剩余库存产品成本比新产品低，所以人们会减少对新产品的投资，直到消化完剩余库存。剩余库存消化完成后，由于资本边际效率提高，人们又开始增加投资，经济复苏并走向繁荣。

凯恩斯对经济周期时间长短的分析有一定道理，但我认为上述分析的视角比较狭窄，都是从企业角度出发的，是技术性的，没有触及资本主义的制度性和根本性问题。或者说，是在资本主义意识形态允许的范围内进行的技术性分析。

【要点】

另外，在经济活动下降期，产量缩小，经营资本必然跟着减少，这又是一项负投资，而且可能很大；一旦衰退出现，经营资本的减少会形成强烈的自我扩大的下降影响。

不幸的是，资本边际效率的严重下降也趋于对消费倾向产生不利影响。因为这种下降会引起股票交易所的股票市价剧烈下跌……股票市价剧烈下跌会产生非常消极的影响。……对于美国今天有“股票头脑”的公众，一个上升的股票市场几乎是使消费倾向具有令人满意数值的主要条件；这显然对资本边际效率的下降具有更深的消极作用，但迄今被普遍忽视了。

【注】

凯恩斯有句名言：“市场保持非理性状态的时间可能比你保持不破产的时间更长。”股票投资切忌头脑发热，他有切身体会，因为他本人就是一名狂热的投机者，交易涉及外汇、股票、期货和房地产等。据保存在凯恩斯国王学院的档案显示，1919—1939 年，凯恩斯有过 350 多笔的外汇交易，有盈利也遭遇过“滑铁卢”。

1920 年 4 月，凯恩斯预测德国即将出现信用膨胀，并以此为理由卖空马克。但事与愿违，马克反弹了。4 月至 5 月间，他自己损失了 13125 英镑，他任顾问的辛迪加也损失了 8498 英镑。经纪公司要求他支付 7000 英镑的保证金，否则将关闭其账户，本金都拿不回来。此时，他只好向朋友和出版社借钱，从一个敬慕者那里借来 5000 英镑，又预支《合约的经济后果》一书的稿费1500英镑，东拼西凑，才暂时渡过难关，差点破产。

之后，凯恩斯在家人和朋友的帮助下再次入市，并在货币市场上赚了钱。他还使用杠杆大量买入小麦、锡和棉花期货。到1927年，其净资产一度超过340万美元，成为当时少有的富翁。然而不久后，厄运再次降临。1929年10月，华尔街出现了史上最严重的抛售，致使凯恩斯的大宗商品仓位在1930年损失极其严重，导致他不得不出售部分画作（最后没卖）。当时他的一名学生因投资失败而开枪自杀。

“马上摔死英雄汉，河里淹死会水人。”1937年3月，道·琼斯指数回升到194点，当时久负盛名的凯恩斯断定“在我们的时代不会再有股市暴跌了”，他除了全资购买股票之外，还用了杠杆。不料道·琼斯指数在一年内又下跌了约一半，到1938年3月，他的投资损失了2/3。

这些投资失败让凯恩斯和牛顿一样，切实体会到金融市场的疯狂和人的非理性，即“动物精神”，也认识到古典学派“理性经济人”假设的局限性。

牛顿曾感叹说：“我能算准天体的运行，却无法预测人类的疯狂。”看来，人类非理性由来已久，值得深入研究，尤其是在股票、期货等众多金融衍生品投资领域。

【要点】

在自由放任经济条件下，除非投资市场的心理状态能做出毫无理由的巨大逆转，否则，要想避免就业量大幅波动是不可能的。我的结论是：安排现行投资的职责，决不能放在私人手中①。

【注】

作者早年信奉自由资本主义，一战爆发后，他在财政部工作，被派到法国参与构建盟国间的战争信贷制度，各国财政官员约定通过控制贷款与信用授权的方式，来保证国际汇率的稳定，这让他感受到政府干预的重要性，初步形成了政府干预的理念。

一战后，英国经济长期低迷，凯恩斯花费大量时间研究货币理论和经济问

① 原文：the duty of ordering the current of investment cannot safely be left in private hands.

题，最终得出的结论是：对资本主义不能自由放任，要进行明智的管理，加大政府的调控力度，扩大公共投资，这样才能促进经济发展，避免就业量剧烈波动。可以说，在凯恩斯撰写《通论》之前，就已经形成了政府干预的思想；而他撰写《通论》的一个重要任务，就是从学理上建立一套体系，来论证政府干预的合理性和必要性，并提出可行性方案。由此可见，他的政府干预主张是深思熟虑的结果，不是临时起意。

Ⅲ　投资过度

【要点】

有些人主张：投资过度是繁荣阶段的特点，要想避免随后发生的（ensuing）萧条，唯一可行的治疗手段是避免这种投资过度；萧条不可能被低利率所阻止，然而，繁荣却可以通过高利率来避免。诚然，高利率治理繁荣的效果，远大于低利率治理萧条的效果。

【注】

该观点看似正确，高利率确实能毁掉繁荣。但作者严重鄙视该观点，因为英美是否出现过真正的繁荣都无法确定，对于如此稀缺宝贵的繁荣，你都不一定遇见过、享受过，现在竟然想着去搞掉它，岂不很荒唐！

【要点】

过度投资这个词是含混不清的……或指：若再增加投资，完全是浪费资源，那么，只有这种状态才能称为投资过度。

治疗之道并不在于提高利率，因为提高利率有可能妨碍某些有用的投资，并可能进一步减少消费倾向；而是采取果断的（drastic）步骤，用收入再分配和其他办法来刺激消费倾向。

【注】

作者对过度投资的界定很严格，一般不会出现。

退一步讲，即便出现轻微的投资过度，有些投资收益为负，从个体角度看好像是浪费，却能产生次级联动效应，拉动就业，对整个社会而言，可能是有利的。这种所谓的过度投资，只不过是经济繁荣的正常特点。

【要点】

繁荣阶段的典型情况并不是资本过度充沛，而是投资决策是在不稳定条件下做出的，又不可能持久，因为投资由预期所推动，而预期注定不能如人所愿。

繁荣会把投资引到不正确的方向。……当幻觉破灭时，这种预期又被相反的"悲观错误"所代替。

【注】

这个"不正确的方向"的意思是：在繁荣后期，投资能有2%的收益率就很好了，但人们此时由于过度乐观，预期投资能有6%的收益，产生了"繁荣幻觉"。当投资的实际收益率为2%时，人们就悲观了，认为赔本了。这是不正确的，是认识上"悲观错误"。后果是，我们将处于这样一种状态：一方面住房短缺，另一方面人们住不起现有住房。

【要点】

可见，医治繁荣之术不是高利率，而是低利率！因为低利率可以使繁荣延续下去。对经济周期的正确治疗方法不是取消繁荣，这会使我们永远处于半萧条状态；而是除掉衰退，使我们永远处于准繁荣状态（quasi-boom）。

【注】

凯恩斯的利率传导机制是：

M(货币供应量)$\uparrow \rightarrow r$(利率)$\downarrow \rightarrow I$(投资)$\uparrow \rightarrow Y$(产出/就业)$\uparrow$

即便出现繁荣也要保持低利率，尽量不要提高利率，从而使我们尽量处于繁荣之中。在某些情况下，在繁荣期间不得不提高利率，那也应该是两害相权取其轻的办法。不管怎样，要努力根除危机和萧条，保持经济繁荣，让人们享受繁荣的福利。

【要点】

繁荣是一种状态：在其中，过分乐观的心情战胜了某种水平的利率，而用冷静目光看，该利率太高了。

除了战争时期，我怀疑近来是否曾经有过繁荣时期，繁荣到能引起充分就业。1928—1929 年，美国的就业量是令人满意的，但除了少数几个高度专业化的工种以外，我未看到任何劳动量短缺的现象。

正确的预期会把资本边际效率降至空前低的数值……然而事实上，除了在投机冲动下过分发展的特殊领域以外，利率已高到足以阻止新投资……对于长期不正常的大量投资的状态，用提高利率作为治疗的办法，无异于用杀死病人来治病。

真正的治疗方法是通过收入再分配或其他方法来提高消费倾向，从而用较小的当期投资量，就可以维持一定的就业水平。

【注】

繁荣是罕见的、短暂的，就像昙花一现，我们很难遇见。因此，一旦我们碰上繁荣，一定要好好珍惜和享受。即便出现繁荣，也不能用提高利率的办法来抑制新投资，否则会直接毁掉繁荣。为了保持繁荣，就不能就生产谈生产，而应拓宽思路，重视解决分配领域的问题，比如采取收入再分配等手段，提高整个社会的消费倾向，进而提高投资乘数，如此，我们用规模不大的新增投资，就能创造较多的就业量。

Ⅳ　消费不足论

【要点】

一个重要思想派别：解释就业不足的消费不足论，换句话说，是因为社会习惯和财富分配造成的过低消费倾向。

【注】

凯恩斯继承了消费不足论，重视消费的基础性作用。

【要点】

在现行情况下，就业量是无计划和未加控制的。它受到变化多端的资本边际效率的影响，而资本边际效率又为无知或投机的私人判断所决定。就业量也受长期利率影响，而利率基于成规，不能（或很少）再低。用这些思想派别的主张作为实际政策的指导，无疑是正确的。……如果不能增加投资，则显然无法取得较高的就业水平，除了增加消费。

消费不足论有点过分强调增加消费……而我深信，增加投资数量能对社会带来巨大利益。要增加投资，一直到资本不再稀缺为止。

有鉴于资本边际效率日益下降，我支持由社会控制投资量的政策；也支持各种增加消费倾向的政策。

【注】

与“消费不足论”过分强调消费相比，《通论》更加重视投资，尤其是扩大社会控制的投资，即公共投资；提出的政策建议也是从扩大消费和投资两个方面入手，提高消费倾向和投资诱导，从而使有效需求达到更高的水平。

【评论42】

消费不足论

消费不足论是关于资本主义经济危机的一种解释，认为经济危机的根源在于人们对消费品的需求跟不上对消费品的生产，造成整个社会消费不足，不能出清市场上的商品，早期的代表人物有西斯蒙第、马尔萨斯等。西斯蒙第认为，人们所受的各种灾难是我们社会制度不良的必然结果，他还指出了资本主义条件下生产和消费的矛盾以及经济危机的必然性，批判了李嘉图和萨伊否定经济危机的理论。

1819年，西斯蒙第在其《政治经济学新原理》一书中首次提出“有效需求不足”，并指出：“资本增加的结果，一般都是使劳动集中在大工厂里，而大量财富的结果却几乎完全排斥这些大工厂的产品和富人的消费”[①]，“由此可见，由于财产集中到少数私有者手中，国内市场就必定要日益缩小。”[②] 他还指出：大生产和两极分化的出现，意味着小生产者的破产和生产者收入的消失，这更加剧了国内市场萎缩；自由竞争不仅会激化生产和消费之间的固有矛盾，而且是“一切罪恶和祸害的源泉”[③]。为此，他坚持采取国家干预财富发展的观点：“我再一次请求社会力量的干涉，以便使财富的进步正常化，而不

① 西斯蒙第．政治经济学新原理（何钦译）［M］．北京：商务印书馆，1964：215.

② 西斯蒙第．政治经济学新原理（何钦译）［M］．北京：商务印书馆，1964：217.

③ 西斯蒙第．政治经济学新原理（何钦译）［M］．北京：商务印书馆，1964：60.

使政治经济学遵循一个最简单的、表面上看似自由的所谓'自由放任和自由竞争'的方针。"[①] 西斯蒙第认为政府干预应包括：(1) 国家出面干预收入分配，防止富人剥削原属穷人的大部分财产。(2) 不能鼓吹无限制的生产，任何积累、技术进步、生产的增加，都要以增加消费需求、增加收入为前提。他还以英国为例说明："大家请看，英国所积累的如此巨大的财富究竟带来什么结果呢？除了给各个阶级带来忧虑、困苦和完全破产的危险以外，另外还有什么呢？为了'物'而忘记'人'的英国不是为了手段而牺牲目的了吗？"[②]

西斯蒙第意识到生产超过需求是资本主义必然的矛盾，马克思对该观点给予肯定，称其"由于觉察到了这种矛盾而在政治经济学上开辟了一个时代"。西斯蒙第有效需求不足论的缺点是：轻视生产，并主张维护小资产阶级的利益。

马尔萨斯提出生产和消费之间的矛盾是资本主义社会内在矛盾，认为过快的资本积累，势必会因商品生产增长的速度超过为购买它们所必需的购买力的增加，并因地主阶级"有效需求"的相对缺乏而形成商品的普遍过剩。凯恩斯赞扬马尔萨斯能够理解经济体保持充分就业的困难，他引用马尔萨斯给李嘉图的信"来表明马尔萨斯完全理解了超额储蓄通过它对利润的影响而影响产量"[③]。马尔萨斯有效需求不足论的缺点是：为封建地主阶级辩护，主张提高地主阶级的财富占有，以英国的地主阶级为主，构成一个只消费不生产的阶级，并扩大和刺激这个不生产阶级的消费，扩大有效需求，以避免普遍生产过剩的经济危机。

凯恩斯吸收了消费不足论的合理成分，同时，他认为投资不足和消费不足一起构成有效需求不足，扩大有效需求应从投资和消费两个方面入手，思路更开阔，并建立了自己的理论体系。

V 就业量再分配

【要点】

有种观点：解决经济周期问题的办法，并不在于增加消费或增加投资，而在于减少寻求就业的劳动供给，即对现有的就业量进行再分配，同时不增加就

① 西斯蒙第．政治经济学新原理（何钦译）[M]．北京：商务印书馆，1964：5.
② 西斯蒙第．政治经济学新原理（何钦译）[M]．北京：商务印书馆，1964：9.
③ 哈里·兰德雷斯．经济思想史（第四版）[M]．北京：人民邮电出版社，2014：165.

业量或产量。

运用该政策的时机不成熟……没有充分理由强迫那些愿意得到更多收入的人，去享受更多的闲暇。

【注】

我们要务实，不能让没有工作的人去享受闲暇。对于长期失业的人来说，没有什么比工作和挣钱更重要。

至于就业量再分配，看似能增加就业数量，但在具体实践中，很容易引发负面问题。比如在原来计划经济体制下，工厂和生产队吃大锅饭，几个人干一个人的活，相当于就业量再分配，却很难调动广大工人和农民劳动的积极性，生产效率低下，经济停滞，“短缺”也成了那个年代经济学研究的热门话题，最后只能对原有的、僵化的计划经济体制进行改革。

Ⅵ　用高利率制止繁荣？

【要点】

居然有一个学派认为，解决经济周期问题的办法是：在繁荣早期使用较高利息来制止繁荣。唯一为该政策辩护的是罗伯森[1]。他实际上假定充分就业是一个不现实的理想。

高利率可以阻碍最盲目的乐观情绪。……这种观点对我来说，是一种危险的和不必要的失败主义的想法。

该学派严酷的观点——当就业水平一旦高于过去10年的平均值时，就立即用高利率来制止。

这是一个假设总产量不能改变的学派……但是，一个假设总产量不变的理论很显然不能用来解释经济周期。

【注】

作者坚决反对，认为这个观点除了思想混乱以外，完全缺乏根据。这意味着，随着投资的增加而增加的储蓄是有害的，而且是不公正的。如果该观点成立，那么，现有的产量和就业水平的任何上升都应受到谴责。事实上，高利率

① 罗伯森（Dennis H. Robertson，1890－1963）：英国经济学家，剑桥大学教授，著作有《工业经济波动研究》等。

对投资和就业都极为不利。

该学派假设总产量不变，相当于假设经济处于静止状态，不发展。即便不是从解释经济周期的角度看，这也是脱离实际的理论。

Ⅶ 其他经济学家对经济周期的研究

【要点】

在对经济周期的早期研究中，尤其是杰文斯的阐释：经济周期是由季节变化带来的农产品波动所导致的，而不是来源于工业波动。这种解释是合理的思路。因为即便在今天，农产品存货量在一年和另一年之间的波动，也是造成现行投资量变动的最重要因素之一。

杰文斯的理论认为，经济周期主要是由农业收获量的波动所造成。

【注】

1875 年，杰文斯提出“太阳黑子理论”，用以阐释气候变化与经济周期的关系，并认为经济周期大约每十年（10.8 年）一次，在当时影响很大。该学说对以农业为主的国家有一定解释力，但现在很小，主要因为：在国民收入中农业占比较低；伴随着科技进步，农业生产应对气候变化和自然灾害的能力增强；全球主要农产品产区在丰年和歉年的收获量平均化；因运输条件的改善，农产品交易很方便。

【要点】

即便在今天，密切注意原料存量的变动在决定当期投资上的作用，仍很重要，这里的原料包括农产品和矿产品。我认为，在到达最低点之后，从萧条走向复苏之所以缓慢，主要是由于把过多的存货量减少至正常水平所造成的收缩作用。……存货量减少的过程完成后，才能出现复苏势头。

“新政”的一个组成部分是通过削减现有生产及其他各种方法，大力减少存货。把存货减少至正常水平是一个必要步骤——一个必须忍受的步骤……只有当它完成后，较大规模复苏的准备工作才算完成。

美国最近经验表明：产成品与半成品这两者“存货”的变动，可以在经济周期的主要运动中，引起较小的震动（minor oscillation）。

【注】

存货是负投资，抑制制造商的预期和新投资，使经济更加困难。只有把存货消耗完，才能实现真正的经济复苏。在减少存货的过程中，制造商会出现误判，而这种误判又增加了复苏的难度。这也部分解释：在整个经济周期中，为什么从萧条阶段过渡到繁荣阶段，一般都要经历较长时间。即便是推行“新政”的美国也不例外，这可以从美国完善的统计数据上清晰地显示出来。作者隐含的意思是：对于萧条，我们要学会忍耐。

由此可见，凯恩斯对经济周期的分析则是技术层面的，或是表面的，侧重从经济行为主体的心理角度分析经济危机的原因，甚至把存货减少到正常水平，看作是一个必要的步骤，一个必须忍受的步骤，走出危机需要一个过程，要忍受痛苦，心理上要有准备。意思是说：经济危机的存在有其合理性，人们要学会与之共存。

总之，凯恩斯认为经济危机的根源不在于资本主义制度，而是有效需求不足，是由于心理上的资本边际效率突然崩溃，治理的办法是加强政府干预，通过刺激需求来熨平经济危机。这种分析比较肤浅，既刻意躲避了现实，又故意掩饰了资本主义的矛盾和本质。

【评论 43】

重要的经济周期理论

熊彼特认为，从 18 世纪后到 20 世纪 30 年代，资本主义经济存在三种经济周期：（1）康德拉季耶夫周期（或称长波），该周期的长度为 50—60 年；（2）朱格拉在 1862 年谈到的，平均长度为 10 年左右的经济周期，即中周期；（3）平均长度约 40 个月的小周期，也称基钦周期。熊彼特认为用其创新理论可以解释上述各种周期。由于创新不是均匀出现的，是时断时续的，所以经济发展表现为繁荣与萧条交替更迭，反复出现。大周期根源于影响巨大、历时持久的创新，比如第一个长波源于产业革命带动的机器大工业迅速发展；第二个长波源于铁路的兴建和蒸汽机的广泛使用。至于那些中周期和小周期，可用影响较小的创新来解释。

哈耶克的经济周期理论也很有名，他在《价格与生产》（1931 年）一书中提出：在资本主义经济中，货币因素是促使生产结构失调的决定性原因，经济危机的原因是由于货币供应量过多导致消费过度，并使生产资料资本缺乏、萎缩乃至终止。这是着重从货币的角度分析经济周期和经济危机。我认为哈耶克夸大了货币对经济周期的影响，这两者确实是相关的，但难分因果。更普遍、更可能的情况是：在经济繁荣的后期，需求旺盛，货币需求激增并使经济过热，一旦某个环节出问题，比如能源短缺、意外灾害、政局动荡等等，原来吹大的经济泡沫破灭，经济迅速陷入崩溃。我的看法是：货币只是个导火索，能触发并加重经济危机，经常发挥火上浇油、推波助澜的作用，但不是引发经济周期波动的根本性因素。

凯恩斯认为萧条的根源是有效需求不足，尤其是投资不足，投资不足的根源是企业家受动物精神支配，投资不稳定，在繁荣时会过度投资，而当预期崩溃时又大幅收缩投资。在凯恩斯经济周期理论的基础上，美国经济学家明斯基（Hyman P. Minsky）提出金融不稳定假说。该假说认为经济稳定中孕育着不稳定，经济的不稳定集中体现在金融不稳定上，以商业银行为代表的信用创造机构和借款人相关的特征，使金融体系具有内在不稳定性。明斯基把金融危机很大程度上归因于经济的周期性波动，但其潜在和更重要的内涵在于表明：金融危机是与金融自身内在的特征紧紧相关的，即金融的内在不稳定性是金融危机产生的一个重要原因。英国经济学家卡尔多[①]从凯恩斯的储蓄—投资关系出发，分析了事前投资、事后投资、事先储蓄和事后储蓄之间的差异，以及它们如何引起经济周期，有一定影响。

马克思认为经济周期包括复苏、高涨、危机、萧条四个阶段并轮回变化，他对经济周期的论述很多，散见于《资本论》等主要著作中，比如：（1）《资本论》第一卷分析了资本的生产过程，也分析了无产阶级的贫困化，贫困化导致购买力不足，购买力不足导致产品过剩。马克思还在第一卷第二版跋中指出，“使实际的资产者最深切地感到资本主义社会充满矛盾的运动的，是现代工业所经历的周期循环的各个变动，而这种变动的顶点就是普遍危机”[②]。（2）《资本

---

① 卡尔多（Nicholas Kaldor，1908－1986）：英国经济学家，剑桥大学教授，新剑桥学派的代表人物之一。

② 马克思．资本论（第一卷）［M］．北京：人民出版社，2018：23.

论》第二卷研究了资本的流通过程，分析了产业关联，指出消费资料过剩会导致生产资料也过剩，这是经济危机的必要条件。马克思还说："我们只须指出，危机每一次都恰好有这样一个时期做准备，在这个时期，工资会普遍提高，工人阶级实际上也会从供消费用的那部分年产品中得到较大的一份。按照这些具有健全'简单'（！）的人类常识的骑士们的观点，这个时期反而把危机消除了。因此，看起来，资本主义生产包含着各种和善意或恶意无关的条件，这些条件只不过让工人阶级暂时享受一下相对的繁荣，而这种繁荣往往只是危机风暴的预兆。"① （3）《资本论》第三卷讲述了资本主义生产的总过程，分析了虚拟经济，产品过剩与购买力不足的矛盾通过消费贷款得以延迟，但也得以加深。马克思指出："投在生产上的资本的补偿，在很大程度上依赖于那些非生产阶级的消费能力；而工人的消费能力一方面受工资规律的限制，另一方面受以下事实的限制，就是他们只有在他们能够为资本家阶级带来利润的时候才能被雇用。一切现实的危机的最根本的原因始终是：群众贫困和群众的消费受到限制，而与此相对立，资本主义生产却竭力发展生产力，好像只有社会的绝对的消费能力才是生产力发展的界限。"② 他还指出："分配关系，从而与之相适应的生产关系的一定的历史形式，同生产力，即生产能力及其要素的发展这两个方面之间的矛盾和对立一旦有了广度和深度，就表明这样的危机时刻已经到来，这时，在生产的物质发展和它的社会形式之间就发生冲突。"③ 等等。

简单归纳一下，马克思认为资本主义经济危机的性质是生产过剩性危机，就是生产能力过快增长与消费需求相对不足之间的矛盾。造成资本主义危机的根本原因是无视人民的贫困和他们有限的消费能力，而去全力发展生产力，导致生产严重过剩，其实就是发展了的生产力对原来不合理的生产关系和分配关系的反抗。经济危机是一种经济暴力，迫使一批疯狂追逐超额利润的资本家掉进"过剩"的黑洞而破产，迫使资本利润和劳动报酬之间的分配比例重新达到某种新的平衡。但资本家追逐超额利润的贪婪行径也随之重新嚣张起来，由

① 马克思．资本论（第二卷）［M］．北京：人民出版社，2018：457.
② 马克思．资本论（第三卷）［M］．北京：人民出版社，2018：548.
③ 马克思．资本论（第三卷）［M］．北京：人民出版社，2018：1000.

此又引发新一轮的经济周期和危机。

马克思认为只有彻底变革社会生产方式，用社会主义公有制取代资本主义私有制，最终实现共产主义，才能彻底根除经济危机。

第二十三章

略论重商主义、禁止高利贷法、邮章货币和消费不足论

本章大量引用赫克歇尔[1]的著作《重商主义》，欣赏重商主义关于出清过剩货物、增加货币总量降低利率的“一箭双雕”政策；还阐述了对高利贷、邮章货币、节俭和消费不足等问题的看法。

I 重商主义

【要点】

大约有200年光景，经济理论家和现实主义都深信：外贸顺差对一国有奇特好处，逆差则有严重危害，如果引起贵金属外流则更是如此。但在过去100年中，多数国家的大多数政治家和实践家还忠于旧说……而几乎所有的经济理论家都坚持：除了照顾短暂事态，没有理由害怕外贸逆差，因为外贸机制可以自行调节，干扰不仅无用，还会造成经济损失，失去国际分工的利益。前者称重商主义；后者称自由贸易论[2]。

现代经济学者认为：从国际分工带来的利益会大于实行重商主义办法所可能得到的好处；重商主义的论点来自彻头彻尾的思维混乱。

马歇尔不关心重商主义的核心理论，未提及它的真理成分。……先辈教

---

① 赫克歇尔（Eli F. Heckscher，1879 - 1959）：瑞典经济学家，斯德哥尔摩大学教授；著作有《国际贸易对收入分配的影响》《重商主义》等。

② 自由贸易论（Free Trade）的创始者是斯密，其核心是自由贸易可使参与贸易的双方获得贸易利益，一直是国际贸易的核心理论。

导：重商主义比胡说好不了多少。

【注】

通过比较重商主义和自由贸易论，凯恩斯此时更倾向于重商主义的政策。然而几年前，也就是到20世纪20年代末，古典学派占据绝对优势，他还是一名自由贸易论者，传承着马歇尔的衣钵。大萧条的冲击太大，迫使他改变甚至抛弃原有的经济思维和认识，思考和创建新的经济理论。

马歇尔虽未完全否定重商主义，但对重商主义没有好感，他认为重商主义的假设条件是：只有通过增加贵金属的储存量，一国才能增加它的净财富。该观点与古典学派坚持的劳动价值论相对立，而古典学派是通过批判重商主义逐渐发展起来的。

【评论44】

重商主义和重农主义

在经济学领域，当大家谈论重商主义时，时常会想起重农主义。那么这两者有什么联系，又有什么区别呢？下面做个简要分析。

一、重商主义（Mercantilism）

重商主义这个概念是斯密在《国富论》中提出的，他认为重商主义的主要设计者是商人与制造业者，生产者的利益受到周到的关注，而消费者的利益全被忽视了①。

15—17世纪是西欧自然经济解体和资本主义商品经济萌芽时期，新生的商人们在世界各地从事贸易活动，商品经济迅速发展，积累了大量财富，他们最初的经济思想是：只有货币（金、银）才是财富；财富的源泉来自商业和贸易；国内贸易不能增加一国货币量或财富，只有能换回金银的对外贸易才能增加一国的货币量或财富；工业应该为对外贸易服务；政府应以法令形式保护国内工商业，促进顺差，增加本国财富。

早期重商主义主张禁止货币外流，在贸易上多卖少买或不买，并要求兴办国家"工场"，通过制定法令和政策等来实现上述目标，因此又被称为重金主

---

① 斯密．国富论（郭大力/王亚南译）［M］．北京：商务印书馆，2015：632.

义和货币平衡论，其代表包括英国的约翰·海尔斯和法国的孟克列钦等。晚期重商主义则用资本家的目光看货币，不再反对货币输出，当输出货币能带来更多货币时，他们甚至主张输出货币，主张国家利用关税政策保护本国工业的发展，因而被称为贸易平衡论和重工主义，以英国的托马斯·孟和法国的柯尔贝尔为代表。托马斯·孟在《英国得自对外贸易的财富》中就强调“贸易创造财富”的理念，断言“英国的财富是通过对外贸易获得的”，主张通过贸易顺差和金银的流入来解决贸易平衡问题。

到18世纪，斯密批判了重商主义，他认为财富是产品和服务的年流量，而不是贵金属的积累储备量，并将视线从流通转到生产，认为生产的物质产品才是国民财富。斯密认为，文明富裕国家之间的贸易空间，远大于富裕国家与落后贫穷国家之间的贸易；与先进富裕国家成为贸易伙伴，会大幅扩张市场规模，并激励国内外制造商之间的竞争，使各国民众都获得好处。而凯恩斯认为重商主义有科学成分，并非一派胡言，他要为重商主义恢复名誉。

重商主义者明确表明资本主义社会的使命就是赚钱，马克思对重商主义立场和追求的评价是：“这种主义粗野而坦率地吐露了资产阶级生产的秘密：资产阶级生产受交换价值支配。”[①]

二、重农主义（Physiocracy）

重农主义也称重农学派，是18世纪50至70年代的法国古典经济学派，斯密在《国富论》中将其定义为“把土地生产物看作各国收入及财富的唯一来源或主要来源”[②] 的学说。魁奈[③]、杜尔哥等是重农学派的重要代表。魁奈提出货币流通仅是资本流通的要素，是为再生产过程服务、受生产制约的，他认为“货币并不是国民的真正的财富，即不是可以消费和不断再生产的财富。因为货币是不能生出财富的”[④]。

---

① 马克思恩格斯文集（第5卷）[M]. 北京：人民出版社，2009：49.

② 斯密. 国富论（郭大力/王亚南译）[M]. 北京：商务印书馆，2015：633.

③ 魁奈（Francois Quesnay，1694－1774）：古典政治经济学的主要代表之一，法国重农学派的创始人，著作有《经济表》等。

④ 魁奈. 魁奈经济著作选集（吴斐丹等译）[M]. 北京：商务印书馆，1997：354.

17世纪末至18世纪中叶，法国处于封建主义向资本主义的转变过渡期，农业在经济上占有很大优势，但国王路易十四和路易十五先后实行牺牲农业、发展工商业的重商主义政策，使农业遭到破坏而陷入困境，于是出现了反对重商主义、主张重视农业的重农主义经济学说。其理论基础是"自然秩序"论，认为自然界和人类社会存在的客观规律是上帝制定的"自然秩序"，政策法令等是"人为秩序"，只有适应自然秩序，人类社会才能健康地发展。这是把经济学从神学中解放出来的第一步，推动了经济学的发展。

重农主义认为只有农业才能生产新财富，土地是生产净产品的唯一要素；商业贸易和各种职业劳动虽然有用，但不创造财富，因为它们不生产净产品。斯密认为这种看法比较片面，他认为大量的工业部门也在创造"净产品"，并论述了通过劳动分工来不断创造更多财富的原理。即便如此，重农主义在18世纪中叶就提出财富来源于生产，是一种进步。马克思认为："重农学派的重大功绩在于，他们在资产阶级的视野以内对资本进行了分析。正是这个功绩，使他们成为政治经济学的真正鼻祖。"①

三、比较

重商主义和重农主义的差异很明显，一个重视金银和贸易，一个重视农业和生产；但它们也有共同点：都属于古典经济思想，都认为经济体可以研究，是经济学分析中的第一批模型构建者；重商主义研究了货币对价格总水平的影响，重农主义提出了不同经济部门的相关性，都初步研究了宏观经济问题。

Ⅱ　贸易顺差的作用

【要点】

我现在认为重商主义学说中有科学成分，再把这种看法同重商主义的实际论点做比较。必须指出，这里所说的利益只限于一国，而不是惠及全世界。

---

① 马克思恩格斯全集（第26卷Ⅰ）［M］. 北京：人民出版社，2010：15.

【注】

推行重商主义能增进一国利益，却不一定增进全世界的利益。赫克歇尔意识到这个问题，并认为推行重商主义有可能引发国际冲突。

【要点】

既定消费倾向下，国家发展取决于投资诱导。总投资包括对内投资和对外投资。假设总投资的数量完全由利润动机决定，那么，国内投资在长期中取决于国内利率，对外投资量取决于贸易顺差。在国家不能直接投资的社会中，政府关心国内利率和外贸差额是合理的。

［在过去，］利率取决于能满足整个社会要求流动性欲望的贵金属数量。在很少实行大量对外放款和在国外拥有财富所有权的年代，贵金属数量的增加和减少，主要取决于外贸顺差还是逆差。

政府当局关心外贸顺差，是为了一箭双雕的目标……增加贸易顺差，是政府增加对外投资的唯一直接手段；外贸顺差促进贵金属流入，又是政府降低国内利率，从而增加对国内投资诱导的唯一间接手段。

【注】

在自由放任体制中，政府干预经济的手段很少。在金银作为硬通货的年代，重商主义追求贸易顺差和贵金属流入，能降低国内利率水平，促进投资，对本国经济增长和就业有利，因而得到那时欧洲政府的认可和支持。

【要点】

然而，［重商主义］政策奏效，存在两个限制条件：（1）工资单位上升，国内成本水平提高，会对外贸差额产生不利影响；（2）国内利率下降到一定程度，以致刺激对外贷款达到与外贸顺差不相称的程度，从而引起贵金属外流，足以使之前的外贸顺差逆转。

15 世纪后期至 16 世纪的西班牙：过多的贵金属推高工资，摧毁其对外贸易。一战前的英国：过分对外放款和在海外购买财产，使［国内］利率不能下降到足以保证国内充分就业的水平。印度的例子表明：流动性偏好狂热，以致即使有长期的大量贵金属流入，都不能降低利率、增长财富，从而蒙受贫穷。

【注】

推行重商主义也有弊端，比如大量贵金属的流入相当于增加货币供给量，推升国内工资等成本，会降低国内工商业的竞争力，对外贸不利。如果一国流动性偏好太强，则很难降低利率，还会导致很多不利影响，甚至会像印度那样贫穷。

【要点】

为了维持繁荣，政府当局应该密切关注外贸差额，因为外贸顺差如果不太大，非常有利于刺激经济增长；而贸易逆差则很快造成持久性的萧条状态。

这不是说，限制进口越严，外贸顺差就越大。早期的重商主义强调这一点，常常反对贸易限制，因为贸易限制对外贸顺差不利。

【注】

贸易顺差虽然有好处，但不能太大，最好不要采取限制贸易的措施。

【要点】

在19世纪中期的特殊环境下的英国，几乎完全是自由贸易的政策取得了最有利的外贸顺差。

【注】

19世纪中期是英国最强大的时候，彼时的英国积极倡导自由贸易，并获取了巨大收益。这也印证了一个道理：国家强大时，企业的国际竞争力强，政府一般会倡导自由贸易，帮助企业争夺国际市场；而国家衰弱时，企业的国际竞争力弱，政府一般会推行贸易保护措施，保护本国工商业。

【要点】

战后欧洲对贸易施加限制的例证说明：设想不周的对自由贸易的限制，虽然旨在增加外贸顺差，却造成相反的后果。

【注】

采取贸易限制措施需要考虑周全，要顾及对境外的影响；否则，那些拙劣的对外贸易限制措施不仅难以获利，还可能遭到对方的报复，引起严重的反噬，经常事与愿违。

【要点】

现实的政策：除非在特殊情况下，我们具备强有力的理由反对贸易限制……本国从贸易顺差得到好处，往往对他国造成同等的坏处（重商主义者很明白这一点），这意味着自我克制的必要性……缺乏克制的政策会导致毫无意义的国际竞争。都追求贸易顺差，结果大家都受损。限制贸易的政策也是靠不住的手段，因为私人利益、行政无能以及任务本身的困难，会导致与意图相反的结果。

【注】

即便能采取限制贸易的政策，也要慎重，因为该政策会由于种种原因，达不到预期的效果。

【要点】

我们这些经济学同行们犯了一个自负的错误，把若干世纪以来管理国家的一个有现实意义的主要目标，当作幼稚的痴迷信念（puerile obsession）。

【注】

这段话有哲理，研究经济等社会问题需要重视历史传统。对于传承了成百上千年的管理国家的制度和目标，我们要认真对待，学会以史为鉴，尤其是那些对社会稳定有利的制度，不能想当然地把它们看成无聊的盲目信念。比如，中国的科举制度有助于统治阶级选拔人才，打破阶层固化，给底层的老百姓以希望和上升渠道，是缓解社会矛盾、维护社会稳定的重要制度设计。对于类似的管理国家的制度和目标，我们不能轻易否定和抛弃，否则会吃大亏。

人类社会在这方面的教训很多，有些还很惨痛，但这些教训总是被人们遗忘。这让我想起了德国哲学家黑格尔在《历史哲学》绪论中的一句名言：人类从历史中学到的唯一教训，就是没有从历史中吸取到任何教训。

【要点】

在这种错误理论的影响下，伦敦金融界逐渐设计了一套维持臆想的均衡的最危险的办法（technique），即：让银行利率自由涨落，而又维持固定的外汇平价（parity）。这样一来，就把国内利率维持与充分就业相符合的目标完全排除掉了。

【注】

这相当于以牺牲内部均衡为代价，来维持汇率稳定，实现对外均衡，损害了英国货币政策的独立性和灵活性，失掉了调控经济的一个重要工具。该制度对英国的实体经济不利，但能维护伦敦国际金融中心的地位，对金融部门有利。庇古当时就认为：恢复金本位有利于恢复伦敦的国际金融领导地位，让英镑重新成为主导货币。凯恩斯作为出身于英国财政部的官员和经济学家，从维护企业家利益出发，坚决反对金本位，并多次撰文猛烈抨击，是比较清醒的。但英国货币当局仍然沿着金本位这条路径走下去，直到它实在无法维持时才崩溃。

该案例表明，人们一旦选择了某条路径，不管该路径是否合理有效、是否对国家和民众有利，既得利益集团都会变着花样寻找各种托词，竭力地维护它，并形成越来越严重的路径依赖。摆脱路径依赖之所以困难，除了习惯和网络效应等因素外，主要还是因为利益作祟。

这也告诫我们：无论一国多么强大，强如大英帝国，如果任由各种既得利益集团（比如新老贵族等）持续做大，长久地支配甚至垄断各种社会稀缺资源，损害的可不仅仅是普通民众的那几两碎银，还有可能损害国家根基，成为一国从强盛走向衰败、乃至崩溃的内在“毒瘤”。而如何通过社会变革、制度创新等，调整那些不合理、不公平的利益分配格局，往往需要统治者壮士断腕的勇气和雷霆万钧的手段。对于这些敏感问题，《通论》只是提及，没有深入分析，很谨慎。而我认为这是《通论》的不足，并将以上问题纳入“富强经济学”，予以系统考量。

【要点】

作为对管理国家的方法的贡献者，16 和 17 世纪的早期经济思想的先驱们关心整个经济体系，关心整个体系的全部资源能达到最优的就业状态；禁止高利贷；保护本国的货币存量；阻挠工资单位上升①；强烈地致力于压低利率；甚至通过通货贬值来恢复货币存量；等等，有其明智之处。但这些明智之道，却被李嘉图不切实际的抽象方法先遗忘、后涂抹了。［注：这部分内容顺序有调整。］

【注】

作者总结了欧洲早期从宏观上管理国家的经济思想，认为那都是经得住历史检验的东西，都是好东西，尤其是压低利率的思想。这就像好听的老歌，都是经过大浪淘沙保留下来的，是永流传的经典。

当然，李嘉图的经济学也有合理成分，比如劳动价值论等，而凯恩斯基本上全盘否定了李嘉图的理论，有些评价还很刻薄、片面、偏执。我们要理性看待凯恩斯的评价，不能盲信。

Ⅲ　对重商主义的各种看法

【要点】

（1）赫克歇尔《重商主义》的思想从来不认为，有一种自行调节的倾向使利率处于合适水平；强调过高利率是财富增长的主要障碍，主张减少流动性偏好，增加货币数量，希望降低利率。

比较敏锐的重商主义立场：货币是一种生产要素，其地位和土地相同；货币有时也被当作“人为的”财富，以便和“自然的”财富相区别。资本的利息则是租用货币而支付的代价，类似租用土地的地租。

杰拉德·马林纳斯（1622）：充足的货币能减少高利贷的价格或利率。爱德华·密塞尔顿：充足数量的货币可以医治高利贷。蔡尔德（东印度公司领袖）竭力主张：由国家规定最高利率；使用比较容易转账的债券，将至少弥补全国使用货币的一半。配第《政治算术》（1676 年）认为：增加货币数量，会使利率“自然地”从 10% 下跌到 6%。

数年后，法国商人和政治家（1701，1706）：不满当时的高利息，归因于

① 长期看，工资单位是稳定上升的，只有在衰落和瓦解的社会中，工资单位才会减少。因此，逐步增加货币数量是必要的。

铸币稀缺，渴望增加货币流通量来降低高利贷利率。

洛克[1]反对配第的最高利率的建议；提出货币的使用价值和交换价值，是双重货币数量论的鼻祖，即：利率取决于货币数量与贸易总价值之比；货币的交换价值取决于货币数量同市场上货物总量之比。但他忽视了流动性偏好波动的可能性。

福特雷《英国的利息和改良》(1663 年)：强调用低利率的手段来增加财富。

【注】

反对高利率的经济学家众多，还可以列举一些。作者罗列以上观点是想说明：扩大货币供给量是公认的抑制高利率、增加社会财富的有效办法。

【要点】

重商主义没有忽视：如果流动性偏好太强，把贵金属都囤积起来，就会失去利率的有利之处。

至于国家大量囤积金银的观点，施勒特的反对理由是：会把一国流通中的货币搜刮干净；寺院囤积金银和贵金属流向国外的净额，在逻辑上是相同的，都是最坏的事。达文南特认为，许多东方国家（比世界上其他国家具有更多的金和银）极端贫困的原因是：贵金属“停滞在王子们的钱库里”。

［很多重商主义者认为：］私人贮藏货币，应该避之犹恐不及。

【注】

达文南特是英国财政学家，1683 年至 1689 年任英国内地税务大臣，1705 年至 1714 年任英国进出口贸易总监。也就是说，早在 17 世纪末，英国上层就已发现，许多东方国家拥有巨量金银，但这些财富被贵族所拥有，老百姓极度贫困，社会制度腐朽，内部矛盾激化。对海盗来说，那些巨额财富可不是什么避之不及的东西，而是巨大的诱惑。

无论个人还是国家，富有且孱弱，往往就是被打劫或侵略的对象，这样的案例比比皆是。因此，一国富起来之后，如何尽快实现“富民强国”“富国强军”的有机统一，是必须面对、思考和解决的紧迫问题。

---

① 约翰·洛克（John Locke，1632－1704）：英国思想家、唯物主义哲学家及经济学家，著作有《论降低利息和提高货币价值的后果》等。

【要点】

(2) 重商主义知道商品价格低廉的弊病，也知道过度竞争所带来的改变贸易条件的危险……原因是：低廉的价格来自需求微小和货币稀缺，它们使商品价格低廉；当货币充沛、商品需求增加、价格变贵时，贸易量会增加。

配第在《哲言》(1691 年) 中相信：只有当我们比邻国具有在绝对和相对意义上的更多货币，猛烈增加货币数量的努力才会停止。库克 (1675) 宣称：只要我们的金银 (Treasure) 比邻国多，则我们是否拥有现有金银的 1/5，我都不在乎。

【注】

不管什么年代，减少货币供给，收缩流动性，一般会降低商品价格，抑制需求，对经济增长不利；而货币供给充足时，对经济增长一般有利。不管是在西方，还是在东方，该结论都是比较适用的。

在古老的东方国家，当一个王朝社会安定、经济比较繁荣时，收入分配也开始两极分化，权贵和富豪大量出现，他们死后会把大量金银财宝埋入自己的坟墓，祈望能供身后享用。这会降低整个社会的货币供给和流动性，提升利率水平，抑制投资和消费，对经济增长和财富积累都不利。如果再和其他矛盾叠加、激化，整个王朝会逐渐走向动荡，甚至爆发战乱。在王朝末期，一些军队（尤其是军阀）会通过挖坟掘墓、搜刮金银等极端措施，弥补军饷的不足，比如曹操的发丘中郎将、摸金校尉[①]等。从金融角度看，这种做法有利于增加整个社会的货币供应量，降低利率，但很不道德。

【要点】

(3) 重商主义最早把“怕货”和货币稀缺当作失业原因，而古典学派认为该说法荒谬。

① 陈琳《为袁绍檄豫州》：“操又特置发丘中郎将，摸金校尉，所过隳突，无骸不露。”

1426 年，弗洛伦萨用失业作为理由，禁止进口货。

阿姆斯特朗（1530）认为：由于每年购买大量的外国货物和用品，在英国不但造成货币稀缺，还摧毁了所有手工业，众多平民闲散无业，以乞讨和偷窃度日。

【注】

贸易逆差的危害很多，尤其是加重逆差国的失业，这是一个很古老而又寻常的经济问题。“怕货”（the fear of goods）是指“对成品的恐惧”，也指“抵制外国货”。

【要点】

重商主义者意识到他们政策的“一石二鸟”作用：一方面，国家可以出清不受欢迎的、成为失业根源的过剩货物；另一方面，增加货币总量，获得利率降低的好处。

我们应感觉到：在整个人类历史中，储蓄倾向大于投资诱导是一个长期趋势。在各个时代，投资诱导微弱是经济问题的关键……个体通过节约消费来增加财富的欲望，大于企业家雇用工人建造耐久性资产、增加国家财富的诱导。

（4）重商主义承认，他们追求的是国家利益和国家力量的相对增强。

【注】

作者认为重商主义思路清晰，符合现实，重商主义对金银输入的关注不是“幼稚的执迷”，而是对大量货币和低利率之间联络的一种直觉认识，追求国家利益的增长。

当然，重商主义也存在不足。赫克歇尔认为，在国家之内，重商主义追求纯粹动态的目标，但对世界的全部经济资源却具有静态的、零和的看法，即“你多我少，你有我无”。重商主义的悲剧是激化国际矛盾，导致无休止的商业战争，这是它被自由贸易论取代的重要原因。

【要点】

现代人士思想混乱，主张国际上的固定金本位和国际信贷的自由放任，还相信只有这些政策才能促进和平。

在历史上，从来没有像国际金（或银）本位那样有效的办法，来造成一国利益和邻国利益之间的对立。因为这个办法使一国的繁荣，直接取决于对市场和贵金属的争夺……金（银）本位是桎梏，应当抛弃，正统的经济学家却教导：恢复先前的金本位镣铐，是经济全面复苏的第一个必要的步骤。

【注】

凯恩斯认为恢复金本位很荒谬，因为它不仅严重束缚了一国货币政策的发挥，还会加剧国际矛盾：当金银供应充足时，国家间的争斗会有所缓和；但随着财富增长对金银需求的增加，金银供应量如果跟不上需求，国家间的争斗将加剧，甚至会引发冲突乃至战争。

【要点】

实际上，相反的做法才正确。不受国际事态影响的自主的利率政策，再加上就业优先的国家投资计划，才具有双重好处：可以使本国和邻国同时受益。各国都同时采取这种政策，则不论用国内就业水平还是用国际贸易量来衡量，经济上的健康和力量就能在国际间得以恢复。

【注】

当时的国际劳动局赞成这一观点，作者很欣赏。

至于利率政策自主，我认为不宜高估其作用。现在很多国家货币政策的独立性很强，可自主调控基准利率，买卖多种金融资产，各国货币政策的协调也有很大进步，但面临的经济问题仍然很多。而有的国家在危机时刻将本国货币与黄金等挂钩，却能迅速稳定汇率，对贸易和经济都有利。这也说明，经济问题很复杂，没有解决所有问题的、一成不变的灵丹妙药，《通论》也一样。

当然，即便各国同时执行国家投资计划，在短期内能增加就业，但各国生产能力和投资空间明显不同，那些生产能力强、投资空间小的国家可能很快就陷入产能过剩。如果此类国家对外大量输出产能，则可能会引发新的国际争端和冲突。

Ⅳ　与现实脱节的古典学派

【要点】

重商主义感觉到问题，但没能解决问题，而古典学派无视问题，后果是经济理论的结论和现实相脱节。古典学派理论不平凡的成就在于，它推翻了“常人”相信的东西，同时自己却是错误的。正像赫克歇尔所说的：从十字军东征到18世纪，既然对货币和制造货币的原料的态度基本没变，那么，这种观念实在是根深蒂固的。

要想清除“怕货”这一在货币经济中“自然人”最常见的态度，必须无条件信仰自由放任学说……一旦自由放任学说不能用它的意识形态来束缚信徒们的思想时，那么，该理论就在街头百姓的心目中破产了。

我记得博纳·劳[①]那种愤怒和困惑交织在一起的态度，因为他们否定显然存在的事实，却无法解释原因。古典学派的经济理论比宗教还要强一些，原因是：用一种观点清除显然存在的东西，要比让人们相信虚无缥缈的东西更困难。

【注】

作者多次将古典学派和宗教类比，说明他对古典学派很失望，因为运用古典学派的理论，既不能阐释也不能解决很多紧迫的现实问题，很无用。

经济理论是时代的产物，来源于现实，也必须符合现实，否则就是水花镜月，像古典学派那样逐渐被时代抛弃。只有不断增强理论的实用性和对现实问题的解释力，切中时弊，提出解决问题的可行办法，经济学才能保持旺盛、持久的生命力。这需要经济学人持之以恒地坚持和探索，否则将很难享受人们给予自然科学成果那样的信任和尊敬。

Ⅴ　对高利贷的看法

【要点】

有一种被古典学派斥为幼稚的说法，即：利率不会自动调节到最有利于社

---

① 博纳·劳是出生于加拿大的英国首相，由于身体不佳而卸任，在位（1922—1923年）仅有211天。

会的水平，而经常上升到过高位置，因而明智政府应通过法令、风俗，甚至道德制裁，来抑制利率。

反对高利贷的规定，是有记载的最古老的经济实践之一。在上古和中古时代，过高的流动性偏好破坏了投资引诱，成为阻碍财富增长主要的和突出的祸害。因为当时经济生活中的某些风险和意外事故，一方面减少资本的边际效率，另一方面又增加流动性偏好。所以，在这样一个世界里，人人都觉得不安全，除非该社会使用各种方法加以抑制，否则利率会上升到过高水平，以致不能形成一个适当的投资诱导。

【注】

高利贷对经济的损害很大，此问题由来已久。为了促进经济增长，各国通常采取诸多措施打击高利贷，甚至不惜动用风俗礼法。这是千百年来的通行做法，而古典学派却认为这种做法很幼稚。

高利贷是一种超过正常利率的借贷，一般表现为期短、息高和复利。在我国（尤其是广大农村），高利贷的年利率一般超过银行同期贷款利息 4 倍以上，如果逾期未还，还要实行利滚利。

在一些国家的农村，高利贷引发了严重的社会问题，比如企业破产、家破人亡等，影响社会稳定。在打击非法高利贷的同时，如何改善农村金融的质量和覆盖面，提高金融服务的可获得性，仍然是金融难题之一。

【要点】

耶稣教会将放款应得报酬和投资应得报酬区别，是真正的学术探讨，区分利率和资本边际效率。经院学派的研究目的，在于阐明一个解决问题的方法：一方面，容许资本边际效率曲线处于较高位置；另一方面，用规则、风俗和伦理道德的制裁，来压低利率。

【注】

作者是用自己的理论和术语，来阐释经院学派主张的合理性。

【要点】

甚至斯密对禁止高利贷法的态度也是极端温和的。……斯密主张有限度地运用禁止高利贷法，造成低利率，因为低利率可能使储蓄更有可能用于投资，而不是用于放债。为此，他受到边沁责难。边沁批评斯密的理由是：斯密苏格兰式的谨慎，对“创业者”（projectors）未免过于严厉，因为最高利率将会使合理的和有益于社会的风险事业得到太低的报酬。……高利率会打击人类的聪明才智的实际应用，使它得不到财富帮助。当然，在反对那种妨碍合理的风险事业方面，边沁是正确的。

【注】

斯密对高利贷过于温柔，遭到边沁和凯恩斯的反对。

边沁曾出版《为高利贷辩护》（1778 年），在该书中他支持“在货币合同中有制定自己条款的自由”①。凯恩斯怀疑边沁②所处的年代，有可能是资本主义上升期，是投资诱导最大的时代，还没有遇到投资诱导不足的问题。其实在暗示：边沁脱离现实，身处 19 世纪，却说着 18 世纪的话。

边沁的功利主义思想很有名，赞同的有，反对的也不少，凯恩斯就不赞同，他对功利主义的认识是：“人们追求的是面包，只有面包……人们已经让自己相信，国家在非经济目的上花费半个便士也是邪恶之举，甚至教育和公共卫生也只能假借经济之名，悄悄混进来，理由是它们是有回报的。”③ 1926 年 7 月，他在《自由放任主义的终结》中追溯了斯密、李嘉图、马尔萨斯的经济学，认为他们都不是自由放任主义者。只有到边沁那里，才发现了自由放任主义的原则。凯恩斯引述边沁在《政治经济学手册》里的话：“政府不应当去做任何事，这是普遍的原则；在这些场合，政府的座右铭或格言应该是——无为而治……”④ 到此时，他认为自由放任主义和边沁都过时了，需要终结，并初步形成了政府干预主义思想。

有人评价凯恩斯是一位“理想功利主义者”，在伦理思想上追随乔治·摩

---

① 斯坦利·L. 布鲁等. 经济思想史［M］. 北京：北京大学出版社，2014：114.

② 杰里米·边沁（Jeremy Bentham，1748 – 1832）：英国法理学家、哲学家、经济学家和社会改革者，伦敦大学学院的“精神之父”。

③ 凯恩斯. 凯恩斯社会、政治和文学论集（严志忠译）［M］. 北京：商务印书馆，2014：412 – 420.

④ 边沁：《政治经济学手册》，转引自凯恩斯. 自由放任的终结（赵波等译）［M］. 南京：江苏人民出版社，2000.

尔[①]，认为善是一种心态，至善是个人钟爱和审美享受。凯恩斯曾说："它（摩尔的《伦理学原理》）对我们的影响非常之大，以至于这本书在出版之前和之后都主导着我们之间的讨论话题，恐怕直到现在也还是如此。"

我对凯恩斯的认识是：接受了摩尔的伦理学，在哲学上抛弃了边沁的功利主义，相应地，他也抛弃了以功利计算为基础的新古典学派。

Ⅵ 格塞尔的理论和邮章货币

【要点】

［简要概括该节内容，并调整了顺序。］

格塞尔[②]的著作有许多真知灼见，只是未抓住事物本质。

《自然的经济秩序》否定古典学派的假设，主张：解除对竞争的束缚，而不是取消竞争；通过使货币具有像其他无收益的商品存货那样，支付保管费，达到降低货币利率的目的，开出"邮章货币"的著名药方；土地国有化；等等。

目的是建立反马克思主义的社会主义，同时反对自由放任主义。

［凯恩斯认为：］在将来，人们从格塞尔学到的要比从马克思学到的多。

【注】

在第十七章中，凯恩斯认为，货币的重要性来源于它比其他东西具有更大的流动性升值，以此为据，他用自己的概念阐释格塞尔的主张，认为建立邮章货币制度，可以使流通中的钞票失掉其流动性升值，从而降低利率。

在土地国有化问题上，格塞尔和亨利·乔治[③]不同，前者主张给予补偿；后者主张使土地成为公有财产，提倡征收单一的"地价税"。

【要点】

格塞尔对货币和利息理论的贡献：第一，区分利率和资本边际效率，认为

---

① 摩尔（G. E. Moore，1873－1958）是英国哲学家，他认为：人生于世并无任何意义，只有美和人与人之间的关系，才值得追求。

② 格塞尔（Silvio Gesell，1862－1930）：德国人，曾在阿根廷经商，著作有《币制改革为走向社会国家之桥》。

③ 亨利·乔治：美国社会活动家和经济学家，著作有《进步与贫困》。

限制实际资本增长的是利率；第二，利率是纯粹的货币现象，在各个时代相对稳定。我用自己的名词阐释了格塞尔的意思：利率取决于不变的心理因素，经常保持稳定；变动剧烈的决定资本边际效率的心理因素所决定的不是利率，而是在（大致）既定的利率条件下实际资本存量的增长率。

格塞尔的利息理论说明：为什么货币利率不像大多数商品利率，不具有负数值……由于没有想到流动性偏好的概念，他只建立了半个利率理论。

要降低利率，格塞尔指出：要让货币像其他无收益的商品存货那样，支付保管费，即“邮章货币”。

［缺点是：］格塞尔不知道货币并不是唯一带有流动性升值的资产，货币的重要性源自：它比任何其他东西都具有更大的流动性升值。如果用加贴印花的办法，去掉流通中的钞票的流动性升值，则有一大串替代品会被当作钞票来使用，比如银行货币、即期债务、外币、宝石、贵金属等。

【注】

不从流动性的角度分析利率就不是完整的利息理论，只算半个利率理论？该判断很武断，凯恩斯对自己的流动性理论过于自信。其实，“横看成岭侧成峰”，从不同角度观察利息会得出不同看法，那些看法可能都是正确的，只是不全面而已。

总体而言，凯恩斯的利息理论与格塞尔有相近之处，都认为利率是纯粹的货币现象，不具有负数。

【评论 45】

邮章货币的实践

邮章货币（stamped money）又称“加印”货币，意思是流通中的货币（包括其他形式的货币，至少应该包括银行货币）要像保险单那样，每个月必须加贴印花，这样才能保持其价值；印花可向邮局购买。印花的费用可以被规定在任何适当的水平。格塞尔建议费用为每周 0.1%，相当于每年 5.4%。依此方案，银行货币如同保险单一样，必须每月加贴印花，方能保持其价值。印花在邮局出售，至于印花费用，可以酌情定之。格塞尔“邮章货币”的理念现在看起来有些怪异，但它曾在奥地利试验过，引起诸多经济学家的关注，凯恩斯称之为“可能在有限规模上付诸实施的手段”。

20 世纪 30 年代初，受大萧条影响，奥地利失业问题很严重，比如沃格尔镇有 4300 人，其中 1500 人失业。1932 年 7 月 5 日，沃格尔举行了镇民会议，镇长提出了沃格尔“紧急救助计划”，决定把镇政府的 1.4 万奥地利先令放在当地银行作为担保，然后发放和 1.4 万先令等价值的“沃格尔消费券”（当时称“邮票券”）。接着镇政府用消费券支付公务员的工资。消费券上有 12 个格子（如图 12 所示），每月月初要盖一次章，每盖一次就减值 1%，如果 1 年内不花掉，则消费券贬值 12%，导致人们都想尽快花掉消费券，这就为他人提供了工作机会。两年后，沃格尔成为奥地利第一个实现全部就业的镇，创造了就业奇迹。邮章货币的实践可以看作是一种改革，它分离了货币的两种传统职能——交易媒介职能和价值储存职能，使货币和苹果等普通商品一样，也有保质期，并且储存的时间越长，价格越低，从而大大降低了货币的价值储存职能。

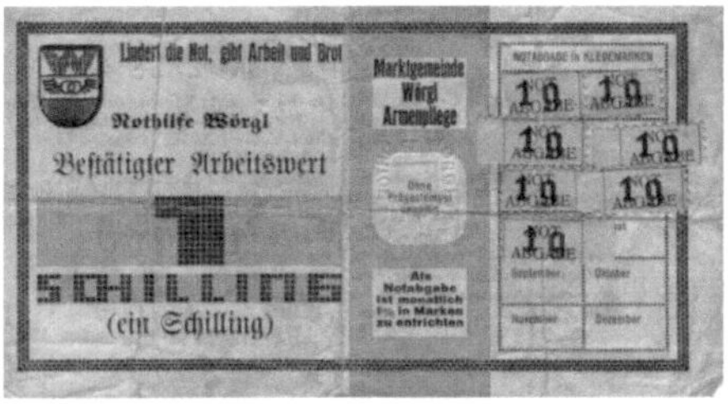

图 12　沃格尔消费券

当时的奥地利国立银行对沃格尔镇的金融改革感到恐慌，担心该镇的“消费券”会冲击其法定货币先令[①]的垄断地位，就认定沃格尔“消费券”违法。之后，沃格尔镇的失业率很快恢复到 30%，再次陷入贫困。

欧洲中央银行从 2014 年 6 月开始推行的、长达八年之久的“名义负利率”政策，我认为是“邮章货币”理念在当代的运用。但欧洲的负利率政策没有实现刺激通胀的目标，对经济的提振效果也十分微弱。这表明，一些发达国家经济衰弱的深层次原因很复杂，有些是制度性的，比如高福利政策等，不是负利率这种单一的货币政策所能解决的，需要推行更全面的经济甚至是社会制度

① 1923 年 12 月，奥地利推出名为“先令”的新货币，又名“阿尔卑斯元”，德奥合并后，先令于 1938 年 4 月被德国马克取代。

改革，才有可能激活长期疲弱的经济。

Ⅶ 消费不足、节约和过度储蓄

【要点】

在重商主义的思想中，对消费不足的指责，虽然处于非常次要的地位，但赫克歇尔也举出很多例子说明："奢侈有利，节约有弊。节俭是失业的原因，理由有二：相信实际收入的减少，等于没有回到交换中的货币量；相信储蓄会使货币从流通中退出。"拉菲马斯（1598）认为：奢侈品为穷人创造谋生之道，而守财奴使他们在贫困中死亡。配第（1662）为"娱乐、华丽的节目、凯旋门等"进行辩护，说这些费用会流回酿酒师、面包师、裁缝、鞋匠等人的钱袋中……卡里（1695）：假使每人都多花一些，则所有人都会得到更大的收入，"因而生活得更富裕"。

【注】

早在16、17世纪，拉菲马斯、配第、福特雷、施勒特、巴尔邦等经济学家认为奢侈有利，节俭有害。如果每个人都多花钱，那么所有人都会有更大收入，因为消费可以创造就业机会，让人们富裕；节俭则削减收入，使人们失业，陷入贫困。

配第认为政府应该雇用失业者去修路、挖河道、种树、搭桥、采矿和制造各种商品[①]。因此，配第是那些通过"扩大公共服务雇佣来减少失业"的经济思想的先驱，也是凯恩斯理论的先驱，被誉为"最早的宏观经济学者"。

【要点】

曼德维尔《蜜蜂的寓言》的寓意是："埋怨的蜂群或变成诚实的欺骗者"；单凭德行，不能使国家生活之路处于昌盛状态；使一国处于繁荣的康乐状态之道，就是向每个人提供就业机会；不论金银涨跌，一切社会享用之物，总是取决于土地果实和劳动，二者结合在一起，是一种更加肯定、更加难于枯竭和更加真实的财富，至于巴西的金和波托西的银，又何足道哉。

① 斯坦利·L. 布鲁等. 经济思想史［M］. 北京：北京大学出版社，2014：25.

这种怪异之说，在两个世纪中，一直受到道德家和经济学家的抨击。

【注】

巴西的金和波托西的银[①]虽然储量很大，但经过长期采掘，总有枯竭的时候，而劳动不会枯竭。土地和劳动结合创造出来的财富才是更可靠、更真实的财富。由此推论，提炼白银、开采黄金这种耗时费力的工程，还不如种地来得实际。

配第有句名言："劳动是财富之父，土地是财富之母。"意思是说，财富是由劳动创造的，土地是创造财富的条件。凯恩斯认可配第的观点，并认为土地和劳动结合起来，才能创造出源源不断的财富。

《蜜蜂的寓言》的大体内容是，从前有一群蜜蜂，它们在一个蜂王的领导下，过着挥霍、奢侈的生活，整个蜂群兴旺发达，百业昌盛。后来，老蜂王去世了，换了一个新蜂王，改变了原有的生活习惯，开始崇尚节俭朴素，结果社会凋敝，经济衰落，最后被敌手打败而逃散了。

凯恩斯对曼德维尔大加赞许，并从《蜜蜂的寓言》中悟出了需求的重要性，看到蜂群的兴旺发达是由于挥霍奢侈，创造了足够的需求；而当蜂群变节俭后，由于有效需求不足，经济衰落了。他认为社会也和蜂群一样。加强军备可以增加开支，如果为了储蓄削减军备开支，不在海外驻扎军队，不在乎外国人是否尊敬以及战争带来的光荣，将削减有效需求，国家将陷入困境。

在《通论》第二章，凯恩斯曾讽刺古典学派把鲁滨逊漂流的故事当成现实，而在本章他把《蜜蜂的寓言》当成了现实，都犯了同样的错误，算是五十步笑百步吧。

有人批判凯恩斯关于奢侈品的看法，我认为不宜全盘否定。奢侈品毕竟是一个动态发展的概念，率先出现的消费品，比如手表、汽车、"大哥大"、智能手机等，都曾是奢侈品，但伴随着科技进步这些产品实现了量产，所有的人都拥有了，它们就不再是奢侈品，成了生活必需品。经济就是在"奢侈品"的更新换代中发展的，是在满足人们的消费欲望中发展的，老百姓的生活自然越来越美好，国家也越来越富强。

---

① 玻利维亚西南部的波托西（Potosi）银都曾拥有世界上最大的银矿，从1545年发现后被开采了300多年。鼎盛时期，它生产的白银约占全世界白银产量的50%。

【要点】

一直到马尔萨斯的晚年，有效需求不足的概念才取得对失业的科学解释的地位。

【注】

凯恩斯认为马尔萨斯的认识是科学，并把有效需求不足这个概念引入《通论》中，将其作为研究整个国家就业问题的出发点，做了比较完整的论述。

【要点】

［凯恩斯在《论马尔萨斯》① 中引用了马尔萨斯的一些代表性思想：］世界各处，几乎都有大量生产力搁置不用；……如果把储蓄的原理扩大到过分程度，那么，它会摧毁生产动机。……萨伊所说的“用掉或毁掉一件物品就等于堵塞一条出路”的理论，为经验所否定。……我要问一下，如果除了面包和水，一切消费都停顿半年，那么对商品的需求会成为什么样子？会出现大量的积压！出路何在！这种情形需要多么庞大的市场！

【注】

对于马尔萨斯的话，李嘉图充耳不闻，甚至不予以批驳，这是选择性遗忘。这也告诫我们：做研究须尊重别人的成果，不能只选择对自己有利的内容。否则还不如去找本字典，专门挑选对自己有利的字词。

【要点】

霍布森和穆默利合著的《工业生理学》被完全遗忘掉，它却是经济思想的一个时代的标志。

【注】

作者赞赏霍布森反抗古典学派的斗争精神，高度评价《工业生理学》，并大量引用，也认可霍布森的“储蓄过度论”。

霍布森在《工业生理学》的序言中认为：自斯密提出节俭是一个国家

① 《传记文集》（英文版），第 139 – 147 页。

富强的源泉、一国愈节俭则国家愈富强的观点后，几乎所有的经济学家对这个观点都坚信不疑。而霍布森指出：斯密的这个观点不成立，无限制的节俭并不是美德，更不会使国家致富；生产的目的是向消费者提供效用和方便。

【要点】

［霍布森认为：］储蓄过度是可能的，该行为可使社会贫困，令工人失业，把工资降低并把衰退扩散到整个贸易界，造成贸易不振和劳动就业不足。……任何储蓄过度的习惯，必然导致资本积累超过它被需要的使用量，而这个超过的部分，会以一般性的生产过剩的形式存在。

【注】

凯恩斯认为霍布森在这方面的论述有错误，因为储蓄过度不过是次要原因，生产过剩的主要原因是由于预期的错误。其实，他和霍布森的分析都没触及问题的根本，算是半斤八两吧。

作为对比，马克思从生产力出发分析资本主义的生产过剩，认为资本主义生产力驱使"生产超越它按照工人（有支付能力的需求）所应进行的生产的比例；一方面，生产必须超越这种比例；另一方面，如果'超过工人本身需求'的需求消失了或缩减了，那就会出现崩溃……资本和劳动之间的内在关系就显示出来"①。也就是说，一方面，随着生产力的快速发展，会提高资本有机构成，造成相对人口过剩，失业人数增多；另一方面，不合理的资本主义分配关系，导致劳动人民有支付能力需求的相对缩小，产生商品生产与实现之间的矛盾，导致生产相对过剩。

【要点】

霍布森怀疑无限制的节俭的德行，因为社会一部分的节约，会迫使另一部分人的生活开支超过他们的收入；嘲讽"节俭是国家财富的来源"的观点。

---

① 马克思恩格斯全集（第46卷上）［M］. 北京：人民出版社，1979：407.

斯密以来的全部经济学说都认为，一社会每年的产品数量，取决于该社会的自然资源、资本和劳动的总量。霍布森认为该观点错误，虽然产品数量永远不会超过这三个总量所规定的限度，但实际上已经被减少至这个最大产量之下，原因是：过度的储蓄以及随之而来的过多的被积压的产品供给，会对生产施加限制；现代工业社会的正常情况下，消费限制了生产，不是生产限制了消费。

【注】

凯恩斯引用霍布森的论述，批驳古典学派关于储蓄、节俭和否认生产过剩的观点，并认为李嘉图的观点是错误的。

【要点】

霍布森和穆默利知道：除了作为借用金钱而支付的费用，利息并不具有其他意义。……但他们的理论缺乏完整性，没有自己的利息理论，……过分强调消费不足导致过度投资，而未能解释相对微弱的消费倾向之所以引起失业，是因为相当微弱的消费倾向，需要但又得不到充足的新投资量以资补偿。

【注】

霍布森也把利息看成是货币现象，但没有形成自己的利率理论；过分强调消费不足引起的投资过多，但没有看到新投资的重要性。

【要点】

一战后，涌现了大量的异端的消费不足论，其中道格拉斯所谓的“$A+B$理论”最有名……如果把道格拉斯的B项目限于企业家尚未动用的折旧准备金，那么，还有一定道理。

【注】

将道格拉斯的生产函数说成“$A+B$理论”，这是凯恩斯对道格拉斯的嘲讽，认为道格拉斯的水平不高，在经济学领域也就是个小兵，连少校的水平都达不到，甚至还不如霍布森等人。其实，柯布—道格拉斯生产函数的影响很大，广泛应用于工业经济数量分析；在农业生产的技术经济分析中，也经常使用。

凯恩斯提到的B项目，是道格拉斯所说的K，即投入的资本，一般是指固定资产净值。他认为如果 B 项目“限于企业家尚未动用的折旧准备金”，可能更合理。我认为，按照该思路计算出来的是潜在产出，而不是实际产出。

凯恩斯经常批评美国经济体制，包括美国股市的投机性等，轻视美国经济学界，讽刺美国人冒险且短视，有些评价不是很客观，言语刻薄，这肯定会遭到反击。比如多年之后，后凯恩斯主义领军经济学家保罗·戴维森就认为：“许多久负盛名的大学（尤其是美国的大学）的经济学教授都没读过这本书。事实上，自从二战开始，在许多名校的经济学院系中，学生们都被告知，《通论》是一本艰涩难懂、极易混淆的书，因此学生们不需要（和不应当）阅读这本书。”新凯恩斯主义理论的创始者、哈佛大学经济学教授格雷格·曼昆也表示：“《通论》是一本晦涩难懂的书……是一本过时的书。”这让我想起电影《无间道》里的那句口头禅：“出来混，迟早是要还的。”

【要点】

曼德维尔、马尔萨斯、格塞尔、霍布森等人，凭借他们的直觉，宁愿对真理做出模糊和不完美的认识，但决不坚持错误说法；而那些来自简单逻辑推理的说法固然明白准确、前后一致，却是建立在不符合事实的假设之上。

【注】

逻辑必须符合现实，这是对理论经济学的基本要求。如果逻辑不符合现实，那么不论它多么巧妙，都是错误的、无用的，甚至是有害的。

另外，凯恩斯重视直觉，直觉也引导他关注现实和公众利益，因此也被称为直觉主义者，有人批评他过于自负，批评他从未真正走入学术的殿堂。而这可能就是凯恩斯的特色。至于那种象牙塔里的、抽象的学术研究，即便有需求、也有必要，但需求量可能很小。

【评论 46】

柯布—道格拉斯生产函数

柯布—道格拉斯生产函数是在 20 世纪 30 年代，由美国数学家柯布和经济学家保罗·道格拉斯探讨投入和产出关系时，共同创造的生产函数，用来预测国家和地区的工业系统或大企业的生产，分析发展生产的途径。该函数在数理经济学和经济计量学的研究与应用中，具有重要地位，具体公式是：

$Y = A(t)L^{\alpha}K^{\beta}\mu$

在上式中，Y 表示工业总产值，$A(t)$ 表示综合技术水平，L 表示投入的劳动力数（单位是万人或人），K 表示投入的资本，一般指固定资产净值[①]，α 表示劳动力产出的弹性系数，β 表示资本产出的弹性系数，μ 表示随机干扰的影响，$\mu \leqslant 1$。

根据 α 和 β 的组合情况，它有三种类型：

（1）$\alpha + \beta > 1$，规模报酬递增，表明按照现有技术，用扩大生产规模来增加产出，是有利的。

（2）$\alpha + \beta < 1$，规模报酬递减，表明按照现有技术，用扩大生产规模来增加产出，是得不偿失。

（3）$\alpha + \beta = 1$，规模报酬不变，表明生产效率并不会随着生产规模的扩大而提高，只有提高技术水平，才会提高经济效益。

国际上一般取：α 介于 0.2 和 0.4 之间，β 介于 0.6 和 0.8 之间。

柯布—道格拉斯生产函数表明：决定工业发展水平的主要因素，是投入的劳动力的数量、固定资产的规模和综合技术水平（包括经营管理水平、劳动力素质、引进先进技术等）。

自从柯布—道格拉斯生产函数提出后，对其批评也就接踵而来，主要质疑有：资本的价格测度不能完全独立于利润率；很多条件下不能保证利润率与资本—劳动比率完全负相关。后来，很多经济学家对柯布—道格拉斯生产函数进行了修正，比如索洛的经济增长速度方程表明，产出增长率是技术进步速度和资本、劳动投入的增长率的加权和，表现形式为：

$p = a + \alpha k + \beta l$

其中，p、a、k 和 l 分别表示产出量、技术进步、资本投入和劳动投入的增长速度；α、β 分别表示资本、劳动的产出弹性。

计量经济学理论的重要创始人——简・丁伯根改进的柯布—道格拉斯生产函数也很常用，其表现形式为：

---

① 单位是亿元或万元，但必须与劳动力数的单位相对应；如果劳动力用万人作单位，则固定资产净值就用亿元作单位。

$$Y_t = A_t K^{\alpha} L^{\beta}$$

其中，Y_t 表示某一时期的生产水平，A_t 表示某一时期的技术水平，K 表示某一时期的资金投入量，L 表示某一时期的劳动力投入量，α 和 β 分别表示资金和劳动力对生产水平提高的相对权数。

【评论 47】

凯恩斯政策主张的善变及启示

凯恩斯的政策主张通常是针对特定时期的经济问题而提出的，由于现实是多变的，所以他的学说、观点和方案等也是多变的，前后差距很大。比如，在1923年，凯恩斯说："解决失业问题是贸易保护主义谬论的最大和最粗浅的形式。"然而到1931年，为了解决失业，他又建议英国施加保护性的关税①。再比如，在1930年出版的《货币论》中，凯恩斯认为储蓄与投资不相等，其差额是利润，因此物价水平的稳定取决于储蓄与投资是否相等；而储蓄与投资是否相等又取决于市场利率与自然利率是否相一致。但到1936年出版的《通论》中，他又认为储蓄与投资恒等，投资决定储蓄；在经济萧条时期，节俭不是美德而是罪恶；实际储蓄与投资是否相等不是取决于利率，而是取决于收入。这就导致：即便是那些最崇拜凯恩斯的学生，往往也跟不上他观点变化的步伐②。丘吉尔曾经挖苦凯恩斯说："如果有两个经济学家，一定会有三种不同的看法，因为其中一个经济学家是凯恩斯，他会中途改变自己的想法。"

《通论》出版后不久，凯恩斯就想重新构思和撰写这本书，因为他很清楚自己提出的那些建议不适合长期实行，否则会引发严重的社会弊端，比如过分强化行政干预等。但不久（1937年）他就患了严重的心脏病；两年后二战爆发，他又卷入战时事务。这样，重写《通论》的计划也就搁置了。

还要注意的是，在大萧条之前，凯恩斯是传统的自由贸易主义者，但后来他认为，如果各国尽可能地避免国际贸易，或许会有利于经济，因为这样可以

① 高鸿业.《就业、利息和货币通论》导读［M］. 北京：中国人民大学出版社，2018：39.

② 方福前. 从《货币论》到《通论》［M］. 武汉：武汉大学出版社，1997：197.

让各国免受（或减轻）外国经济和金融问题的冲击。当他在1930年首次提出这个观点时，哈罗德表示担心，他告诉哈罗德不必担心，还说："当这个阶段过去之后，我们可以逆转这个进程。"

凯恩斯如此把玩经济学，也太随意、不严肃了。他往往是"先确定当时的政策要求，然后据此提出自己的理论"。也就是说，凯恩斯理论框架的构建是倒推的，是先有了结论，然后建立一个理论框架，再去寻找证据支撑自己的结论，最终目标是为他倡导的政府干预主张服务，是典型的实用主义者。这一点需要引起我们警惕。

在当时，一些经济学家评价：凯恩斯经济学提出的政策主张一点也不具革命性，"事实上都非常保守"，他有两个基本目的：一是打击工会，二是维持自由市场。新制度经济学派的代表——加尔布雷思①也同意这个评价，并认为："他（凯恩斯）的大部分主张和罗斯福一样，都是保守的，都是为了继续维持资本主义。"

由于缺乏必要的微观基础，导致《通论》提出的经济理论和政策主张比较轻率、随意，很容易引起纷争，遭到诸多经济学家的批评。凯恩斯在生命后期开始怀疑自己政策主张的正确性。1944年，哈耶克发表了《通往奴役之路》，该书强烈反对政府职能的扩张，哈耶克认为凯恩斯经济理论被广泛接受，需要对此负有部分责任。1944年6月，凯恩斯阅读该书后，他在写给哈耶克的信中称："你不会指望我接受书中全部有关经济学的权威性断言，但是在道义上和哲学上我觉得自己差不多赞同其全部观点，不但赞同，而且深深为之感动。"② 此时，凯恩斯已经认识到政府职能扩张的弊端，赞同哈耶克维护自由和竞争等古典教义。他还在《通论》德文版"序"（1936年9月）中写道："比较起那种'自由放任'所造成的生产和分配理论来，我的这种理论，作为一个整体，更容易适应一个极权主义国家（totalitarian state）的关系。"

在凯恩斯之后，宏观经济学开始寻找并构筑它的微观基础，众多经济学家

---

① 加尔布雷思（John Kenneth Galbraith，1908－2006）：美国经济学家，哈佛大学教授；著作有《美国资本主义》等。

② R.F.哈罗德.凯恩斯传（刘精香译）[M].北京：商务印书馆，1995：466.

为之探索。正如斯蒂格利茨所说的那样：“经济学界已经逐渐认识到宏观经济行为必须与其背后的微观经济学原理联系在一起；只有一套经济学原理，而不是两套。”① 但到目前，该项工作仍未完成。

凯恩斯和对手论战时曾说过一句话：“当事实发生改变，我的观点也会改变。”这可能是他的一句无意之语，却较好地阐释了他的人生和主张。凯恩斯政策主张的善变告诫我们：与自然科学不同，经济理论的适用性受很多假设条件的约束，其合理性是有限的，不是绝对的，需要根据外部环境的变化而不断发展；经济政策也需要根据实际情况的变化而变化，需要及时调整，不能将短期政策长期化，更不能僵化和固化。

① 斯蒂格利茨．经济学（第二版）[M]．北京：中国人民大学出版社，2000：序言．

第二十四章 结语：略论《通论》可以引起的社会哲学

核心观点有：（1）支持加征遗产税和超额所得税，主张建立直接税制度。（2）收入不平等是合理的，但应缩小不平等的程度。（3）增加资本数量，使资本不再稀缺，食利者阶级就会慢慢消亡。（4）支持投资社会化，让政府当局和私人主动性结合。（5）很多战争爆发的根源是经济问题，如果各国都用国内政策提供充分就业，就能促进世界和平。

I 财富和收入分配

【要点】

我们生活其中的经济社会的显著缺点：不能提供充分就业；无原则（arbitrary）、不公正的财富和收入分配。

【注】

《通论》研究的重点是就业问题，也认识到资本主义收入分配的弊端，多次提及。

【要点】

特别在英国，从19世纪末以来，通过直接税——所得税、附加税（surtax）和遗产税——消除财富和收入的巨大差异的工作取得长足进步，但有两种顾虑使他们裹足不前：（1）部分顾虑是害怕使巧妙（skilful）避税成为值得做的事，同时也过度削弱冒险动机；（2）主要顾虑还是人们相信：资本增长取决于个人储蓄动机的强弱，大部分资本增长来自富人对过剩收入的储蓄。

【注】

作者认为第一种顾虑没问题，他的理论不影响该顾虑。在本节，他认识到冒险的重要性，主张不要损害人们冒险的动机。但在第十六章第Ⅲ节，他不提倡人们冒险，前后矛盾。

第二种顾虑有问题，因为在到达充分就业前，资本的增长并不取决于低微的消费倾向，储蓄太强反而对消费不利。尤其是英国的企业储蓄和偿债基金已经太多，对资本增长很不利。要想改变这种被动局面，需要采取措施调整收入分配，进而提高消费倾向。

【要点】

公众相信：遗产税是减少英国资本财富的原因［注：作者认为这种看法错误，事实上，］遗产税繁重的财政政策，当然具有增加社会消费倾向的功效。由于消费倾向永久增加时，在一般情形下（除去充分就业情形），投资引诱也同时增加。普通人的推论正好和实际情况相反。

结论：财富增长远不取决于富人节欲，反而受到富人节欲的阻碍；……支持财富不平等的理由，却不能为遗产不平等辩护。

【注】

资本主义收入分配的明显缺陷是：由于财富和收入分配的不公平，高收入者只将收入的小部分用于消费，而将大部分收入储蓄起来，导致商品滞销和失业。作者认为，收入严重不平等会压低消费倾向，而低微的消费倾向又是失业和危机的根源；英国应实行高额累进税和高额遗产税等政策，进行收入再分配，缩小收入差距，提高消费倾向，否则会加重社会弊端。

【要点】

我相信，有社会和心理上的理由认为：相当大的财富和收入不平等是合理的，但不平等的程度应比目前存在的差距要小。有价值的人类活动的一部分需要赚钱动机和私有财产环境，才能取得全部效果。不仅如此，通过赚钱和私人财产的存在，人类的危险癖好可以导入比较无害的渠道中，而癖好如果不用这种方式满足，那么，它们便会用于残暴、肆无忌惮地追求个人权力和威权，以及其他方式的自我高大化。我们宁可让一个人做其银行存款的暴君［注：就是为所欲为］，也不可让他做其同胞公民们的暴君。

不能把改变人性的任务同管理人性的任务混为一谈。虽然在理想的国家中，可以通过教育、感化和养育等，使人们对赌注不感兴趣；但只要一般的人，甚至社会中相当多的人，仍强烈地沉湎于赚钱激情，那么，睿智稳健的政治家就应该让游戏在规则和限度的约束下继续进行下去。

【注】

市场经济修改了人类社会竞争的规则，使人们对权力的竞争转向对财富的追求。人们热衷于挣钱的制度是稳定的制度，可以把人们的精力引导到相对安全的渠道，这比让他们追求威权好多了。如果所有的人都是经济人，自私自利，唯利是图，没有什么远大理想和抱负，对统治者而言是很有利的。斯密有句名言“人天生，并且永远，是自私的动物”，倡导人们精致利己①，就受到资产阶级的推崇。

作者看问题很通透，毕竟长期混迹上流社会，了解统治者的真实意图和盘算。他能授爵，也反映其政治敏锐度和政治素养超乎寻常，不是普通经济学家所能具备的。当然也有弊端，就是很难保证其学说的科学性和公正性。唉！只缘身在最高层。

【评论48】

收入分配改革

“闻有国有家者，不患寡而患不均，不患贫而患不安。”② 这是一种普遍的社会心态。如果收入分配和贫富差距过于悬殊，便有可能加剧社会矛盾和冲突，国家也有可能分崩离析。因此，各国需要通过税收等政策调整收入分配，缩小收入差距，进而维护社会稳定。

凯恩斯在《通论》中多次提到收入分配问题，认为收入分配不平等是合

① 斯密的人性论中含有两个对立的因素，一是基于自利的自私，一是基于同情的利他。《国富论》是以自利为基础，而《道德情操论》是以同情为基础，好像是矛盾的。

② 出自《论语·季氏》第十六篇。

理的，但应缩小不平等的程度。他没有深入分析收入分配问题，却为后人留下一些重要的分析线索。在后凯恩斯经济学中，以琼·罗宾逊、斯拉法、卡尔多等为代表的新剑桥学派①，在价格和价值理论方面摒弃了主观主义的“边际效用”理论和“边际生产力”论，向古典的劳动价值论靠拢，甚至提出要回到李嘉图的劳动价值理论上去。他们在分配理论方面，摒弃了那些否认和掩饰剥削的理论，致力于研究当代劳资两大阶级的关系。比如，在斯拉法的价值论中，国民收入是“纯产品”，他假定资本主义制度下只存在资本家阶级和工人阶级，纯产品只能在这两大阶级之间分配，只划分为利润和工资，在国民收入既定时，工资和利润呈现此消彼长的反向变动关系。这使他们被称为“左翼凯恩斯派”，被一些西方经济学家视为“异端”。

在“左翼凯恩斯派”中，卡尔多重视收入分配理论，研究了既定经济增长率下的收入分配的决定，尤其是利润率的决定。1956 年，卡尔多在《经济研究评论》上发表的《可替代的分配理论》经常被引用②，后来发展为“卡尔多－帕西内蒂分配理论”。在卡尔多模型中，增长率由外生给定的劳动供给增长率和技术进步率决定，收入分配由储蓄等于自主投资来决定；帕西内蒂修正了卡尔多模型，考虑了工人的工资和其他财富，试图解决资产在工人和资本家之间的分配问题。

从深层次看，收入分配是由社会性质决定的。马克思认为：“分配关系本质上和这些生产关系是同一的，是生产关系的反面，所以二者共有同样的历史的暂时的性质。”③ “可见，所谓的分配关系，是同生产过程的历史地规定的特殊社会形式，以及人们在他们的人类生活的再生产过程中相互所处的关系相适应的，并且是由这些形式和关系产生的。”④ 这是把分配关系作为社会生产和扩大再生产的重要一环，将其纳入生产领域进行研究，并认为“每一种分配形式，都会随着它由以产生并且与之相适应的一定的生产形式的消失而消

① 新剑桥学派是凯恩斯主义在英国的分支，与新古典综合派对立，主张凯恩斯的理论与新古典学派的传统理论决裂。

② King, J. E. (2003). A History of Post Keynesian Economics since 1936, Edward Elgar Publishing. pp. 67.

③ 马克思．资本论（第三卷）[M]．北京：人民出版社，2018：994.

④ 马克思．资本论（第三卷）[M]．北京：人民出版社，2018：999－1000.

失”[①]。这是把生产关系和分配关系结合起来，是对收入分配的深入理解和探索。

在具体实践中，推动收入分配改革的关键是处理好公平和效率的关系，但如何拿捏好这对关系，“在平等中注入一些合理性，在效率中注入一些人道”[②]，绝非易事。“公平”是人类建设理想社会的价值追求，但过分追求公平，往往会牺牲效率。世界各国在调整收入分配方面进行了长期探索，然而时至今日，未取得显著效果，仍是制约很多国家发展和稳定的老大难问题，一个主要原因是：在过去几十年，全球重视增长和效率，轻视分配和公平，贫富差距日益拉大，导致社会撕裂，民粹主义和贸易保护主义盛行。新冠疫情暴发后，全球过度依赖货币放水，多国失业率高企，收入差距和贫富差距问题不仅没有缓解，反而日益严重，引起广泛关注。因而，对收入分配及相关问题的探索，也就成为“富强经济学”的关切点和研究重点。

我国收入分配制度分为初次分配、再分配和三次分配。初次分配主要由市场主导，以各生产要素边际生产力或供求关系为基础，根据土地、资本、劳动、数据等各种生产要素在生产过程中的贡献，进行分配。再分配主要由政府主导，通过税收、社保、转移支付等途径调整，在各收入主体之间以现金或实物进行收入再分配过程，以弥补初次分配的不足。三次分配主要由企业和高收入人群主导，是企业、社会组织、家庭和个人等基于自愿原则，以募集、捐赠、资助、义工等慈善公益方式，对所属资源和财富进行分配。我国过去劳动力供大于求，市场化程度不够，城乡居民收入差距较大，工会调节力量比较薄弱，造成初次分配不均衡。再分配制度不完善导致再分配调节效果逐渐下降，比如个税改革力度较轻、步伐较慢；税收主要针对工资性收入，大量财产性收入未被征税，比如遗产收入、房产增值收入等，尚未列入纳税范围；税收征管制度存在漏洞。三次分配刚刚起步，对其认识尚有分歧。如何完善我国收入分配制度，构建初次分配、再分配、第三次分配协调配套的制度体系，推进全体人民共同富裕，仍任重道远。

---

① 马克思．资本论（第三卷）［M］．北京：人民出版社，2018：1000.

② 这是阿瑟·奥肯在其著作《平等与效率》中提出的主张。

Ⅱ 食利者阶级消亡

【要点】

在既定的资本边际效率表下，把利率降低到充分就业实现之处，将是最有利的。

毫无疑问，用这个标准定义的利率，一定比当期利率低很多。

【注】

作者的逻辑是：

增加资本数量→压低利率→食利者阶级消亡→资本家利用资本的稀缺性来扩大其压迫力量的消亡→放弃革命

【要点】

我相信，资本需求是有严格限度的，把资本数量增加到使它的边际效率降至极低的数值是不难的。这不是说使用资本设备几乎不用付出代价，而是说，从资本设备得到的收益，除补偿折旧和老化费用外，再减去偿付风险以及技能和决策运用费用，属于资本所有者的收益将所剩无几。

【注】

资本边际效率为零，意味着资本主义的发展将陷入不断衰退的静止状态，这是经济运行的结果。凯恩斯也承认，他的理论是关于“经济繁荣内部何以会孕育着使其自身趋于毁灭的种子”的理论。但与马克思认为资本主义必然走向灭亡的观点不同，凯恩斯不承认经济危机是资本主义的必然产物，并认为引入政府干预后，能得到最合适的制度，可以挽救资本主义。

【要点】

这意味着食利者的安乐死（euthanasia），也意味着资本家利用资本稀缺性来扩大其压迫力的安乐死。……资本所有者之所以能得到利息，是因为资本的稀缺，这就像地主之所以能得到地租，是因为土地的稀缺；土地稀缺和土地的固有特性有关，资本却没有这种特性。……在长期中，资本稀缺的理由并不存在。……国家机构可以使社会储蓄维持在一定水平，使资本数量继续增长，直到它不再稀缺。

【注】

土地稀缺有一定的合理性，毕竟数量有限且位置差异较大，而资本不具备这些特性，不应该稀缺。

不仅是资本，所有东西都一样，物以稀为贵，太多就不值钱了，社会地位和价值也将大为下降。其实，早在三千年前，管子就提出了著名的“轻重论”，认为：“少或不足则重，有余或多则轻。”“夫民有余则轻之，故人君敛之以轻；民不足则重之，故人君散之以重。”① 管子提倡轻重之术，主张通过货币和价格政策，控制全国的重要物资如粮食、盐、铁等的流通，旨在加强国家财力和打击富商大贾。该主张在汉、唐、宋等朝代的经济生活中发挥过作用，时至今日仍具有参考价值，比如一些地方试行的“二手房收储办法”等，就蕴含着我国传统经济思想的智慧。

338

【要点】

资本主义的食利者阶级作为一种过渡现象，当它的任务完成后就将消灭。一旦食利者阶级消灭掉，资本主义将大为改观。此外，我的主张还有一个有利之处：食利者阶级和已经没有社会职能的投资者消亡不是骤然的，而是一个逐渐且漫长的过程（就像我们最近在英国看到的那样），从而不需要革命。

政策实践上可树立两个目标：（1）增加资本数量，直到它不再稀缺，让没有社会职能的投资者不能坐享其成；（2）建立一个直接税制度，使理财家、企业家和类似的人物的智慧、决心和经营的才能，在合理的报酬下，被引导到为社会服务的渠道。

【注】

作者对利率很不友好，甚至是敌视，他认为：被无节制抬高的利率是“经济活动中的恶棍”。如果利率足够高，资本边际效率在达到充分就业之前，就会和利率相等，这必然导致失业。因此，为了促进投资，应尽力增加资本供给，让资本不再稀缺，从而压低利率。作者对企业家的态度则明显不同，在他看来：企业家等对社会有用，他们喜欢自己的专业，即便收入不高，也愿发挥

① 出自《管子·国蓄》。

自己的聪明才智，应该成为保护对象。

凯恩斯厌恶高利率，认为利率不是什么好东西，高利率不仅对投资、消费和收入不利，甚至对储蓄也不利，是抑制经济增长的罪魁祸首。因此，降息作为应对经济萧条的重要政策主张，贯穿于《通论》的始终，被反复论述，很执着。为了刺激经济，哪怕把利率降至零甚至为负（如果技术上可行的话），都值得考虑。即便在经济繁荣时期，都不宜加息。对于以“善变”著称的凯恩斯而言，这确实很难得。

凯恩斯能清醒地认识到高利率的危害，并在《通论》中做了大量分析，笔者予以借鉴和发展，并纳入“富强经济学”。在该体系中，我认为利率问题很复杂，不是单纯的货币现象，在完全信用货币条件下，更需要和生产流通、资本循环、经济波动等结合起来，进行系统研究；而要想降低整个社会的利率水平，除了增加货币供给，还要改善营商环境、降低系统性风险等。以上问题都有待深入探讨。

【要点】

至于在何种范围内，体现于国家政策中的群众意愿应当设法增加并补充投资引诱；在何种范围内，应当鼓励一般人的消费倾向，同时又不妨碍我们在一两个世代内（within one or two generations）消除资本的稀缺价值的目标，只能由经验来决定。

【注】

对于“一两个世代内消除资本的稀缺价值”这句话，读者的认识不一致，我的理解是：慢慢来，不要急，只要时间足够长，比如30年到60年，不断增加资本数量，让资本不再稀缺；如此，不用采取“革命”这种极端的方式，也能消除资本主义的各种弊端。给我们的正面启发是：普通国家要有长远眼光，重视中长期分析，制定科学合理的、可操作的中长期规划，持之以恒地干下去。这是“富强经济学”研究的重要课题，也是和“萧条经济学”的明显区别。

分析就业、国民收入等经济问题时，凯恩斯采用短期分析法，建议是比较激进的，希望能尽快增加就业量和国民收入；但涉及制度问题时，他就采用长期分析法，建议是渐进的，区别很明显。凯恩斯对资本主义的信仰、热爱和维护，那是深入骨髓的，是真心希望它好；他对资本主义的批评，那是“恨铁不成钢”，不是否定和推翻它。

当然，凯恩斯的建议无论是激进还是渐进，其假设前提是资本主义制度是理想的，应尽量维护它，我们不必拘泥于他的假设和分析框架。因为对于大多数国家，制度创新往往是调整收入分配、让老百姓快速脱贫的重要路径；至于选择哪条路径，需要根据各自国情，审慎考量。

Ⅲ 投资社会化

【要点】

虽然现在主要由私人主动性支配的某些事物由［国家］集中控制，具有重大意义；但仍存在广泛领域，其中的活动不受影响。对于消费倾向，国家将部分通过赋税制度，部分通过利率涨落，部分通过其他手段，来施加引导。还有，单靠银行政策对利率的影响，似乎不大可能决定投资的最优数量。我感觉，某种程度的全面的投资社会化（socialisation of investment）将成为大致取得充分就业的唯一手段；当然，这并不排除折中方案，通过该方案，可以让政府当局和私人主动性结合起来。但除此以外，囊括绝大部分社会经济生活的国家社会主义（State Socialism）的必要性，似乎很难证实。……必要的社会化的步骤可以逐渐引进，从而不会割断社会的一般传统。

【注】

以上是凯恩斯对集中控制、投资社会化和国家社会主义的看法，看起来和社会主义相似。有人以此推测作者可能主张走社会主义道路。其实这是误解（见评论49）。

【要点】

我们批判古典学派的理论，重点不是发现它分析中的逻辑错误，而在于指出，它暗含的假设很少或从未得到满足，后果是它不能解决现实世界中的经济问题。然而，如果中央控制机构能够成功地把总产量推进到相当于可能达到的充分就业水平，那么，从该点开始，古典学派的理论还是对的。……除了消费倾向和投资诱导必须由中央控制，以便二者相互配合适应，我们没有比过去提出更多的理由，使经济生活社会化。

【注】

作者提倡的中央控制主要是在经济领域发挥作用，弥补市场缺陷，目标是实现充分就业，是在维护现有社会制度和经济体系这个大前提下，实施有限的政府干预，而不是包罗万象的国家控制。

需要注意的是，凯恩斯虽然反对自由放任，但他崇尚个人主义和私有制，肯定市场经济的优点和“修正自己”的能力，而不是否定资本主义。

【要点】

没有理由认为现有经济体系对已使用的生产要素有严重的使用不当。当然，存在预期的失误，但不会由于集中决策而得以避免……现行经济体系的缺点并不在于已就业的人如何使用，而在于就业量的多寡。

我同意格塞尔的学说，认为弥补古典学派理论的缺点，不是把那个“曼彻斯特体系”清除掉，而是指出经济力量或经济因素的自由运行所需要的环境，以实现生产的全部潜力。保证充分就业所必需的中央控制，当然会大大扩充传统政府的职能……尽管如此，仍留下广阔的天地可由私人负责，由私人驱动。在这个天地中，个人主义的传统优点仍有效。

【注】

作者认为资本主义经济制度没有严重缺陷，其不足是劳动量的使用问题。要想增加就业，缓解社会矛盾，必须引入中央控制，需要政府发挥更大作用。达到充分就业后，古典学派的假设就成立了，自由市场能更好地发挥作用，仍有广阔的发挥空间。

【要点】

［个人主义的］优点：效率高（分散化和利己心的好处）；生活多样化（保存了能体现已往各代人的最妥善和成功选择的传统）。……在生活单调一致或集权国家的各种损失中，缺乏生活多样化是最大的损失。

为了协调消费倾向和投资诱导而引起的政府职能扩大，是对个人主义的严重侵犯，但我要为这种扩大辩护，因为它是避免现行经济体系被完全摧毁的唯一可行之道，也是个人动力能成功发生作用的条件。

原因是：如果有效需求不足，那么，不但资源浪费引起的社会反对情绪，会达到无法容忍的程度，而且，意图把资源用于实际的私人企业也注定失败。

今天的集权主义国家以牺牲效率和自由为代价，似乎已解决了失业问题。可以确定，世界不会长久容忍失业，除了短暂兴奋期，失业还和当今资本主义的个人主义联系在一起。然而，通过正确分析问题，有可能把疾病治愈，同时又保存效率和自由。

【注】

作者主张投资社会化，由国家直接组织投资，但要保留个人主义的好处，避免集权；不能把当前提供投资的职责全部留在私人手中，要发挥政府的作用，因为政府能从长期发展考虑，并根据一般社会利益计算资本品的边际效率，所以政府应该更多地承担起直接组织投资的责任，设法提高并补充投资；实行中央控制，推行投资社会化。由此可见，凯恩斯的“药方”是吸收集权主义在解决失业方面的优势，同时保留个人主义的好处，目标是为资本主义治病。

【评论 49】

凯恩斯和社会主义

凯恩斯批评资本主义的缺点，尤其是失业严重和分配不公问题，他主张国家干预和集中控制，提出投资社会化、食利者阶级消亡等看似比较极端的政策主张，有人以此推测凯恩斯推崇社会主义、主张走社会主义道路；有人认为“希特勒德国则是凯恩斯经济学大获成功的唯一范例，然而这个经济的基础是半军事化条件和国内的恐怖政策”①；美国前总统胡佛称《通论》是“马克思主义者凯恩斯的学说”②；还有人怀疑凯恩斯是共产党的秘密党员；等等。其实不然。

凯恩斯反对和否定马克思主义是一贯的。1919 年，凯恩斯出版了《合约的经济后果》，在该书中，他抨击巴黎和会向德国索取过重赔款的计划，只能导致德国垮台；他认为恢复德国是反对俄国布尔什维主义的一支“真正力量”。1920 年 7 月 19 日在共产国际第二次代表大会上，列宁做了《关于国际

---

① 罗伯特·斯基德尔斯基．凯恩斯传（相蓝欣等译）［M］．上海：三联书店，2006：545.

② 布劳．约翰·梅纳德·凯恩斯［M］．伦敦：麦克米兰出版社，1990：60.

形势和共产国际基本任务的报告》，23 次提及凯恩斯，并如此评价他：“作出这个结论的人是一个人所共知的资产者，布尔什维主义的死敌，在这个英国市侩的想象中，布尔什维主义的样子是畸形的狰狞可怕的。”

资料显示，1925 年 9 月 3 日，凯恩斯陪同新婚妻子莉迪亚回到了她的祖国苏联，并在苏联考察了两周，其间他还会见了苏联国家计划委员会和中央银行的官员，给苏联学者做了两次学术报告。之后，他就批评苏联的“紧张空气”；同年发表《对俄国的简略观察》[①]，称《资本论》是“一本陈腐的经济学教本……不但在科学上是错误的，而且与现代世界已经没有关系或不相适应”[②]。当然，《资本论》最不能让他接受的是：“它把粗鄙的无产阶级捧起来，抬高到资产阶级和知识分子之上。后两者无论有什么缺点，总是生灵中的精粹，人世一切进步的种子，当然是要靠他们传播的。试问对这样的教义，我怎么可能采纳呢?”他明确表示：“在阶级斗争中会发现，我是站在有教育的资产阶级一边的。”[③] 由此可见，凯恩斯是典型的“唯精英论者”，推崇享乐和奢华，他瞧不起劳动人民，也不可能设身处地、真心为广大劳动人民着想。

1926 年 2 月，凯恩斯在曼彻斯特革新俱乐部发表题目为《自由主义与工党》的致辞，他将共产主义者视为牢守一种先破坏后建设、主张使用激烈手段、造成突然变动的人们[④]。1928 年 4 月，凯恩斯再次到访苏联。此时的苏联正在斯大林的领导下，放弃了“新经济政策”，加速农业全盘集体化和社会主义工业化运动，推行计划经济，扩大国家对国民经济和分配等方面的控制权，逐步形成了斯大林模式。这反而坚定了凯恩斯反对社会主义的信念，他认为：“俄国的表现是这个世界上所曾见过的最糟糕的例子，行政管理上无能，还要让人们牺牲差不多所有使生命值得生存下去的东西”；苏联的中央计划经济试验是“疯狂的魔鬼和不必要的草率的可怕例子”；“斯大林将会成为对所有寻求社会改革尝试的人的一个恐怖的榜样”。

此后，凯恩斯还多次对苏联社会主义表示蔑视和攻击，并认为“红色苏

---

① 《对俄国的简略观察》也译为《俄国掠影》，分三部分：(1) 共产主义的信仰是什么?(2) 俄国的经济学。(3) 共产主义的生命力。收入《劝说集》(Essays in Persuasion)。

② 高鸿业．《就业、利息和货币通论》导读［M］．北京：中国人民大学出版社，2018：33.

③ 凯恩斯．劝说集（蔡受百译）［M］．北京：商务印书馆，2018：254.

④ 凯恩斯．劝说集（蔡受百译）［M］．北京：商务印书馆，2018：268.

联拥有太多令人厌恶的东西”，共产主义是“对我们的智慧的侮辱”。他认为，共产主义者是制造出恶，却希望产生善的人。他还对马克思进行人身攻击，说马克思是一个“可怜的思考者”。

凯恩斯称国家社会主义“事实上不过是延续了一个用于解决 50 年前的问题的计划，而计划的基础是对在某个人 100 年前的言论的误解”。他曾告诉萧伯纳：《通论》的宗旨就是要摧毁“马克思主义的李嘉图基础”①。由此可见，凯恩斯主义和马克思主义的对立是显而易见的。

由于立场不同，凯恩斯戴着有色眼镜看马克思和《资本论》，对马克思的评价和对社会主义的认识大多是主观判断，带有很强的感情喜好和政治倾向，很多是恶意的诋毁和讽刺。

凯恩斯虽然主张政府干预，但他认为政府干预应停留在宏观经济层面，大部分经济事务应该由个人做主，不是由政府包办。他在 1940 年致《泰晤士报》的信中就表示：“如果可以调控社会的总支出，个人的消费方式和满足消费需求的途径可以放心地放开，由个人自主决定。”凯恩斯一生都信奉古典自由主义，不是社会主义者。

英国经济学家琼·罗宾逊曾如此评价：“马克思代表革命的社会主义；马歇尔对资本主义自满地辩护；凯恩斯对资本主义清晰地辩护。马克思是在设法了解这个制度而加速它的倾覆。马歇尔是在设法把它说得可爱，使它能被人们接受。凯恩斯是在力求找出这个制度的毛病，以便设法使它不毁灭自己。”②我认为该评价比较恰当，也比凯恩斯的评价客观。

问题是，凯恩斯对当代经济学的影响很深，他不仅初步确立了宏观经济学的框架，就连我们耳熟能详的术语，比如国民收入、总供给、总需求、边际消费倾向、资本边际效率、投资乘数、预期收益、流动性偏好、充分就业、工资刚性等等，也都源自《通论》。后来形成的诸多“凯恩斯主义”流派长期占据西方经济学的正统地位，并对很多西方国家经济政策的制定打下了很深的印记。凯恩斯如此非难马克思，在经济学领域造成了恶劣影响。

---

① 哈罗德．凯恩斯传［M］．伦敦：麦克米兰出版社，1951：462.

② 琼·罗宾逊．马克思、马歇尔和凯恩斯（北京大学经济系资料室译）［M］．北京：商务印书馆，1963：14.

因此，为了更好地坚持马克思主义的指导地位，避免马克思主义在经济学领域边缘化、空泛化、标签化，当前需要我们客观、全面地评判《通论》，让大家既能看到其价值，又能认清其缺陷，引导人们独立思考，理性看待《通论》，不盲从、不盲信，进而去芜存菁，为我所鉴。

Ⅳ　新体系与国际贸易

【要点】

新体系比旧体系更加有利于和平。

战争给独裁者之流带来愉快的兴奋状态，比较容易利用人们的好斗心理。除此以外，协助他们煽风点火的却是战争的经济原因：人口压力和对市场的争夺，后者在19世纪发挥决定性作用，未来还可能如此。

19世纪下半期的典型体系是国内自由放任、国际上金本位，除了向外争夺市场，一国政府在国内没有其他办法缓解本国经济不振。因为在该体系下，除了改善国际收支顺差的手段，一切有助于解决长期或间歇性失业状态的办法，都被排除了。

经济学家虽然一向颂赞既存的国际体系，说它既能享受国际分工的好处，又能调和各国利益，但该体系隐藏一个不太和睦的势力（less benign influence）。常识和对实际事务的正确理解使政治家相信，一个传统富国如果忽视市场的争夺，那么，它的繁荣会衰落并走向失败。

【注】

资本主义的内在矛盾，即生产社会化与生产资料私有化在资源配置效率上的不协调之间的矛盾，发展到一定程度，就会导致国内生产过剩和有效需求不足。为了缓解国内矛盾，各国会竭力争夺国际市场，向国外输出矛盾，加剧国际冲突。而独裁者则会利用这些冲突和群众好斗的心理，煽动群众的激情烈火，悍然发动对外战争，危害世界和平。

【要点】

如果各国都能用国内政策提供充分就业，又能在人口趋势方面保持平衡，那么，就不存在一国和邻国利益对立的经济原因。在这种情形下，仍然存在正当的国际分工和国际借贷活动的空间，但已没有向外推销本国商品或拒绝接受外国商品的紧迫动机……国际贸易将不再像现在这样，作为维持国内充分就业的绝望的权宜之计（desperate expedient），强行向外国市场推销并限制购买数量。如果成功，也不过是把失业问题转嫁给邻国，而邻国则在斗争中受损。不！国际贸易将不再是这样，而是在互惠条件下，成为合乎意愿和不受阻挠的物品和劳务交换。

【注】

1932 年，在《通论》撰写之初，英国经济严重恶化，失业人数接近 300 万，凯恩斯意识到这不是英国一国的问题，而是资本主义世界的普遍问题，他指出世界经济“陷入无边无际的泥淖中，在一个微妙、复杂的机器的控制下，被搅得一塌糊涂，这个机器的运转规律，我们却并不了解”[①]，并提出“这次灾害是扩大到世界范围的，因此不能单靠我们自己的力量来铲除病根”[②]。医治经济危机需要加强国际合作，构建新的国际经济和金融秩序，其目标是：各国把精力放在国内，努力扩大国内需求，增加就业，不要将国内矛盾向国外转移，在合理的国际分工和国际借贷的基础上，促进互惠互利基础上的国际贸易，让商品和劳务在国际上自由交换。唯有如此，才能避免战争，维护持久的国内和国际和平，最大限度地维护企业家的利益。

凯恩斯的建议有个前提，即一国的人口保持平衡，不能过快增长。否则，一国为了扩大就业，就需要扩大出口或输出劳务，而这两条路径都会加剧国际冲突。

【评论 50】

凯恩斯与布雷顿森林体系

凯恩斯对二战后布雷顿森林体系的构建有一定贡献。该体系是以“怀特计划”为蓝本、“凯恩斯计划”为补充。表 2 为两个计划的对比。

---

① 凯恩斯．劝学集（蔡受百译）[M]．北京：商务印书馆，1962：105.
② 凯恩斯．劝学集（蔡受百译）[M]．北京：商务印书馆，1962：106.

美国的财政部长助理哈利·怀特[①]主张：由美元承担国际货币的重任，其他货币直接与美元挂钩，这一主张被称为“怀特计划”。凯恩斯则主张：由债权国和债务国共同成立一个清算联盟，由这个机构发行一种价值300亿美元的名为“班库”（bancor）的国际货币，这种国际货币以固定比例直接与黄金挂钩，并无偿提供给各成员国进行国际贸易结算，以解决国际收支不平衡问题[②]。该主张被称为“凯恩斯计划”。

凯恩斯主张使黄金非货币化，并以全球贸易总量为锚。该设想可以使货币的发行自动与全球经贸发展相匹配。但在战后美国“一家独大”世界格局下，设立清算同盟的构想不仅直接损害美国货币政策独立性和国际铸币税，还会使美国当时控制的巨量黄金（约2万吨）和铜铁一样，成为普通商品，不再具有世界货币职能。

凯恩斯还提出“建立对逆差国和顺差国的约束调整机制”。根据该机制，逆差国即为债务国，表示“班库”账户收支为负债的国家；反之，顺差国即为债权国，表示“班库”账户有盈余的国家。“凯恩斯计划”对负债和盈余都设有额度，一旦超过某额度，不论是负债还是盈余，都会受到处罚。该机制对当时的美国不公平，因为在整个计划中，美国将是最大的债权国，其盈余将被强制划给英国（或者说整个欧洲），用于平衡国际收支。这个设计看似巧妙，但维护英国利益的动机过于明显，美国自然不会接受。

在绝对实力面前，一切技巧都是徒劳的。“凯恩斯计划”大多未被采用，并在与“怀特计划”的角逐中落败。由美国主导的布雷顿森林体系，是以美元和黄金为基础的金汇兑本位制（规定35美元兑换1盎司黄金），并建立了以美元为中心的国际货币体系。该案例让我深刻地体会到物质对意识的决定性作用，也更加深信唯物论，怀疑唯心论，并将辩证唯物论贯穿于“富强经济学”的始终。

布雷顿森林体系在维护二战后西方国家金融市场稳定方面发挥了重要作用，但在具体运行中也暴露了诸多问题和缺陷，比如“特里芬难题”，也就是一种主权货币作为国际储备货币的货币制度的两难处境——信心和清偿力之间

① 哈利·怀特（Harry Dexter White，1892－1948）时任美国财政部长助理，因私下盛赞苏联国家主导经济模式而被怀疑为苏联间谍，后来离奇死亡了。

② 这是一种通用、中立的记账单位，用来对所有的国际贸易进行结算并保持全球贸易平衡。

的矛盾。凯恩斯的方案也逐渐受到重视，并在国际货币基金组织（IMF）的特别提款权（SDR①）的设计中有所体现。近年来，凯恩斯有关“班库”的设计理念，被比特币等众多去中心化的、超主权“货币”所借鉴，这也显示了凯恩斯观察货币问题的卓越预见力和前瞻性。

此外，凯恩斯还参与了IMF、国际复兴开发银行（即世界银行）和关贸总协定（世贸组织的前身）等机构的组建工作。

表2　　怀特计划和凯恩斯计划的比较表

	怀特计划	凯恩斯计划
组织方式	基金制	银行制
储备货币	美元（unita 仅为记账单位）	bancor
发行机构	美联储	国际清算银行
分配方式	按与美国的双边国际收支状况分配	按占全球贸易的相对规模分配
货币锚	黄金	全球贸易总量
国际收支调节机制	非对称调节	对称调节
特里芬难题	难以破解	可望破解
实施可行性	基本采用	未采用

V　后论

【要点】

经济学家和政治哲学家们的思想，无论对错，都比一般设想的更有力量。实际上，世界就是由它们统治着。讲求实际的人自认为他们不受任何学理的影响，可是他们经常是某个已故经济学家的俘虏。

【注】

作者太自负了！凯恩斯主义没能统治世界，其追随者们也没有成为其思想的俘虏，有的扬弃了凯恩斯主义，发展出各种经济思想和流派；有的则利用凯恩斯主义，成为讨好民粹的投机主义者。这也表明：思想家其实是由时代选择的，而这种选择既不一定正确，也不一定符合思想家的全部。

---

① 1969年，IMF创设特别提款权（SDR），初始价值被设为1单位SDR对1美元，相当于0.888671克黄金。SDR相当于一种账面资产，也称“纸黄金”。

【要点】

我确信，和思想的逐渐侵蚀相比，既得利益的力量是被过分扩大了。这当然不是在即刻，而是一段时间之后；因为，在经济学和政治哲学的领域中，在25岁或30岁以后，还受新理论影响的人是不多的，因此，公职人员、政客，甚至煽动者所应用的思想，不大可能是最新的。

【注】

那些公职人员和政客等作为社会的重要群体，他们的经济思维在25至30岁的时候就已经形成了，很难改变。言外之意是，对这些人要及早教育和引导，影响乃至统一他们的思想。

【要点】

然而，不论早晚，不论好坏，危险的倒不是既得利益，而是思想①。

【注】

经济学是研究人和社会对不同用途的稀缺资源利用加以选择的学科，它是一门致用之学，是影响现实政策制定的最重要学科，它不仅影响国内政策制定，还对国际合作、国际政策协调以及国际组织的形成和运转等都产生很大的影响。经济学的研究成果一旦被国家和政府采纳，上升到政策层面，便会触及千家万户的切身利益，影响范围很广。因此，经济学研究需谨慎、客观、实事求是，秉持“经世济民”的理念，要有敬畏感，切忌“屁股决定脑袋”，附着在利益的皮上，被利益左右。

当然，经济学影响的不仅仅是利益，还有思想，思想比既得利益具有更强的政治影响力。思想性是经济学的传统和价值所在，也需秉持。同时，我们还要认识到经济学思想的重要性和危险性，既要发展又要占领。

① 原文：But，sooner or later，it is ideas，not vested interests，which are dangerous for good or evil.

《通论》的基本理论框架

如图13，《通论》是从分析简单的两部门经济模型①入手的。在该模型中，国民收入由消费和投资两个部分组成：消费取决于收入和消费倾向；投资取决于资本边际效率和利率。资本边际效率取决于预期收益和重置成本，利率则由货币数量和流动性偏好决定。

一国的就业水平由有效需求决定。有效需求是指商品总供给价格与总需求价格达到均衡时的总需求，总供给在短期内不会有大的变动，所以，就业水平实际上取决于总需求或有效需求。之所以出现有效需求不足，主要是因为消费倾向、对资本未来的预期收益以及对货币的流动性偏好这三个基本心理因素的作用。

总需求是消费需求与投资需求的总和，总需求或有效需求不足是消费需求和投资需求不足的结果。心理上的消费倾向递减使得消费增长赶不上收入增长，因而引起消费需求不足。心理上的流动性偏好及对资本未来收益预期的不稳定，使预期的利润率有偏低的趋势，从而与利率不相适应，这就导致了投资需求不足。在这三个基本心理因素中，心理上对资本未来收益的预期即资本边际效率尤为重要，经济危机爆发的主要原因是资本边际效率突然崩溃。

凯恩斯把决定既定制度的国民收入的因素分为既定因素、自变量和因变量。既定因素是指现有的技能和劳动量、现有设备的质量和数量、现有的技术水平等；自变量是指消费倾向、资本边际效率曲线和利率；因变量是指用工资单位衡量的就业量和国民收入。构建该框架的目标是："在我们置身其中的经

---

① 研究宏观经济学一般会分为：（1）两部门经济，包括家庭和企业；（2）三部门经济，包括家庭、企业和政府；（3）四部门经济，包括家庭、企业、政府和外国。

济体系中选出几个变量，可以由中央当局按照意图加以控制或管理。”

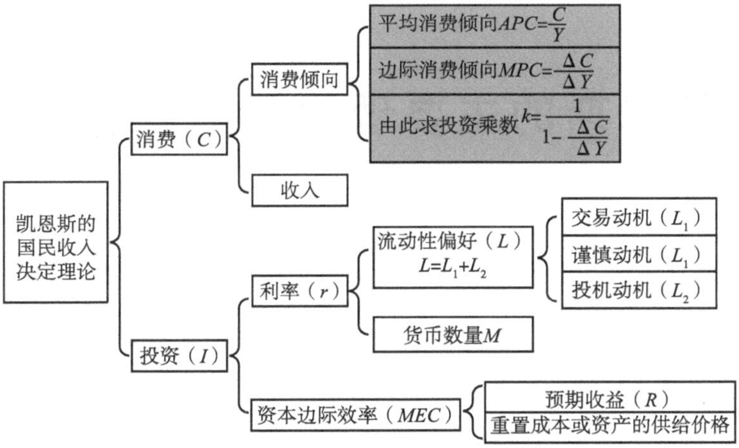

图 13 《通论》的基本理论框架

凯恩斯的主要理论贡献和突破

凯恩斯一生经历过两次世界大战和大萧条，这种急剧动荡的国际经济和政治环境对其经济思想的形成产生了重大影响。他能发现资本主义的内在不稳定性，也能看到资本主义的弊端和经济危机的严重危害性，但他撰写《通论》的目的不是摧毁资本主义，而是挽救资本主义。

凯恩斯把消费放在首要位置，认为需求决定供给，市场自动运行的结果通常是在低于充分就业的水平上形成均衡，经济萧条和严重失业的原因是有效需求不足造成的，即总供给价格和总需求价格达到均衡时的社会总需求不足。而有效需求不足是基于三大心理规律——边际消费倾向递减、资本边际效率递减和流动性偏好。他主张政府干预，对市场进行适当引导和管理，把市场调节和政府管理结合起来，创立了现代宏观经济学。《通论》的主要理论贡献有：

一、开创了经济学的总量分析范式，被称为“宏观经济学之父”。

古典学派侧重微观分析，《通论》则认为有效需求决定总产量和总就业量，用总供给与总需求函数说明有效需求和国民收入的决定，用总量均衡分析就业、利率、货币、价格、消费、储蓄、投资等基本经济问题，并把这些问题纳入宏观经济理论；还引入预期和长期预期状态等概念，建立了一套比较完整的“宏观—静态”分析方法。凯恩斯后来还倡导英国编制国民收入统计，不仅为制定国家经济政策提供了必要的量化分析的数据和方法，还为宏观经济学的建立提供了数量支撑，经济学也就逐渐成为影响西方国计民生的重要社会科学。

二、突破了传统的就业均衡理论，建立了一种以存在非自愿失业为特点的经济均衡理论。

古典学派坚持市场万能，假设充分就业，认为通过市场和价格调节能实现资源的充分利用。《通论》则承认资本主义社会存在非自愿失业，认为市场有缺陷，完全依靠市场机制无法实现充分就业，主张引入国家干预来弥补市场不足，并把如何扩大有效需求、促进消费和投资、实现充分就业等，作为宏观经济学研究的核心内容。

三、开辟了经济学研究的新领域，把国民收入作为宏观经济学的中心问题。

古典学派重点研究资源使用、财富增长、价值（价格）决定和收入分配等问题，《通论》则重点研究国民收入和就业量的决定，把失业尤其是非自愿失业的原因归结为总需求不足。凯恩斯创造了许多新概念，比如总供给、总需求、有效需求、流动性偏好、边际消费倾向、投资乘数、预期收益、资本边际效率、充分就业等等，并运用这些概念和总量分析方法，阐述了收入和就业波动之间的关系，初步确立了宏观经济学的框架。

四、以凯恩斯定律取代萨伊定律，强调需求管理。

古典学派信奉市场万能，认为供给能自动创造自己的需求；而《通论》侧重短期分析，认为工资、价格和利率都具有粘性，并假定总供给短期内不变，着重分析总需求，创立了“需求决定供给”的凯恩斯定律。凯恩斯不相信市场机制的完善性和协调性，倡导需求管理政策和政府干预，主张增加货币供应量，降低利率，在保持货币工资缓慢上升的情况下降低实际工资，扩大就业量，目标是实现充分就业，维护资本主义生产方式。

五、提出货币非中性和货币供给外生性原理，初步建立货币经济理论。

传统的经济学家把经济分为实物经济和货币经济两部分，其中实物经济理论分析实物经济变量的决定，而货币理论则分析价格的决定，两者并没有多大关系。《通论》在总量分析的框架下，把实物经济理论和货币理论结合起来，提出流动性偏好和流动性陷阱等概念和理论，认为货币供给是外生的，货币需求则是内生的，利息是纯粹的货币现象，是放弃流动性的报酬。凯恩斯还用这套方法分析了货币、利率对宏观经济的影响，认为货币不仅影响价格，货币数量的改变可通过改变利率来影响投资，进而影响价格水平和实际产出，尽力把实物经济理论和货币理论结合在一起。

六、反对放任自流的经济政策，提出国家直接干预经济的主张。

古典经济学和新古典学派都赞同自由放任的经济政策，主张自由贸易、均衡预算、低税收和社会福利等；凯恩斯则明确反对，提倡国家干预、扩张性财政、加征遗产税和超额所得税，反对自由贸易等。他对国民收入、财政政策和货币政策等的总量分析成为现代宏观经济学的重点内容，并延续下来。

总之，《通论》的创新性和革命性是相对传统经济学而言的，主要表现在：针对“供给创造需求”的萨伊定律，凯恩斯提出了“需求创造供给”的有效需求理论；针对古典经济学的“理性经济人”假设，他提出了不确定环境下具有“动物精神”的非理性经济人假设；针对传统经济学“个体、均衡、长期”的微观分析方法，他使用了“总体、非均衡、短期”的宏观分析方法；针对传统经济学“自由放任”的政策主张，他提出了“积极干预经济”“投资社会化”“食利者阶级消亡”等政策主张。

从 18 世纪斯密探究国民财富的性质，到 20 世纪凯恩斯阐释国民收入的决定，西方经济学家经过漫长的思考和探索，开始从宏观的角度，系统全面地审视国民收入总量及其循环，分析就业量、价格水平、利率和货币数量等关乎国计民生的宏观经济问题，并对各国经济政策的制定和国民经济的运行产生深远影响。

凯恩斯的政策主张

在《通论》等著作和文献中，凯恩斯把实现充分就业、消除经济危机、提高经济效率、维护公平自由和社会稳定等，作为其理论研究的重点和政策实施的目标。尤其是在就业方面，他坚决反对降低货币工资的政策，主张通过扩大有效需求来实现充分就业。后来，凯恩斯的就业主张体现在英美等国的政策制定中，比如1944年英国政府颁布的《就业政策白皮书》，提出“政府承担维持高度和稳定的就业水平为其主要目标和责任”；1946年美国议会通过的《就业法案》提出“每一个有能力并且愿意就业的美国人都有得到一份全职工作的权利”；此外，还有加拿大的《就业和收入白皮书》、澳大利亚的《在澳大利亚的充分就业》等。现在，充分就业已成为很多政府的首要经济政策目标。此外，凯恩斯还主张：

一、改革财税体系。收入分配不平等是合理的，但主张通过建立直接税制度，加征遗产税和超额所得税等，重新分配所得，缩小不平等程度，以提高消费倾向，扩大投资乘数，增加国民收入和财政收入。还主张实行扩张性财政政策，增加政府开支，甚至举债支出。

二、改革金融体系。建议增加通货，让资本不再稀缺，降低利率，刺激消费和鼓励投资，并让食利者阶级消亡，从而逐步改良资本主义。

三、改革投资体系。除了通过降低利率鼓励私人投资外，还主张“投资社会化”，扩大政府职能和投资。

四、主张公私合作。既发展私人经济，又扩大公共工程等投入，让政府当局和私人主动性结合起来，共同扩大投资。

五、反对维持国际贸易平衡和国际收支平衡的自由贸易政策。认为重商主义有科学成分，主张扩大出口，扩大资产输出。在经济萧条时期，一国如果能扩大对外商品输出和资本输出，就能扩大有效需求，为国内滞销商品和过剩资本寻找更多出路，从而创造更多就业机会。

总体而言，凯恩斯提出的政策主张是改良的、温和的，看起来能使社会上的绝大多数人受益，几乎能让每个人，包括企业家、工人、农民、工薪阶层、消费者、政治家、政府工作人员等等，都有所收获，或是福利，或是灵感，或是理论依据，或是心理慰藉，不一而足。至于少数被凯恩斯攻击的对象，比如高利贷者、食利者等，即便其利益受损，但在经济萧条的大背景下，也被有选择地忽视了。从宏观上看，整个社会也能从充分就业中获益，能更好地维持制度的稳定和连续。另外，凯恩斯理论还把当时英美等国正在做的、某些必需的东西合理化，比如政府干预、公共投资、赤字财政等，从而获得西方统治者的支持，成为主流和正统经济学。从具体实践看，凯恩斯经济政策的实施，在一定程度上缓和了资本主义的内在矛盾和经济危机的破坏性，减轻了失业，促进了经济增长，帮助美欧等西方国家经历了 20 多年的“繁荣”。

凯恩斯提出的政策主张大多是针对短期经济问题的，这可能与他出身政府管理部门有关。毕竟政府的主要职责是解决当前最急于解决的问题。至于未来的问题，就让未来的人去解决，要相信下一代比我们聪明。在 1923 年出版的《货币改革论》中，凯恩斯说：“从长远看，这种关系也许是正确的。但是，长远是对当前事务错误的指导。从长远看，我们都死了。”[①] 他紧接着又说：“如果在暴风雨季，经济学家们只能在暴风雨已经过去、大海恢复平静时，才能告诉我们会有暴风雨，他们给自己定的任务也太简单、太没用了。”他批评经济学理论中的长期模型不仅回避了困难、有趣的问题，而且毫无用处，不能指导政策制定者如何渡过“暴风雨季”。这也是他被学界诟病的突出问题——短视，并因此遭到对手的猛烈抨击。凯恩斯和妻子莉迪亚没有子嗣，而这也成为对手攻击的问题。1946 年，熊彼特在凯恩斯的讣告中说，他“没有孩子，他的人生哲学本质上是一种短期哲学”。哈耶克 1977 年在接受采访时说：“凯恩斯有句名言，长远看我们都死了，这说明他受制于当前政治上的可能。他停止思考长远看什么是可欲的。因此我认为他不会产生什么长远的意见，他的思想属于现在已经过时的潮流。”

---

① 原文：In the long run，we are all dead.

凯恩斯强调国家干预，同时也认识到干预的弊端，为有效需求管理提出了严格的约束条件，认为国家干预应该是有限度的，否则会走向反面。而长期推行凯恩斯主义，也确实产生了诸多不良后果，比如国家干预日益强化、政府机构日益庞杂和经济“滞胀”等问题。实践证明，凯恩斯主义倡导的政策治标不治本，它虽然能在短期内平抑资本主义经济的波动，但从长期看，无法从根本上解决资本主义的内在矛盾和弊端，并使各种矛盾叠加，使经济运行更加错综复杂，经济和金融危机爆发得更加频繁，波及范围更广。这正如马克思所预料的那样：“一个社会即使探索到了本身运动的自然规律……它还是既不能跳过也不能用法令取消自然的发展阶段。但是它能缩短和减轻分娩的痛苦。”①

① 马克思．资本论（第一卷）[M]．北京：人民出版社，2018：9－10.

凯恩斯简介

人的本质是一切社会关系的总和。凯恩斯之所以能写出《通论》这样的著作，与其丰富的人生阅历和深厚的文化底蕴有很大关系。了解其生平，有助于我们掌握《通论》的价值取向、内在逻辑和理论追求等。

一、简要生平

1883 年 6 月 5 日，凯恩斯生于英国剑桥市，他的父亲约翰·内维尔·凯恩斯①是剑桥大学的老师，逻辑学家和经济学家，马歇尔的好友和学生；母亲佛洛伦丝·艾达·凯恩斯也是剑桥大学的毕业生，热心公共事务和社会工作，曾在 20 世纪 30 年代担任剑桥的市长；父母都比他长寿。

1902 年进入剑桥大学国王学院学习数学和古典文学，1905 年毕业获得文学硕士学位后，在剑桥滞留一年，师从马歇尔和庇古学习经济学，每周一次，同时准备文官考试。

1906 年通过文官考试，进入英国当时统治印度的机关——印度事务部，先在军务司工作，后调到税收、统计和商业司。在印度事务部，他熟悉了货币及其运行机制，并学会从行政长官的角度看待经济学问题，掌握同上层社会打交道的能力。

1908 年离开印度事务部，在马歇尔和庇古的帮助和推荐下，回到剑桥大学国王学院担任经济学讲师，主要讲授货币课程；1909 年入选剑桥大学国王学院院士。

1913 至 1914 年担任印度通货和财政皇家委员会的成员。在任职期间撰写

---

① 约翰·内维尔·凯恩斯（John Neville Keynes，1852 - 1949）：剑桥大学的道德科学老师，师从马歇尔，著作有《形式逻辑的研究和训练》；1910 年任剑桥大学行政主管，干了 15 年。

了第一部经济学著作《印度的货币与金融》（Indian Currency and Finance，1913）①，认为金本位制没有什么特殊优点。熊彼特称这本书是“论述金汇兑本位制的最好的英文著作”②。

一战爆发不久离开剑桥大学，赴英国财政部工作，主管外汇管制、美国贷款等对外财务工作；1919 年初，作为英国财政部的代表出席巴黎和会，同时担任英国财政部驻巴黎的首席代表；对于巴黎和会要签订的《凡尔赛和约》中有关德国战败赔偿及其疆界方面的苛刻条款，他表示强烈不满，并于同年 6 月辞职，重回剑桥大学任教。1919 年 12 月出版《和约的经济后果》，严厉批评《凡尔赛和约》，并预言如果处理不好赔偿问题，迟早会再爆发一次战争；该书包含一些经济学论述，比如失业、通货膨胀和贸易失衡等，为其后来研究就业、利息、货币和国际金融等埋下了伏笔。该书让凯恩斯一举成名，连远在苏联的领导人列宁都予以评论。

1921 至 1938 年担任英国全国互助人寿保险公司董事长。

1921 年出版《概率论》（A Treatise on Probability）。1923 年出版《货币改革论》，坚决反对金本位制，称其为“黄金镣铐”，如果英国非要恢复金本位制，经济形势只会更加恶劣，但丘吉尔未听从该建议。

1929 年当选英国科学院院士。

1930 年 12 月出版《货币论》。1936 年出版《通论》。

1934 年访美时，与罗斯福总统及美国各级官员会谈。他向罗斯福保证，只要把用于刺激经济的联邦支出从每月 3 亿美元增加到 4 亿美元，美国经济就会迅速复苏。罗斯福抱怨他“说话像个数学家”，但赞赏其建议，并很快落实到政策中。他还表示：“要把世界从大萧条里拯救出来，除了战争之外别无他途。”不料一语成谶。当时德国和意大利都早早决定使用强力政府投资来拉动经济，代价则是以战争来偿付。

1940 年重回英国财政部出任顾问，参与战时各项财政金融问题的决策；1941 年作为英国财政大臣代表被派往美国募集资金，参与英美《租借法案》

① 在该书中，凯恩斯提出应优化金本位制，实行金汇兑本位制，以英镑为中心，用英镑作为对外信贷的结算单位，不用黄金支付对外债务。现在看，该构想有利于巩固伦敦的国际金融中心地位。

② 有人认为：熊彼特之所以这样评价，是在侮辱整个英国经济学界。

谈判；1942 年被英国国王乔治六世封为男爵；1944 年作为英国代表团重要成员，参加在美国新罕布什尔州布雷顿森林镇举行的国际货币会议。

1946 年 4 月 21 日，因心脏病突发于家中逝世。

他还发起成立“伦敦艺术家协会”（1925 年），创建剑桥艺术剧院，担任《经济学杂志》主编 30 多年（1911 年至 1944 年）。

在著名经济学家中能靠投资实现财富自由的屈指可数，但有两个异数——李嘉图[①]和凯恩斯。凯恩斯从 1919 年投资，最初做外汇期货交易，后来侧重做股票，1937 年的总资产达到 50 万英镑，历经剧烈波动，去世时的遗产约为 50 万英镑。

图 14　凯恩斯（1883—1946）

二、对凯恩斯的评价

《美国展望》一篇文章如此评价：“凯恩斯是有史以来最性感的经济学家。虽然在人们的印象中，他是一个邋遢、几乎秃顶的男子。留着小胡子、目光迷人的凯恩斯其实是一个很时髦的人。他有许多情人，娶了当时的大美女、芭蕾舞演员莉迪亚·洛波科娃。他的炒股天才使他过上了锦衣玉食的生活，与伍尔夫、福斯特等作家而不是跟剑桥和英国财政部那些沉闷的处理数字的人交往。其他经济学家关注的是经济增长的最大化，凯恩斯则进一步希望将享乐最大化。”

---

① 李嘉图 14 岁随父从事证券交易，19 岁独立开展证券交易，25 岁就有 200 万英镑财产，是公认的最富有的经济学家。

凯恩斯的挚友——雷纳德·沃尔夫对其评价是："学者、公务员、投机分子、商人、记者、作家、农夫、名画交易者、政客、剧院经理、藏书家，诸如此类不一而足。"①

① 理查德·海因斯．凯恩斯传：一个利他主义者的七面人生［M］．北京：电子工业出版社，2016：8.

主要参考书目

凯恩斯．就业、利息和货币通论（徐毓枬译）［M］．北京：商务印书馆，1997.

凯恩斯．就业、利息和货币通论（高鸿业译）［M］．北京：商务印书馆，1999.

凯恩斯．就业、利息和货币通论（英文版）［M］．西安：陕西人民出版社，2005.

凯恩斯．就业、利息和货币通论（英文版）［M］．上海：上海译文出版社，2020.

凯恩斯．货币论上卷（何瑞英译）［M］．北京：商务印书馆，1986.

凯恩斯．货币论下卷（蔡谦等译）［M］．北京：商务印书馆，1986.

凯恩斯．货币改革论（方福前译）［M］．北京：商务印书馆，2020.

凯恩斯．艾尔弗雷德·马歇尔传（滕茂桐译）［M］．北京：商务印书馆，1990.

凯恩斯．劝学集（蔡受百译）［M］．北京：商务印书馆，2018.

凯恩斯．印度的货币与金融（安佳译）［M］．北京：商务印书馆，2013.

凯恩斯．通往繁荣之路（李井奎译）［M］．北京：中国人民大学出版社，2016.

凯恩斯．和约的经济后果（于占杰译）［M］．北京：商务印书馆，2022.

凯恩斯．传记文集（李井奎译）［M］．上海：复旦大学出版社，2022.

凯恩斯．凯恩斯文集（李春荣等译）［M］．北京：中国社会科学出版社，2013.

马克思．资本论（1－3卷）［M］．北京：人民出版社，2018.

马克思恩格斯全集（1－50卷）［M］．北京：人民出版社，2016.

马克思，恩格斯．共产党宣言［M］．北京：人民出版社，2014.

马克思．剩余价值理论（郭大力译）［M］．北京：人民出版社，2010.

亚当·斯密．国富论（唐日松等译）［M］．北京：商务印书馆，2012.

亚当·斯密．国富论（郭大力/王亚南译）［M］．北京：商务印书馆，2015.

亚当·斯密．道德情操论（蒋自强等译）［M］．北京：商务印书馆，2020.

马歇尔．经济学原理（朱志泰等译）［M］．北京：商务印书馆，2019.

庇古．福利经济学（朱泱等译）［M］．北京：商务印书馆，2006.

庇古．论失业问题（包玉香译）［M］．北京：商务印书馆，2014.

李嘉图．政治经济学及赋税原理（郭大力/王亚南译）［M］．北京：商务印书馆，2021.

萨伊．政治经济学概论（陈福生等译）［M］．北京：商务印书馆，1963.

马尔萨斯．人口原理（朱泱等译）［M］．北京：商务印书馆，1992.

马尔萨斯．政治经济学原理（厦门大学经济学翻译组译）［M］．北京：商务印书馆，1962.

西斯蒙第．政治经济学新原理［M］．北京：商务印书馆，1997.

威廉·配第．政治算术（马妍译）［M］．北京：中国社会科学出版社，2010.

威廉·配第．配第经济著作选集（陈冬野译）［M］．北京：商务印书馆，1981.

欧文·费雪．利息理论［M］．北京：商务印书馆，2013.

门格尔．国民经济学原理［M］．上海：上海人民出版社，1959.

瓦尔拉斯．纯粹经济学要义［M］．北京：商务印书馆，1989.

维克塞尔．利率与价格（蔡受百等译）［M］．北京：商务印书馆，2009.

维克塞尔．国民经济学讲义（解革/刘海琳译）［M］．北京：商务印书馆，2017.

曼德维尔．蜜蜂的寓言［M］．北京：商务印书馆，2019.

庞巴维克．资本与利息（何崑曾等译）［M］．北京：商务印书馆，2010.

琼·罗宾逊．资本积累论［M］．北京：商务印书馆，2018.

琼·罗宾逊．马克思、马歇尔和凯恩斯（北京大学经济系资料书译）［M］．北京：商务印书馆，1963.

熊彼特．经济分析史（朱泱等译）［M］．北京：商务印书馆，1994.

熊彼特．经济发展理论（何畏等译）［M］．北京：商务印书馆，2020.

熊彼特．从马克思到凯恩斯十大经济学家（宁嘉风译）［M］．北京：商务印书馆，2013.

库兹涅茨．各国的经济增长（常勋译）［M］．北京：商务印书馆，2022.

汉森．凯恩斯学说指南（徐宗士译）［M］．北京：商务印书馆，1964.

萨缪尔森等．经济学［M］．北京：机械工业出版社，2003.

弗里德里希·哈耶克．通向奴役之路（王明毅等译）［M］．北京：中国社会科学出版社，1997.

赫克歇尔，俄林．赫克歇尔－俄林贸易理论［M］．北京：商务印书馆，2019.

劳伦斯·克莱因．凯恩斯的革命（薛蕃康译）［M］．北京：商务印书馆，1962.

高鸿业．西方经济学［M］．北京：中国经济出版社，1996.

高鸿业，吴易风．研究生用西方经济学［M］．北京：经济科学出版社，2006.

高鸿业．《就业、利息和货币通论》导读［M］．北京：中国人民大学出版社，2018.

吴易风．当代西方经济学流派与思潮［M］．北京：中国人民大学出版社，2022.

胡代光．西方经济学名著精粹［M］．北京：经济科学出版社，1997.

黄达．金融学［M］．北京：中国人民大学出版社，2003.

陈岱孙．从古典经济学派到马克思——若干主要学说发展论略［M］．北京：商务印书馆，2014.

厉以宁．论加尔布雷思的制度经济学说［M］．北京：商务印书馆，2021.

胡希宁．当代西方经济学概论（第二版）［M］．北京：中共中央党校出版社，1998.

宋承先．现代西方经济学［M］．上海：复旦大学出版社，1997.

鲁从明．资本论的思想精华及伟大生命力（修订版）［M］．北京：中共中央党校出版社，2016.

王天义．资本论学习纲要（修订版）［M］．北京：中国经济出版社，2021.

斯坦利·L. 布鲁等．经济思想史［M］．北京：北京大学出版社，2014.

哈里·兰德雷斯．经济思想史（第四版）［M］．北京：人民邮电出版社，2014.

方福前．从《货币论》到《通论》［M］．武汉：武汉大学出版社，1997.

弗里德曼．资本主义与自由（张瑞玉译）［M］．北京：商务印书馆，2004.

弗里德曼，施瓦茨．美国货币史：1867—1960（巴曙松译）［M］．北京：北京大学出版社，2021.

斯蒂格利茨．经济学（第2版）［M］．北京：中国人民大学出版社，2000.

罗斯托．经济成长的阶段［M］．北京：中国社会科学出版社，2010.

斯基德尔斯基．凯恩斯传（相蓝欣译）［M］．上海：生活·读书·新知三联书店，2015.

罗伯特·席勒．非理性繁荣（第三版）［M］．北京：中国人民大学出版社，2016.

伯南克．大萧条［M］．大连：东北财经大学出版社，2013.

马克·布劳格．经济理论的回顾（第五版）［M］．北京：中国人民大学出版社，2018.

道格拉斯·诺斯．制度、制度变迁与经济绩效［M］．上海：三联书店，1994.

谢弗林．理性预期（李振宁译）［M］．北京：商务印书馆，2016.

高德步等．世界经济史［M］．北京：中国人民大学出版社，2001.

高伟．国际金融危机40年解析［M］．北京：中国发展出版社，2018.

高伟．金融危机救助指引［M］．北京：中国财政经济出版社，2019.

后　记

上中学时，我的父亲是党校的一名理论教员，主要讲授政治经济学。那时候，他经常把我当成授课对象，介绍《资本论》《国富论》《通论》和《人口论》等经济学名著，讲劳动价值论、剩余价值、分工、财富增长、人口、市场缺陷和国家干预等经济学问题。虽然大部分听不懂，左耳朵进右耳朵出，但直到今天，我还记着父亲说过："亚当·斯密写了一本万人称颂而没人读的书——《国富论》，马尔萨斯写了一本没人读就万人唾骂的书——《人口论》。"当然，他最喜欢讲："世界是物质的，物质是运动的，运动是有规律的。"开始我有些厌烦，但久而久之也就接受了，潜意识里认为"物质决定意识；生产力决定生产关系；经济基础决定上层建筑"，是很朴素的唯物观。这种观念一旦形成，就是根深蒂固的。而《通论》强调预期、信心状态、企业家情绪等心理因素的作用，并将其作为理论基石，是典型的唯心观。虽然我承认《通论》的理论价值和学术成就，也长期研读，但在内心深处是怀疑和抵触的，确实很矛盾。因此，系统全面地评判《通论》，就成为我的学术追求之一。

在二十多年经济学习和从业生涯中，我至少读了六遍《通论》。虽然每遍的认识、体会和收获等都不同，但也有相似之处，那就是每遍都要耗时一个多月，修补读书笔记，是一个不断积累、修订和提炼的过程。笔记中夹杂着很多随笔和评语，再加上在不同心态、经历和环境（尤其是经济环境）下，我阅读《通论》的认识和体会有差异，感情色彩比较浓厚，且时断时续，导致笔记内容前后不一的情况较多，既凌乱又不准确。

2016 年夏，我着手整理那些读书笔记，但由于各方面原因，进展很缓慢。2023 年春，我撰写了一份《重读〈通论〉》，约 15 万字，供同事们参考。

在撰写《凯恩斯〈通论〉注评》时，我又对《重读〈通论〉》、笔记和书上的标记做了校对、删减和整理，力求更准确地注释和评判《通论》，并尽量使注评通俗化。我还将《通论》与《资本论》《国富论》等名著联系起来，进行对比分析，希望能呈现一个比较清晰的经济学发展脉络。

我之所以耗费巨大精力撰写这份注评，初心是为了帮助大家提高阅读效率，不走我读《通论》的弯路。这完全是件公益事，外部性很强，有的人不理解，说我是何苦，可能是因为追求不同吧。其实，我就是为了心中的那份信仰，为了专业上的那份喜好。

在长期研读《通论》的过程中，我逐渐认识到：凯恩斯创立的“萧条经济学”是以英美等发达国家作为研究对象，对发展中国家的参考价值有限；而对于地域辽阔、人口众多的发展中大国，更需要构建代表广大民众利益、满足民众需要、与各国从贫弱走向富强的发展阶段相契合、具有普遍适用性的经济学，即“富强经济学”。这是我近十年来研究和思考的重点，也是倾心倾力翻译和注评《通论》的目标，真心期待有志之士的指点、批评和交流，进而群策群力，共同完成这一理论创新。任何意见我都是欢迎的！

在本书及相关笔记的撰写和整理过程中，衷心感谢徐祥临、马庆泉两位导师和崔永琳、方福前、高鸿业、黄泰岩、胡希宁、孟春、王东京、王天义、卫兴华、谢鲁江、郑超愚、周天勇等众多老师的指导和帮助！感谢克新主任的鼓励和大力支持！也感谢安佰生、邓福光、董朝辉、樊世杰、高振营、葛结根、黄新、李楠、李志杰、刘如海、皮国忠、秦力、邵学清、谢富胜、熊若愚、许秀江、于春晖、张志强、周跃辉等众多同学的交流、探讨和鼓励！山东航空学院高阳博士承担了部分翻译和文字校对工作。

在该书出版过程中，中国财经出版传媒集团许正明董事长给予大力支持，并提出诸多修改建议，比如客观评价《通论》，重视《通论》与其他经济学名著和中国传统经济思想的比较等；中国财政经济出版社高进水副总编辑给予长期支持和帮助，还对该书的核心思想和写作主线等提出很多宝贵建议；财政分社张晓彪社长、李肇晗编辑及出版社相关同志提供诸多修改建议，做了大量耐心细致的编校出版工作，笔者表示诚挚的感谢！

高　伟

二零二四年春节于三亚吉阳